Kohlhammer

Rat + Hilfe

Fundiertes Wissen für Betroffene, Eltern und Angehörige –
Medizinische und psychologische Ratgeber bei Kohlhammer

Eine Übersicht aller lieferbaren und im Buchhandel angekündigten Ratgeber aus unserem Programm finden Sie unter:

 https://shop.kohlhammer.de/rat+hilfe

Über die Autorin

Dr. phil. Sandy Krammer, LL.M., studierte Psychologie und Psychopathologie an der Universität Zürich. Danach promovierte sie an derselben Universität zum Thema Psychotraumatologie. Anschließend arbeitete sie als stellvertretende Leiterin der Forschungsabteilung am Forensisch-Psychiatrischen Dienst an der Universität Bern in klinisch-psychologisch-forensischen Projekten. Parallel erwarb sie dort einen postgradualen Master in Kriminologie. Im Folgenden startete sie als systemische Psychotherapeutin. Zunächst war sie in einer Hausarztpraxis beschäftigt, danach in einer großen Schweizer Rehaklinik und zwar zunächst auf der Abteilung für Psychosomatik, im Folgenden auf der psychosomatisch ausgerichteten Abteilung für Pädiatrie. Auf Letztgenannter hatte sie die Leitung des dortigen psychologischen Teams inne. Mittlerweile ist sie selbständig in eigener Praxis als Fachpsychologin für Psychotherapie FSP tätig und führt Forschungsprojekte durch.

Sandy Krammer

Psychosomatische Störungen verstehen

Ein psychologischer Selbsthilfe-Ratgeber

Verlag W. Kohlhammer

Dieses Werk einschließlich aller seiner Teile ist urheberrechtlich geschützt. Jede Verwendung außerhalb der engen Grenzen des Urheberrechts ist ohne Zustimmung des Verlags unzulässig und strafbar. Das gilt insbesondere für Vervielfältigungen, Übersetzungen und für die Einspeicherung und Verarbeitung in elektronischen Systemen.

Pharmakologische Daten verändern sich ständig. Verlag und Autoren tragen dafür Sorge, dass alle gemachten Angaben dem derzeitigen Wissensstand entsprechen. Eine Haftung hierfür kann jedoch nicht übernommen werden. Es empfiehlt sich, die Angaben anhand des Beipackzettels und der entsprechenden Fachinformationen zu überprüfen. Aufgrund der Auswahl häufig angewendeter Arzneimittel besteht kein Anspruch auf Vollständigkeit.

Die Wiedergabe von Warenbezeichnungen, Handelsnamen und sonstigen Kennzeichen berechtigt nicht zu der Annahme, dass diese frei benutzt werden dürfen. Vielmehr kann es sich auch dann um eingetragene Warenzeichen oder sonstige geschützte Kennzeichen handeln, wenn sie nicht eigens als solche gekennzeichnet sind.

Es konnten nicht alle Rechtsinhaber von Abbildungen ermittelt werden. Sollte dem Verlag gegenüber der Nachweis der Rechtsinhaberschaft geführt werden, wird das branchenübliche Honorar nachträglich gezahlt.

Dieses Werk enthält Hinweise/Links zu externen Websites Dritter, auf deren Inhalt der Verlag keinen Einfluss hat und die der Haftung der jeweiligen Seitenanbieter oder -betreiber unterliegen. Zum Zeitpunkt der Verlinkung wurden die externen Websites auf mögliche Rechtsverstöße überprüft und dabei keine Rechtsverletzung festgestellt. Ohne konkrete Hinweise auf eine solche Rechtsverletzung ist eine permanente inhaltliche Kontrolle der verlinkten Seiten nicht zumutbar. Sollten jedoch Rechtsverletzungen bekannt werden, werden die betroffenen externen Links soweit möglich unverzüglich entfernt.

1. Auflage 2023

Alle Rechte vorbehalten
© W. Kohlhammer GmbH, Stuttgart
Gesamtherstellung: W. Kohlhammer GmbH, Stuttgart

Print:
ISBN 978-3-17-041428-0

E-Book-Formate:
pdf: ISBN 978-3-17-041429-7
epub: ISBN 978-3-17-041430-3

Inhalt

Vorwort 11

Teil I Hintergrundwissen

1 Einleitung 15
1.1 Frau Engel hat die Nase voll 15
1.2 Was war bei Frau Engel los? 16
1.3 Unsere Reise 18
1.4 Lesevorbereitungen 19
Literaturempfehlungen zur Vertiefung 19

2 Was bedeuten Gesundheit, Krankheit und Widerstandskraft? 20
2.1 Das Kontinuum der Gesundheit 20
2.2 Psychische Störungen 21
2.3 Widerstandskraft 22
2.4 Die Waage 23
2.5 Bedürfnisse und Selbstfürsorge 25
Literaturempfehlungen zur Vertiefung 27

3 Was ist Psychosomatik? 28
3.1 Definition Psychosomatik 28
3.2 Arten von psychosomatischen Störungen 29
3.3 Begleiterkrankungen 33
3.4 Statistische Eckdaten 34
Literaturempfehlungen zur Vertiefung 35

4 Wie entstehen psychosomatische Störungen und wie werden sie aufrechterhalten? ... 36
- 4.1 Risikomerkmale ... 37
- 4.2 Zeitpunkt und Auslöser ... 39
- 4.3 Schwachstelle und Prägung ... 41
- 4.4 Aufrechterhaltende Bedingungen ... 42
- Literaturempfehlungen zur Vertiefung: ... 44

5 Welches sind die zentralen Problemfelder der Psychosomatik? ... 45
- 5.1 Herzprobleme ... 45
- 5.2 Magen-Darm-Probleme ... 56
- 5.3 Atemwegsprobleme ... 65
- 5.4 Schmerzen ... 74
- 5.5 Hautprobleme ... 86
- 5.6 Pseudoneurologische Probleme ... 92
- 5.7 Probleme mit dem Immunsystem ... 107
- 5.8 Essstörungen ... 110
- 5.9 Unklare Fälle ... 123
- Literaturempfehlungen zur Vertiefung ... 125

Teil II Selbsthilfe

6 Ist Selbsthilfe möglich? ... 129
- 6.1 Feuermelder ... 129
- 6.2 Wie verwenden Sie den Selbsthilfe-Teil? ... 130
- 6.3 Professionelle Hilfe ... 132
- 6.4 Johari-Fenster ... 133
- Literaturempfehlungen zur Vertiefung ... 134

7 Verstehen Sie sich? ... 135
- 7.1 Lebenslinie ... 135
- 7.2 Familiengeschichte ... 137
- 7.3 Biopsychosoziales Verstehensmodell ... 139
- 7.4 Befragung des Symptoms ... 140
- 7.5 Persönlicher Sinn ... 144

Inhalt

| | Literaturempfehlungen zur Vertiefung | 145 |

8 Was ist Ihr Ziel? ... **146**
8.1 Wie geht es Ihnen? ... 146
8.2 Wohin geht die Reise? ... 148
8.3 Smarte Ziele ... 149
8.4 Wunder geschehen ... 150
8.5 Die Zukunft lässt grüßen ... 151
8.6 Kleiner Motivations-Kick ... 151
Literaturempfehlungen zur Vertiefung ... 154

9 Ist die Vergangenheit vergangen? ... **155**
9.1 Schwierige Lebensereignisse ... 155
9.2 Schreiben Sie Ihre Geschichte ... 157
9.3 Lebensbaum ... 158
Literaturempfehlungen zur Vertiefung ... 160

10 Verhalten Sie sich förderlich? ... **161**
10.1 Lebensqualität ... 161
10.2 Maß und Ausgewogenheit von Aktivitäten ... 162
10.3 Körperliche Bewegung ... 167
10.4 Depressive Spirale ... 168
10.5 Flow ... 170
10.6 Wie ein Freund ... 171
10.7 Krankheitsverhalten ... 173
10.8 »Doktor Google« ... 174
Literaturempfehlungen zur Vertiefung ... 175

11 Wie beruhigen Sie sich selbst? ... **176**
11.1 Jedem sein Tempo, jedem seine Melodie ... 176
11.2 Achtsamkeit ... 177
11.3 Yogisches Atmen ... 181
11.4 Yoga ... 182
11.5 Entspannung durch Anspannung ... 183
11.6 Wohlfühlort ... 184
11.7 Spaziergänge im Grünen ... 185

Literaturempfehlungen zur Vertiefung 186

12 Was wissen Sie über Emotionen? 187
12.1 Multiple Intelligenzen 187
12.2 Emotionale Intelligenz 188
Literaturempfehlungen zur Vertiefung 202

13 Wie denken Sie? 203
13.1 Denken lenkt 203
13.2 Kennen Sie das ABC? 204
13.3 Fahren Sie gedankliches Karussell? 210
13.4 Sie sind nicht das Problem 211
13.5 Neue Story 213
Literaturempfehlungen zur Vertiefung 216

14 Welchen Stellenwert hat Ihre Arbeit? 217
14.1 Vom Sinn und Unsinn 217
14.2 Burnout 218
14.3 Prioritäten 220
Literaturempfehlungen zur Vertiefung 220

15 Wie sieht es in Ihrem sozialen Netzwerk aus? 221
15.1 Unsere soziale Natur 221
15.2 Soziales Netzwerk und Gesundheit 222
15.3 Liebe 223
15.4 Sonnensystem 225
15.5 Soziale Kompetenz 228
15.6 Im richtigen Moment Ja oder Nein sagen 230
15.7 Klagen 231
Literaturempfehlungen zur Vertiefung 232

16 Wie geht es Ihrem Körper? 233
16.1 Zitronen 233
16.2 Selbstfürsorge 234
16.3 Grenzen des Körpers 235
16.4 Körperunfreundliche Welt 236

	16.5	Schlaf und Müdigkeit	238
		Literaturempfehlungen zur Vertiefung	240
17	**Zu guter Letzt**	**241**
	17.1	Akzeptanz, Vertrauen und Loslassen	241
	17.2	Dankbarkeit	243
	17.3	Sechs wichtige Tugenden	245
	17.4	Hoffnung	247
	17.5	Bon Voyage	248
		Literaturempfehlungen zur Vertiefung	249

Nachwort ... **250**

Vorwort

Wer an körperlichen Symptomen leidet, für die keine oder keine ausreichenden organischen Ursachen gefunden werden, ist verunsichert. Wenn der Begriff der psychosomatischen Störung fällt, kommen meist unweigerlich Selbstzweifel auf: »Ich? Psychisch krank?« Niemand mag das von sich sagen und sagen lassen. Möglich, dass man sich nicht ernst genommen fühlt, dass man sich als abgestempelt und unverstanden wahrnimmt, dass man eine Fehlinterpretation der eigentlichen Situation wähnt.

Dabei bedeutet der Begriff der psychosomatischen Störung nicht, dass keine körperlichen Symptome vorliegen. Er ist nicht gleichzusetzen mit Simulation. Wer an einer psychosomatischen Störung leidet, spielt keine körperlichen Symptome vor und bildet sich diese ebenso wenig ein, sondern empfindet diese wirklich. Der Unterschied zu körperlichen Krankheiten liegt darin, dass die Psyche zur Entstehung einen kleineren oder größeren Beitrag geleistet hat. Auch wenn der Begriff der psychosomatischen Störung auf den ersten Blick stigmatisierend wirkt, ist die Diagnosestellung einer ebensolchen auf den zweiten Blick eigentlich eine gute Nachricht. Denn die Psychotherapie bietet wirksame Wege, auf denen die körperlichen Symptome gemildert und nicht immer, aber in einigen Fällen beendet werden können.

Anhand dieses Ratgebers zeige ich Ihnen Wege aus Sicht der Psychologie und der Psychotherapie auf. Der Ratgeber stellt eine Art psychologische Fachperson für das Sofa daheim dar. Mit empirisch untermauertem Fachwissen geleitet er Sie durch die wesentlichen Bereiche der psychosomatischen Welt. Dabei weist der Ratgeber zwei Teile auf: Teil 1 ist der Theorie gewidmet. Sie erfahren begriffliche Definitionen und Einordnungen in einen theoretischen Kontext, lernen ein Verstehensmodell sowie auslösende und aufrechterhaltende Elemente kennen und

Vorwort

tauchen schließlich in die zentralen Problemfelder der Psychosomatik ein. Teil 2 ist der Praxis und der Selbsthilfe aus psychologischer Sicht vorbehalten: Sie erarbeiten zunächst ein eigenes Verstehensmodell, um in der eigenen Symptomatik einen Sinn zu erkennen, ehe Sie entweder punktuell diejenigen Kapitel lesen, die für Sie besonders wichtig sind, oder sämtliche restliche Kapitel durcharbeiten.

Zur Erstellung dieses Ratgebers griff ich auf meine jahrelange Erfahrung als Psychologin zurück. Im Rahmen meiner Arbeit kam ich mit einer Vielzahl von Personen mit einer Vielzahl von Problemen mit einer Vielzahl von Lösungsversuchen in Kontakt. Diese Personen beflügelten mich zu diesem Ratgeber und flossen auch zahlreich im Sinne von Fallbeispielen ein. Es handelt sich somit nicht nur um theoretisches, sondern auch um erprobtes Wissen, das ich in Buchform an Sie weitergeben möchte.

Alle diese Themen sind nur sichtbar für geöffnete Augen. Die Themen können nur Sinn für Sie ergeben, wenn Sie ihnen mit möglichst wenig Vorbehalten begegnen. Dieser Ratgeber kann wie für Sie gemacht sein oder Ihnen gar nicht zusagen. Ob der Ratgeber am Ende des Tages zu Ihnen passt oder nicht, entscheiden nur Sie nach eingehender Prüfung. Ein verschlossener Geist hat die Entscheidung bereits getroffen.

Sehen Sie sich diese Zahl an: 6. Um welche Zahl handelt es sich? Sie antworten wahrscheinlich »sechs«. Das ist richtig. Drehen Sie das Buch nun um 180° – welche Zahl sehen Sie nun? Die Zahl »neun«? Auch das ist richtig. Ein- und derselbe Sachverhalt kann durch einen Wechsel der Perspektive ein anderer werden. Ich wünsche Ihnen mit Hilfe dieses Ratgebers eine Erweiterung Ihrer Perspektive, egal, in welche Richtung, denn Erkenntnisgewinn und Blickfeldöffnung sind stets zentrale Ziele einer jeden Psychotherapie.

Übrigens verwende ich in diesem Ratgeber manchmal die feminine, manchmal die maskuline Schreibweise. Ich habe unsystematisch abgewechselt und nicht gezählt. Bitte entschuldigen Sie, sollte der Text ein Geschlecht benachteiligen. Angesprochen sind selbstverständlich immer alle Menschen, unabhängig vom jeweiligen Geschlecht.

Davos, den 15. Oktober 2022
Dr. phil. Sandy Krammer, LL.M.

Teil I Hintergrundwissen

1 Einleitung

Im ersten Kapitel wird das Themenfeld der psychosomatischen Störungen mit einem Fallbeispiel eingeleitet, auf das über den ganzen Ratgeber hinweg immer wieder zurückgegriffen wird, insbesondere im Selbsthilfe-Teil. Es handelt sich um Frau Engel. Anschließend erkläre ich Ihnen wichtige Eckpunkte des Fallbeispiels und gebe einige Tipps im Umgang mit diesem Ratgeber.

1.1 Frau Engel hat die Nase voll

Frau Engel gebar im Alter von 30 Jahren ihren Sohn nach einer schwierigen Schwangerschaft per Kaiserschnitt. Noch während der Schwangerschaft begann die häusliche Gewalt, die nach der Geburt des gemeinsamen Kindes weiterging. Die frischgebackene Mutter war verängstigt. Sie erkannte, dass ihr Unrecht angetan wurde, doch benötigte es mehrere Vorfälle häuslicher Gewalt, ehe sie sich traute, die Polizei zu rufen. Diese trennte das Ehepaar. Das Baby blieb bei Frau Engel, und der gewalttätige Ehemann wurde des Hauses verwiesen. Im Anschluss kam es zu mehreren Gerichtsterminen. Der Vater wollte das Baby gänzlich zu sich nehmen, Frau Engel, die bis zu diesem Zeitpunkt die Hauptbezugsperson gewesen war, wehrte sich.

Somit war Frau Engel in rascher Folge einer Reihe von lebensverändernden Ereignissen ausgesetzt: Sie war Mutter geworden, hatte häusliche Gewalt erlebt, es gab mehrere Gerichtstermine. Hilflosigkeit, Ohnmacht und Einsamkeit stellten sich ein. Sie wurde zur Alleinerziehenden, das Baby schlief nie durch, es kam zu finanziellen Problemen, ihre Eltern wohnten weit weg und konnten sie bei all dem nicht unterstützen. Sie hatte eine fordernde Arbeitsstelle, Freunde zogen sich zurück, ihren Interessen ging sie nicht mehr nach und so weiter.

Mehr und mehr stellten sich körperliche Probleme ein. Frau Engel litt an Schlafstörungen, war dadurch ständig müde und fühlte sich stets am Rande des Zusammenbruchs. Ihr Haar wurde dünn, und trotz ihres jungen Alters zogen erste graue Strähnen durch ihre dunkelbraune Mähne. Sie verlor an Gewicht. Mit ihren 176 Zentimetern magerte sie auf 55 Kilogramm ab. Schließlich fing sie sich einen Infekt ein. Die Nase lief, der Hals war rau, das Sprechen schmerzte. Die Erkältung war hartnäckig und blieb über mehrere Monate.

Frau Engel wusste kaum mehr, wo ihr der Kopf stand. Sie war ein Schatten ihrer selbst. Schließlich suchte sie wegen des hartnäckigen Infekts ihren Hausarzt auf. Der Arzt erkannte die Not der jungen Frau und schrieb sie krank. Er riet ihr, die kommenden Wochen bei ihren Eltern zu verbringen. Zunächst sträubte sich Frau Engel, da ihr Verhältnis zu den Eltern schon immer angespannt gewesen war. Schließlich kam sie dem ärztlichen Rat nach. Ihre Eltern unterstützten sie bei der Betreuung des Säuglings, und Frau Engel konnte mehr und mehr durchatmen – sprichwörtlich. Sie konnte sich hinlegen und ausruhen. Da ihre Mutter einige Nächte übernahm, konnte Frau Engel sogar einige Male durchschlafen. Innerhalb von zehn Tagen war der Infekt überstanden.

1.2 Was war bei Frau Engel los?

Frau Engel hatte sich in eine massiv belastende Lebenssituation manövriert. Was für jemanden als Belastung gilt, ist subjektiv. Das heißt, dass die individuelle Bewertung eines Ereignisses oder einer Lebenssituation entscheidend ist, ob etwas als belastend wahrgenommen wird oder nicht.

Dieser Situation ausgesetzt und ohne Strategien, diese bewältigen zu können, entwickelte Frau Engel eine Reihe psychosomatischer Symptome. Zur Rekapitulation: Sie war chronisch müde und erschöpft, litt an Schlafstörungen, verlor an Gewicht, es wuchsen graue Haare, sie war über mehrere Monate hinweg erkältet. Ein Hoch auf den Hausarzt, der erkannt hat, dass nicht (nur) der Schnupfen zu behandeln ist, sondern dass Frau Engel auf anderer Ebene der Unterstützung bedurfte. Vor allen Dingen benötigte sie körperliche Erholung und die Unterstützung der Eltern. Der Hausarzt schrieb Frau Engel krank und schickte sie zu ihren Eltern.

Wichtig ist hier, dass die körperlichen Symptome nicht simuliert waren. Psychosomatische Symptome sind echte, körperliche Symptome. Von psychosomatischen Störungen betroffene Personen sind keine Simulanten. Doch die ausschließlich körperliche Behandlung von psychosomatischen Störungen greift zu kurz. Psychosomatische Störungen verlangen, eine Ebene tiefer zu gehen.

Was war bei Frau Engel los? Sie litt an zerstörten Träumen, an einer existenziell bedrohlichen Lebenssituation, an Überforderung und an purer Einsamkeit. Die alleinige Behandlung der körperlichen Symptome hätte hier nicht gereicht.

Psychosomatische Symptome sind quasi Alltagsprobleme. Jede und jeder leidet hie und da an psychosomatischen Beschwerden. Manchmal fällt dies nicht weiter ins Gewicht, manchmal schon. In all den Jahren als Psychologin lernte ich viele Personen mit psychosomatischen Beschwerden kennen. Doch um diese kennenzulernen, hätte ich weder ein Studium der Psychologie gebraucht, noch hätte ich Psychotherapeutin werden müssen: Psychosomatik ist unter uns und wir alle begegnen ihr tagtäglich.

Übrigens darf ich Frau Engel betreffend entwarnen: Zwar wurde sie noch über Jahre hinweg vom rasch geschiedenen Mann im Sinne von Stalking geplagt. Dennoch nahm das Leben von Frau Engel eine wunderbare Wendung zum Guten. Sie führte diese durch eine Reihe schlauer Entscheidungen herbei, die unter anderem in ▶ Kap. 10.4 beschrieben sind.

1.3 Unsere Reise

Mit diesem Fallbeispiel begrüße ich Sie herzlich zu einer Reise rund um die Welt der Psychosomatik. Wenn Sie dieses Buch in Ihren Händen halten, sind Sie eventuell selbst von psychosomatischen Symptomen betroffen. Vielleicht wurde die Möglichkeit, dass Ihre körperlichen Symptome psychisch verursacht oder mitbedingt sein könnten, soeben an Sie herangetragen oder Sie zweifeln schon eine Weile an der körperlichen Verursachung Ihrer Beschwerden. Vielleicht sind Sie davon überzeugt, dass psychische Gründe für Ihre Symptome vorhanden sind oder Sie ziehen es am Rande in Erwägung. Es ist unerheblich, wo Sie stehen.

Dieser Ratgeber will Sie nicht von etwas überzeugen oder Sie in eine bestimmte Richtung lenken, sondern er will Ihnen profunde Informationen liefern, auf deren Basis Sie Ihre eigenen Schlüsse ziehen können und sollen. Eventuell legen Sie das Buch nach einer Stunde beiseite und entscheiden, dass Sie es nicht benötigen – damit habe ich kein Problem (ich merke es sowieso nicht). Oder Sie bekommen durch den Ratgeber ein wichtiges Puzzleteil, um endlich das ganze Bild sehen zu können.

Es ist auch möglich, dass Sie selbst nicht betroffen sind, dafür aber eine Ihnen nahestehende Person. Vielleicht handelt es sich um ein geliebtes Familienmitglied und Sie möchten verstehen, was da los ist, um besser auf diese Person eingehen zu können. Vielleicht möchten Sie der Person aus der Symptomatik heraushelfen – wahrscheinlich, weil es Sie selbst ebenfalls belastet? Das ist meistens so: Niemand leidet allein. Auch für diesen Fall kann dieser Ratgeber wertvolle Informationen bieten und erste Ansatzpunkte aufzeigen. Bedenken Sie jedoch, dass Sie selbst nur begleiten und höchstens Hilfe zur Selbsthilfe anbieten können. Entfernen Sie sich nicht zu weit aus Ihrer eigenen Wohlfühlzone, achten Sie gut auf sich selbst, bewahren Sie ein Gleichgewicht zwischen Geben und Erhalten. Helfende Personen neigen dazu, sich selbst zu vernachlässigen.

Wie auch immer. Gerne nehme ich Sie mit auf eine Reise in die mitunter bizarre Welt der Psychosomatik und deren Störungen. Diese Welt wirkt nicht immer streng wissenschaftlich, und sie verlangt eine gute Portion an Fantasie und Kreativität. Schon Albert Einstein soll gesagt haben: »Fantasie ist wichtiger als Wissen, denn Wissen ist begrenzt.« Gleichzeitig beruht die psychosomatische Welt auf vielen Jahren medizinisch-psychologischer Erkenntnis. Nennen wir es eine scheinbare Grauzone zwischen Wissen und Fantasie.

1.4 Lesevorbereitungen

Für diese Reise benötigen Sie keine Impfung gegen Malaria, jedoch empfehle ich Ihnen ein Notizbuch. Möglicherweise möchten Sie relevante Informationen herausschreiben oder Sie führen darin Übungen aus, die zahlreich in diesem Ratgeber enthalten sind. Das Notizbuch stellt sicher, dass Sie alles für Sie Wichtige an einem Ort gesammelt haben und immer wieder darauf zurückgreifen können.

Während dieser Reise können Sie problemlos einzelne Kapitel auslassen. Fliegen Sie dahin, wo es Sie hinzieht, und lesen Sie ausschließlich diejenigen Themen, die für Sie interessant sind. Oder Sie lesen alles vom Anfang bis zum Ende – ganz wie Sie mögen. Der Ratgeber hat beinahe alles, doch das bedeutet nicht, dass Sie alles brauchen. Reisen Sie so, wie es für Sie stimmt. Lesen sie, was Sie lesen wollen.

Literaturempfehlungen zur Vertiefung

Krammer S (2021) Alleinerziehend. Psychologischer Ratgeber für Single Parents. Springer: Heidelberg.

2 Was bedeuten Gesundheit, Krankheit und Widerstandskraft?

In diesem Kapitel wenden wir uns dem Begriff der Gesundheit zu. Danach möchte ich Ihnen vor Augen führen, was eine psychische Störung ist. So erlangen Sie ein Vorwissen, das im weiteren Verlauf des Ratgebers dienlich sein kann. Die Erläuterung der Widerstandskraft ist wichtig, und ihre Kräfte werden anhand einer Waage veranschaulicht. Es geht weiter um Bedürfnisse, schließlich folgt ein Streifzug in die Welt der Selbstfürsorge.

2.1 Das Kontinuum der Gesundheit

Wie definieren Sie Gesundheit? Ab wann ist jemand krank? Ist man es, wenn man einen Schnupfen hat? Dann, wenn die Haut juckt? Wenn das Herz flattert? Oder mit einem gebrochenen Bein? Ist man krank, wenn man sich gerade das Knie aufgeschürft hat und blutend am Straßenrand sitzt? Ist man es, wenn gerade eine Kündigung ausgesprochen wurde und man sich in der Betriebstoilette zum Weinen eingesperrt hat? Ist jemand, der traurig ist, krank? Oder jemand mit einer Depression? Ist man gesund oder krank, das eine oder das andere, entweder oder?

Die Weltgesundheitsorganisation (WHO) ist eine Sonderorganisation innerhalb der Vereinten Nationen und hat ihren Sitz im Schweizerischen Genf. Die WHO ist dazu da, das internationale öffentliche Gesundheitswesen zu koordinieren. Von ihr stammt die folgende Definition von Gesundheit: »Gesundheit ist ein Zustand völligen psychischen, physischen und sozialen Wohlbefindens und nicht nur das Freisein von Krankheit und Gebrechen.«

In anderen Worten umfasst der vielschichtige Begriff der Gesundheit nicht nur den körperlichen, sondern auch den psychischen wie den sozialen Bereich. Gesundheit ist mehr als das nicht-körperlich krank sein. Gesundheit ist relativ. Man kann es mehr oder weniger sein. Es ist nicht entweder oder, sondern sowohl als auch. Zwischen Gesundheit und Krankheit liegt ein Kontinuum.

Die Position auf dem Kontinuum der Gesundheit ist beeinflussbar, jede Empfindung ist subjektiv. Gesundheit ist wandelbar. Zu diesem Thema passt die Übung zur Gesundheitslinie in ▶ Kap. 8.1.

2.2 Psychische Störungen

Wo psychosomatische Störungen sind, sind psychische Probleme und Störungen selten weit entfernt. Somit ergibt es Sinn, sich auch letztere näher anzusehen. Unter einer psychischen Störung wird ein Zustandsbild verstanden, bei dem es auf krankhafte Weise zu Veränderungen im Bereich des Erlebens und des Verhaltens gekommen ist. Die Wahrnehmung, das Denken, das Fühlen oder auch das Selbstbild weichen von der Norm ab.

Damit eine psychologische oder medizinische Fachperson eine psychische Störung diagnostizieren kann, müssen ein deutlicher persönlicher Leidensdruck sowie Belastungen in mehreren Lebensbereichen vorhanden sein. Besteht zum Beispiel eine Phobie vor Pinguinen, aber man lebt wie ich im Schweizerischen Davos, ist der Leidensdruck sowie die dadurch entstehende Belastung wohl gering, die psychische Störung, die hier in Frage käme – eine sogenannte spezifische Phobie –, ist nicht zu diagnostizieren. Besteht eine solche Phobie bei jemandem, der am Südpol wohnt, ist der Fall anders gelagert.

Es gibt eine Vielzahl an psychischen Störungen. Der internationale Kriterienkatalog psychischer Störungen (Kürzel: ICD), von der WHO entwickelt und herausgegeben, hält fest, was als solche gilt. Dieser Katalog erscheint derzeit in seiner elften Version, vielleicht sind Sie dem Kürzel ICD-11 bereits begegnet. Parallel sind psychische Störungen in einem weiteren Kriterienkatalog gelistet. Dieser entstammt der Feder der Amerikanischen Psychologischen Gesellschaft (Kürzel: APA) und erschien unlängst in seiner fünften Version (DSM-5). In vielen Bereichen stimmen die beiden Kriterienkataloge weitgehend überein. Sie halten spezifische Kriterien für jede psychische Störung fest und sagen so, was als solche gilt und was nicht.

Psychische Störungen sind keine Randphänomene. Sie sind zahlreich: Nach einer europaweiten Schätzung sind jährlich 38 % der Allgemeinbevölkerung von einer psychischen Störung betroffen. Das bedeutet, dass statistisch betrachtet jede dritte Person im Zeitraum eines Jahres an einer psychischen Störung erkrankt. Das sind umgerechnet etwa 165 Millionen Europäer. Am häufigsten sind Angststörungen mit etwa 14 %, gefolgt von Schlafstörungen mit 7 %, Depression mit knapp 7 % und somatoforme Störungen mit 6 %. Über die Lebensspanne hinweg betrachtet fallen diese Prozentangaben noch höher aus. Über die Lebensspanne hinweg zeigt sich zum Beispiel für die Depression eine Auftretenswahrscheinlichkeit von 33 %. Das bedeutet, dass jede dritte Person im Laufe ihres Lebens mindestens einmal an einer Depression erkrankt.

2.3 Widerstandskraft

Nicht jede Person wird psychisch krank. Ergo muss es gewisse Merkmale geben, die für die psychische Gesundheit förderlich sind und solche, die es nicht sind. Diese Merkmale beeinflussen die Widerstandskraft gegenüber Krankheiten. Dabei bedeutet Widerstandskraft, auch Resilienz genannt, wie gut jemand mit Belastungen umgehen kann. Belastungen können große stressreiche Ereignisse sein wie Arbeitsplatzverlust, Scheidung oder medizinische Probleme. Es kann sich auch um positive

Ereignisse handeln wie eine Hochzeit oder die Geburt eines Kinds. Es gehören auch die »daily hassles« dazu, tägliche »Stressörchen«, die in der Summe belasten können. »Kleinvieh macht auch Mist.«

Es gibt Personen, denen Belastungen wenig anzuhaben scheinen. Diese »Stehaufmännchen« finden nach einer Herausforderung rasch in einen ausgeglichenen Zustand zurück. Sie haben ein hohes Ausmaß an Widerstandskraft. Solche Menschen verfügen meist über einen hohen Kohärenzsinn. Dieses auf den Soziologen Aaron Antonovsky zurückgehende Konzept beschreibt die individuelle Fähigkeit, sich an Veränderungen anzupassen und gesund zu bleiben. Es ist das Grundvertrauen, dass die Welt verstehbar und erklärbar ist, dass Ressourcen für den Umgang mit Belastungen vorhanden sind und dass Anforderungen aus der Umwelt als Herausforderungen wahrgenommen werden, die es wert sind, anzugehen. Ein hoher Kohärenzsinn geht mit einem hohen Wohlbefinden einher, mit einer besseren körperlichen Gesundheit und mit einer geringeren Anzahl an psychosomatischen Symptomen.

Wie hoch ist Ihre Widerstandskraft? Erholen Sie sich schnell nach Stress? Kehren Sie nach Stress schnell in den Normalzustand zurück? Kommen Sie mit stressigen Zeiten gut klar? Verdauen Sie Rückschläge rasch? Beantworten Sie diese Fragen mehrheitlich bejahend, dann spricht das für eine hohe Widerstandskraft. Es fällt Ihnen leicht, aufzustehen, das Krönchen zu richten und weiterzulaufen. Weiter so!

Gehören Sie nicht zu den Stehaufmännchen? Grämen Sie sich nicht. Ich habe gute Nachrichten für Sie: Das Ausmaß an Widerstandskraft ist nicht in Stein gemeißelt. Sie ist beeinflussbar. Die Bestandteile des Kohärenzsinns werden im Selbsthilfeteil thematisiert, was beim Aufbau von Widerstandskraft helfen kann.

2.4 Die Waage

Für die Widerstandskraft passt das Bild einer Waage mit zwei Waagschalen (▶ Abb. 1). In der einen liegen Schutz-, in der anderen Risikomerkmale. Durch Schutzmerkmale wird die Widerstandskraft gestärkt, durch Risikomerkmale geschwächt. So kann ein günstiges Verhältnis zwischen diesen Merkmalen die Wahrscheinlichkeit für eine Fehlanpassung nach einem herausfordernden Ereignis verringern. Zentral ist das Übergewicht der Schutzmerkmale. Sei es, dass mehr da sind (Quantität) oder sei es, dass die, die da sind, sehr stark sind (Qualität). Solange mehr oder gewichtigere Dinge in der Schale der Schutzmerkmale liegen, kann die Schale mit den Risikomerkmalen ein Stück weit ausgehebelt werden. Dies stellt ein Schutzschild gegenüber Belastungen dar.

Abb. 1: Waage: Überwiegen die Schutzmerkmale, so hat man mehr Widerstandskraft und kann besser mit schwierigen Situationen umgehen

Ganz klar lassen sich Schutz- und Risikomerkmale nicht immer einteilen. Was in der einen Situation ein Schutz ist, ist es nicht unbedingt in einer anderen. Die Vereinfachung dient der Erklärung, der Veranschaulichung – klar und einfach sind die Dinge in der Welt der Psychologie selten.

Früher konzentrierte sich die Psychotherapie darauf, was nicht gut läuft. Sie fokussierte auf die Probleme der zu Behandelnden. Heutzutage achtet die Psychotherapie auch auf das, was gut läuft und ist bemüht, das Gute zu vermehren und zu erweitern. Dieses Streben dient dem Auffüllen der Waagschale mit den Schutzmerkmalen, um im Bild zu bleiben. Dem Wohl dienende Änderungen können besser erreicht werden und halten länger an, wenn die individuellen Stärken in die Psychotherapie miteinbezogen werden.

Welche Merkmale sind es, die einen Menschen gesund erhalten? Zu diesen personalen Schutzmerkmalen gehören individuelle Lebenskompetenzen, günstige Persönlichkeitsmerkmale, spezifische Bewältigungsstrategien, körperliche Gesundheit, ein hoher Glaube an die eigenen Fähigkeiten, Optimismus und die Fähigkeit zum Erleben angenehmer Emotionen, soziale Unterstützung sowie ein gutes, soziales Umfeld und Netzwerk, eine tragende Familie und weitere. Im Selbsthilfeteil zeige ich dazu verschiedene Übungen.

2.5 Bedürfnisse und Selbstfürsorge

Wie gelingt ein Leben im Einklang mit sich selbst? Mitunter umfasst dies eine den eigenen Bedürfnissen gerechte Lebensführung. Bedürfnisse sind normal – jeder hat sie. Jede Maus und jede Mohnblume und jeder Mensch. Ein Bedürfnis steht für etwas, das jemand zum Leben braucht. Bedürfnisse können sich mittels Emotionen zeigen oder kognitiv erschlossen werden. Sie geben den Antrieb, etwas zu verändern, sodass man das bekommt, was zum Leben gebraucht wird. Durch die Befriedigung der eigenen Bedürfnisse wird ein passender Zustand erlangt, während durch die Nicht-Befriedigung ein nicht oder nicht mehr passender Zustand aufrechterhalten wird. Ein Beispiel: Wer nicht isst, hat Hunger, wer zu lange Hunger hat, verhungert. Wer sich nicht regelmäßig bewegt, dessen Körper erschlafft, ein erschlaffter Körper ist wenig widerstandsfähig. Dabei fängt der frühe Vogel den Wurm und umso eher Sie erkennen, was Sie brauchen, umso eher sind Sie im Einklang mit sich selbst.

Bedürfnisse sind individuell. Was der eine braucht, braucht der andere womöglich nicht. Bedürfnisse verändern sich. Was vor fünf Jahren gebraucht wurde, ist heute überflüssig und in fünf Jahren wieder aktuell. Man tut gut daran, die eigenen Bedürfnisse weitgehend zu kennen. Haben Sie ein gutes Gespür für sich selbst? Spüren Sie, was Sie brauchen? Sind Sie mit sich selbst in Kontakt oder tendieren Sie dazu, nicht oder zu spät wahrzunehmen, was Sie brauchen? Wünschen Sie sich selbst bitte nicht zum Kuckuck, wenn Sie zu Letzteren gehören. Mit ein wenig Training lässt sich die Wahrnehmung der eigenen Bedürfnisse verbessern. Probieren Sie dazu die Übungen aus dem Bereich der Achtsamkeit aus, die ich Ihnen in ▶ Kap. 11 vorstelle.

Ein offenes Bedürfnis kann mit einem Warnlämpchen im Auto verglichen werden. Nehmen Sie wahr, wenn es angeht und leuchtet? Wahrscheinlich schon. Wie reagieren Sie dann? Aller Wahrscheinlichkeit nach holen Sie den Werkzeugkoffer hervor oder vereinbaren einen Termin beim Automechaniker. Sie kommen ins Tun. Dasselbe gilt auch bei der Befriedigung von Bedürfnissen. Wahrnehmen und reagieren. Kommen Sie auch hier ins Tun.

Um ins Tun zu kommen, fragen Sie sich:»Was brauche ich?« Wann haben Sie sich das zuletzt gefragt? Oder überhaupt jemals? Wie auch immer: Tun Sie's ab jetzt. Tun Sie's häufig. Machen Sie es sich zur Gewohnheit, sich täglich mindestens einmal zu fragen, was Sie brauchen. Warum nicht morgens beim Frühstück darüber nachdenken, ob es etwas gab, das Sie am vorangegangenen Tag gebraucht hätten, aber nicht bekommen hatten. Und es sich dann im Laufe des aktuellen Tages in vergleichbaren Situationen geben.

Nicht alle Bedürfnisse lassen sich erfüllen. Das ist Wunschdenken. Manchmal hilft es, wenn Sie sich Unterstützung holen, die Bedürfnisse anpassen oder akzeptieren, dass die Befriedigung eines Bedürfnisses nicht möglich ist. Wenn nichts mehr geht, dann geht radikale Akzeptanz. Dazu passt das folgende Zitat aus der Lutherbibel.

»Ein Jegliches hat seine Zeit, und alles Vorhaben unter dem Himmel hat seine Stunde: Geboren werden hat seine Zeit, sterben hat seine Zeit; pflanzen hat seine Zeit, ausreißen, was gepflanzt ist, hat seine Zeit; töten hat seine Zeit, heilen hat seine Zeit; abbrechen hat seine Zeit, bauen hat seine Zeit; weinen hat seine Zeit, lachen hat seine Zeit; klagen hat seine Zeit, tanzen hat seine Zeit; Steine wegwerfen hat seine Zeit, Steine sammeln hat seine Zeit; herzen hat seine Zeit, aufhören zu herzen hat seine Zeit; suchen hat seine Zeit, verlieren hat seine Zeit; behalten hat seine Zeit, wegwerfen hat seine Zeit; zerreißen hat seine Zeit, zunähen hat seine Zeit; schweigen hat seine Zeit, reden hat seine Zeit; lieben hat seine Zeit, hassen hat seine Zeit; Streit hat seine Zeit, Friede hat seine Zeit.«
Lutherbibel

Sich um die eigenen Bedürfnisse zu kümmern, ist Teil der Selbstfürsorge. Darunter werden Aktivitäten verstanden, mit denen das eigene Wohlbefinden gefördert wird. Sich etwas zu gönnen, sich fein zu pflegen, sich gut zu behandeln, sich und auf sich zu achten, freundlich zu sich selbst zu sein. Doch vielen fällt Selbstfürsorge schwer. Frau Engel aus dem obigen Beispiel hatte mehrere Monate mit einer Erkältung ausgeharrt, schlaflos, untergewichtig, überfordert und einsam, ehe sie den Weg zum Hausarzt fand, der ihr einen anderen Weg wies. Sie hatte ihren eigenen desolaten Zustand sehr wohl registriert, doch kümmerte sie sich nicht um sich selbst. Diese Vernachlässigung kann viele Gründe haben. Einer könnte sein, dass Frau Engel nie gelernt hat, dass ihre Bedürfnisse Daseinsberechtigung haben, sondern dass sie sich anzupassen und ihre Bedürfnisse unterzuordnen hat. Kindheitssätze wie »Ein Indianer kennt keinen Schmerz« oder blindes Vertrauen wie »Irgendwie wird's dann schon gut« können dazu beigetragen haben.

Literaturempfehlungen zur Vertiefung

Antonovsky A (1997) Salutogenese. Zur Entmystifizierung der Gesundheit. DGVT: Tübingen.

Falkai P & Wittchen HU (2018) Diagnostisches und Statistisches Manual Psychischer Störungen DSM-5: Deutsche Ausgabe. Hogrefe: Bern.

Hengartner MP (2017). Lebenszeitprävalenzen psychischer Erkrankungen. Obsan Bulletin 5. Schweizerisches Gesundheitsobservatorium.

Knoll N Scholz U & Rieckmann N (2017) Einführung Gesundheitspsychologie. UTB: Stuttgart.

Potreck-Rose F (2017) Selbstfürsorge. Psychotherapie im Dialog 2017: 4.

Weltgesundheitsorganisation (WHO): Definition von Gesundheit: https://www.bundespublikationen.admin.ch/cshop_mimes_bbl/14/1402EC7524F81EDAB689B20597E1A5DE.PDF

Weltgesundheitsorganisation (WHO): ICD 11: https://www.dimdi.de/dynamic/de/klassifikationen/icd/icd-11/

Wittchen HU, Jacobi F, Rehm J et al. (2011) The size and burden of mental disorders and other disorders of the brain in Europe 2010. European Neuropsychopharmacology 21(9): 655–679.

3 Was ist Psychosomatik?

In diesem Kapitel geht es um die Bedeutung des Begriffs der Psychosomatik und um die verschiedenen Arten von psychosomatischen Störungen – den zentralen Problemfeldern begegnen Sie nicht in diesem Kapitel, sondern in ▶ Kap. 5. Hier sprechen wir weiter über Begleiterkrankungen und statistische Eckpunkte.

3.1 Definition Psychosomatik

Der Begriff der Psychosomatik beschreibt den Zusammenhang zwischen der Seele (griechisch: Psyche) und dem Körper (griechisch: Soma). Der Körper und die Psyche sind immer in regem Austausch. Dass dem so ist und dass sich die Psyche und der Körper ständig gegenseitig beeinflussen, ist normal und gesund. Die Psychosomatik hat zunächst nichts mit Krankheit zu tun, sondern dahinter verbergen sich völlig übliche und gewöhnliche Prozesse. Wird dieses Wechselspiel gestört, können sich psychosomatische Symptome einstellen, ab einer gewissen Schwere und Dauer liegt eine psychosomatische Störung vor. Letztgenannte können als Beziehungsstörungen verstanden werden: Die Beziehung zwischen Körper und Seele ist gestört. Der Schriftsteller Christian Morgenstern formulierte es so: »Der Körper ist der Übersetzer der Seele ins Sichtbare«.

Die enge Verbindung zwischen Körper und Psyche spiegelt sich in unserer Alltagssprache wider. Sicherlich kennen Sie die folgenden Aussagen: Etwas nimmt einem den Appetit, etwas schlägt einem auf den Magen, jemandem wurde das Herz gebrochen, etwas fühlt sich wie ein Schlag an, jemandem bleibt die Luft weg, etwas ist zum Kotzen und so weiter. Fallen Ihnen weitere ein?

3.2 Arten von psychosomatischen Störungen

Psychosomatische Störungen können in fünf Arten unterteilt werden, wie in ▶ Abb. 2 dargestellt.

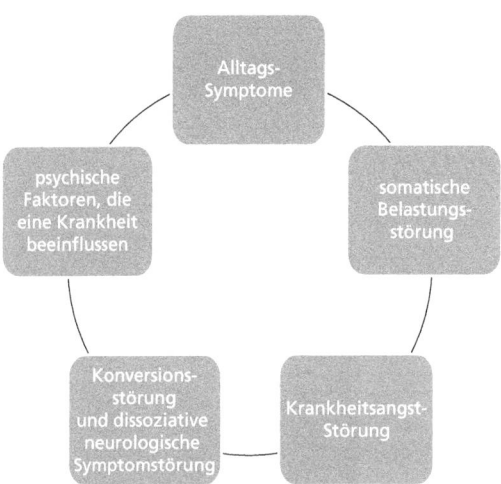

Abb. 2: Es gibt fünf Arten psychosomatischer Störungen

Diese fünf Arten werden im Folgenden genauer erläutert. Im weiteren Verlauf dieses Ratgebers wird übergeordnet der Begriff psychosomatische Störungen verwendet. Damit werden der Einfachheit halber sämtliche psychosomatische Spielarten zusammengefasst.

3.2.1 Alltagssymptome

Vorübergehende körperliche Symptome als Resultat psychischer Vorgänge sind normal. Vergehen sie rasch wieder, fallen sie kaum ins Gewicht. Sie sind Ausdruck der regen Beziehung von Körper und Psyche. Solange die Symptome in Ausmaß, Dauer und einhergehendem Leiden sowie Einschränkungen begrenzt sind, ist meist keine Gefahr in Verzug. Die Hintergründe für aus organmedizinischer Sicht nicht oder nicht gänzlich erklärbare körperliche Symptome sind zahlreich wie Sterne am Himmel. Dem Studenten, der die ganze Nacht durchgepaukt hat, raucht der Kopf, er leidet an Kopfschmerzen. Dem Romantiker, der seiner Liebsten einen Heiratsantrag macht, rast sein Herz. Der herzensguten Vorgesetzten, die einem Angestellten die Arbeitsstelle streichen muss, läuft der Schweiß über die Stirn. Dem Verlassenen, der seiner früheren Flamme im Supermarkt begegnet, stockt der Atem. Das sind typische Alltagssymptome. Sie sind wie ein Blitz bei Gewitter, der rasch den Himmel erhellt und sogleich erlischt. Alltagssymptome sind unangenehm, gleichzeitig bei gesamthafter Betrachtung wenig belastend und kaum beeinträchtigend.

3.2.2 Somatische Belastungsstörung

Die eben beschriebenen Alltagssymptome treten kurzzeitig auf und verblassen rasch. Halten die Symptome länger an und verändern das Verhalten auf ungünstige Weise, verursachen sie Leid und beeinträchtigen die Lebensführung, kommt es zu häufigen Arztbesuchen und längeren Krankenständen, kann eine »Somatische Belastungsstörung« vorliegen – wie ein Blitz im körpereigenen System, der nicht erlischt.

Der Begriff der somatischen Belastungsstörung ist neu. Er ersetzt den früheren Begriff der somatoformen Störung. Beide oben beschriebenen Kriterienkataloge für psychische Störungen (DSM-5 und ICD-11) verwenden den neuen Begriff der somatischen Belastungsstörung.

Die Diagnose Somatische Belastungsstörung liegt vor, wenn mindestens ein körperliches Symptom besteht, das belastet und einschränkt. Dazu gesellen sich symptombezogene Gedanken, Gefühle und/oder

Verhaltensweisen, die über ein sinnvolles Maß hinausgehen. Das bedeutet:

- Es wird intensiv über die Ernsthaftigkeit des Symptoms gegrübelt (gedankliche Dimension),
- es kommt zu starken Ängsten, die sich auf die Gesundheit oder das Symptom beziehen (Gefühlsdimension),
- und/oder es wird viel Aufwand in punkto Zeit und Energie im Zusammenhang mit dem Symptom oder den Gesundheitssorgen betrieben (Verhaltensdimension).

Um die Diagnose Somatische Belastungsstörung zu stellen, ist die Symptombelastung anhaltend und dauert länger als sechs Monate.

Eine somatische Belastungsstörung kann sich auf verschiedene Körperteile oder -systeme beziehen. Häufig betroffen sind das Herz-Kreislauf-System, die Atmung, der Magen-Darm-Trakt, die Haut – doch längst nicht nur. In ▶ Kap. 5 lernen Sie die zentralen psychosomatischen Problemfelder kennen. Grundsätzlich kann der gesamte Körper entsprechende Symptome oder Störungen aufweisen. Viel kann in ein- und demselben Störungsbild zusammengefasst werden.

Somatische Belastungsstörungen gehören zu den häufigsten Beschwerden, wegen denen Hausärzte aufgesucht werden. Die Nichterkennung des eigentlichen Störungsbildes und die Suche nach Ursachen auf körperlicher Seite führen regelmäßig zum »Doktor-Hopping« also der Konsultation von immer neuen Ärzten in der Hoffnung, dass der nächste Rat weiß. Nicht selten vergehen Jahre, bis die eigentliche Problematik erkannt und entsprechend behandelt wird. Das führt zu beträchtlichem Leiden aufseiten der Betroffenen und verursacht mitunter hohe Gesundheitskosten.

Der Kriterienkatalog ICD-11 macht einen Unterschied zwischen chronischen Schmerzen und der somatischen Belastungsstörung. Das heißt, dass es sich dabei gemäß ICD-11 um zwei separate Diagnosen handelt. Das DSM-5 trifft diese Unterscheidung nicht. Ansonsten weichen die beiden Kriterienkataloge im psychosomatischen Störungsbereich wenig voneinander ab. Auch wenn diese Begrifflichkeiten und Unterschiede möglicherweise auf den ersten Blick kompliziert ist, soll es hier doch erwähnt sein, da Sie diesen Begriffen vielleicht im Rahmen von Arztbesuchen schon begegnet sind oder es allenfalls noch werden.

3.2.3 Krankheitsangststörung und Hypochondrie

Der Begriff der Krankheitsangststörung ersetzt im DSM-5 den der Hypochondrie, im ICD-11 wird weiterhin von Hypochondrie gesprochen. Im Zentrum steht eine Sorge vor körperlichen Erkrankungen. Betroffene beschäftigen sich auf übertriebene Weise mit der Möglichkeit, schwer erkrankt zu sein. Dabei sind meistens keine schweren körperlichen Symptome vorhanden und wenn, dann leichte. Dadurch ist das Störungsbild nicht immer klar von der zuvor dargestellten somatischen Belastungsstörung abzugrenzen.

3.2.4 Konversionsstörung und dissoziative neurologische Symptomstörung

Das DSM-5 führt die Konversionsstörung auf, das ICD-11 verwendet dafür den Begriff dissoziative neurologische Symptomstörung. Konversion bedeutet in diesem Fall, dass sich ein psychischer Konflikt in ein körperliches Symptom verwandelt. Dissoziation bedeutet das Gegenteil von Assoziation. Bei der Assoziation werden zwei Dinge miteinander verknüpft, bei der Dissoziation werden zwei Dinge »entknüpft«. Im Rahmen der Psychologie bezieht sich die Dissoziation auf die Entknüpfung oder Loslösung von psychischen Funktionen, die normalerweise zusammenhängen, also Bereiche wie Wahrnehmung, Bewusstsein, Gedächtnis, Motorik und Körperempfindungen.

Sowohl das DSM-5 wie auch das ICD-11 konzentrieren sich in diesen Diagnosen auf Störungen, die pseudoneurologische Symptome beinhalten. Mit Pseudoneurologie sind die Bereiche der Willkürmotorik und der Sensorik (also der Bewegung und des Empfindens) gemeint, die aus psychischen Gründen beeinträchtigt sind. Es sieht nach neurologischen Symptomen aus, ist aber psychisch zu erklären. So kann es zu organmedizinisch nicht erklärbarer Lähmung, Bewegungsstörung, Blind- oder Taubheit, Sprach- oder Hörverlust und weiteren Problemen kommen.

Anders als bei der somatischen Belastungsstörung sowie der Hypochondrie sind die Symptome immer ohne organmedizinischen Befund und es liegen meist keine exzessiven Gedanken, Gefühle oder Verhaltensweisen vor. Im Gegenteil: Es stellt sich oft eine »belle indifference« ein, die durch geringen Leidensdruck angesichts der mitunter massiven körperlichen Symptomatik geprägt ist.

In ▶ Kap. 5.6.2 lernen Sie die Geschichte zweier Personen kennen, nämlich die von Sonja und die von Herrn Müller. Beide haben die Funktion der Bewegungssteuerung verloren: Während Sonja von der Hüfte her abwärts gelähmt war, zitterte der Körper von Herrn Müller unentwegt. In beiden Fällen handelte es sich um eine Konversionsstörung bzw. dissoziative Bewegungsstörung, eine organmedizinische Ursache konnte nicht ausgemacht werden.

3.2.5 Psychische Faktoren, die eine körperliche Krankheit beeinflussen

Schließlich gibt es erklärbare körperliche Krankheiten, die durch psychische Faktoren beeinflusst oder verschlimmert werden. Ein Beispiel dafür ist die Neurodermitis (▶ Kap. 5.5.2), deren Auftreten und Aufrechterhaltung in engem Zusammenhang mit psychosozialem Stress steht. Als Beispiel werden Sie Madeleine kennenlernen, bei der nach der Inhaftierung der Schwester und weiterer schwerwiegender Lebensereignisse ein schwerer Neurodermitis-Schub auftrat. Psychische Faktoren können auch die Behandlung von körperlichen Krankheiten beeinflussen, indem bspw. notwendige Behandlungen nicht oder schlecht mitgemacht werden.

3.3 Begleiterkrankungen

»Ein Unglück kommt selten allein«, sagt der Volksmund. Das gilt leider auch für psychosomatische Störungen. Oft werden diese von weiteren

Erkrankungen flankiert. In der Regel leidet mehr als die Hälfte der von psychosomatischen Störungen Betroffenen an mindestens einer weiteren psychischen Störung. Dabei handelt es sich besonders häufig um Depressionen und Angststörungen. Von psychosomatischen Störungen betroffene Personen haben zudem ein erhöhtes Suizidrisiko. Dabei ist unklar, ob das auf die psychosomatische Störung, auf eine der Begleiterkrankungen oder auf etwas anderes zurückzuführen ist.

3.4 Statistische Eckdaten

Grundsätzlich sind psychosomatische Symptome allgegenwärtig. Vier von fünf Personen aus der Allgemeinbevölkerung erleben im Laufe einer Woche ein psychosomatisches Symptom. In der allgemeinmedizinischen Grundversorgung findet sich bei etwa jedem/jeder dritten Patienten/Patientin keine organmedizinische Ursache für dessen/deren körperliche Beschwerden.

Gerade erst wurden die beiden Kriterienkataloge DSM-5 und ICD-11 in ihre jetzige Version überarbeitet. Es gibt erst wenige Daten zur Häufigkeit der neuen Diagnose Somatische Belastungsstörung. Wird ein Blick auf Studien geworfen, die mit den alten Diagnosekriterien durchgeführt worden waren, also auf Basis von DSM-IV und ICD-10, dann zeigt sich für die somatoforme Störung eine Einjahresprävalenz von 5 %. Das heißt, dass im Laufe eines Jahres jede zwanzigste Person aus der Allgemeinbevölkerung die Kriterien dieser Störung erfüllt. In der primärärztlichen Versorgung sind etwa 20 % von dieser Diagnose betroffen – also jede fünfte Person, die mit einem körperlichen Symptom einen Arzttermin wahrnimmt, ist mit irgendeiner psychosomatischen Störung zu diagnostizieren. Statistisch gesehen leiden Frauen doppelt so häufig an somatoformen Störungen wie Männer.

Es ist denkbar, dass die somatische Belastungsstörung nach den neuen Kriterienkatalogen DSM-5 und ICD-11 öfters diagnostiziert wird als anhand der Vorgängerversionen, da die ihr zugrundeliegenden Kriterien weiter gefasst sind und weniger Einschränkungen enthalten. Erste Schätzungen gehen von 4–7 % Punktprävalenz aus. Sprich: Wird zu einem bestimmten Stichtag eine Querschnitterhebung in der Allgemeinbevölkerung durchgeführt, findet sich die somatische Belastungsstörung bei etwa jeder zwanzigsten Person.

Literaturempfehlungen zur Vertiefung

Egle UT, Heim C, Strauss B & von Känel R (2020) Psychosomatik. Neurobiologisch fundiert und evidenzbasiert. Kohlhammer: Stuttgart.
Ehlert U (2016) Verhaltensmedizin. Springer: Heidelberg.
Fiedler P (2013) Dissoziative Störungen. Hogrefe: Bern.
Köhler, T. (2017) Psychische Störungen. Symptomatologie, Erklärungsansätze, Therapie. Kohlhammer: Stuttgart.
Von Känel R, Georgi A, Egli D, Ackermann D (2016) Die somatische Belastungsstörung: Stress durch Körpersymptome. Primary and Hospital Care 16(10): 192–195.

4 Wie entstehen psychosomatische Störungen und wie werden sie aufrechterhalten?

Für die Entstehung psychosomatischer Störungen sind besonders die drei in ▶ Abb. 3 genannten Punkte wichtig: Risikomerkmale, Zeitpunkt und Auslöser sowie Schwachstelle und Prägung. Diese drei Punkte werden im Folgenden erläutert. Anschließend thematisiert dieses Kapitel sogenannte aufrechterhaltende Bedingungen. Hintergrundwissen zu Entstehung und Aufrechterhaltung ist manchmal der erste Schritt in Richtung Genesung. Denn der Weg in die Störung kann auf den Weg aus der Störung hindeuten oder enthält darüber zumindest wertvolle Informationen.

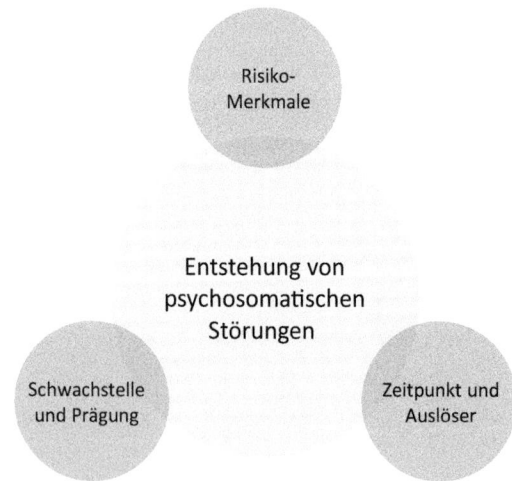

Abb. 3: Drei Punkte, die für die Entstehung von psychosomatischen Störungen wichtig sind

4.1 Risikomerkmale

Für die Erklärung psychosomatischer Störungen ist ein Verständnis über die individuellen Risikomerkmale wichtig. Dabei geht es um Merkmale, die das individuelle Erkrankungsrisiko einer Person erhöhen. Hierfür bietet sich das biopsychosoziale Verstehensmodell an, das auf den Psychiater George Libman Engel zurückgeht. An dieser Stelle wird es erklärt, im ▶ Kap. 7.3 im Selbsthilfe-Teil erstellen Sie Ihr eigenes Modell.

Das biopsychosoziale Verstehensmodell strebt eine ganzheitliche Wahrnehmung des Menschen an. Wie der Name schon sagt, handelt es sich dabei um ein »Modell«, das dem »Verstehen« dient und drei zentrale Bereiche enthält: der Körper (»bio«), die »Psyche« und das »soziale« Leben. Nach dem Modell ist jede Person Teil von umfassenden, übergeordneten Bereichen (das soziale Leben: unter anderem Familie, Gesellschaft, Kultur) und selbst wiederum Teil von Subsystemen (der Körper und die Psyche: unter anderem Nervensystem, Gewebe, Zellen, Moleküle, Atome). Die drei Teile sind miteinander verbunden und beeinflussen sich gegenseitig.

Das Modell kann als Dreieck verbildlicht werden, wobei die Ecken für jeweils einen dieser drei Bereiche stehen (▶ Abb. 4). Natürlich hat jedes Dreieck drei Kanten. Auf diesen begegnen sich die drei Bereiche Psyche, Körper und soziales Leben. Dort, wo sie sich begegnen, entsteht eine Schnittstelle. An der Kante, an der sich die Ecken »Körper« und »Psyche« treffen, entsteht die biopsychische bzw. psychobiologische Schnittstelle. An der Kante, an der sich die Ecken »Körper« und »soziales Leben« treffen, liegt die biosoziale bzw. soziobiologische Schnittstelle. An der Kante, an der sich die Ecken »Psyche« und »soziales Leben« treffen, ist die psychosoziale bzw. soziopsychische Schnittstelle.

In die Ecke der *Psyche* gehören unter anderem:

- frühe, schlimme Kindheitserlebnisse und kritische Lebensereignisse oder Katastrophen im Laufe des Lebens
- Vor- oder Begleiterkrankungen

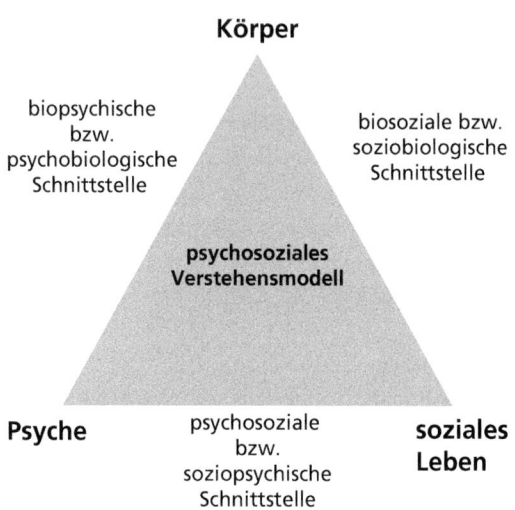

Abb. 4: Das biopsychosoziale Verstehensmodell, dargestellt als Dreieck mit den Ecken Körper, Psyche und soziales Leben

- psychische Störungen in der Familie
- Umgang mit Stress und Emotionen
- Denkmuster, Einstellungen, Erwartungen
- Verhalten, Bewegung, Mobilität
- Wahrnehmungsstil
- Gesundheits- bzw. Krankheitsverhalten
- Bewältigungsverhalten

In die Ecke des *Körpers* gehören unter anderem:

- Viren, Bakterien
- genetische Veranlagung
- Verletzungen
- körperliche Krankheiten, insbesondere chronische oder angeborene Erkrankungen
- organmedizinische Aspekte

In die Ecke des *sozialen Lebens* gehören unter anderem:

- Familie
- Schul- und Ausbildungssituation
- Wohnaspekte
- Arbeitsverhältnisse
- sozioökonomischer Status
- soziale Netzwerke
- soziale Unterstützung und Wertschätzung
- politische Situation
- weitere umweltbezogene Lebensbedingungen

Die Forschung spricht sich mehr und mehr für das biopsychosoziale Verstehensmodell aus. Auch dass sich die drei Bereiche an den Schnittstellen gegenseitig beeinflussen, wurde in verschiedenen Studien gezeigt. Doch mittels welcher Mechanismen diese Wechselwirkungen erfolgen, ist bis heute wenig geklärt. Bekannt sind Konditionierungsprozesse und genetische Veränderungen (Stichwort: Epigenetik). Bislang ist die wissenschaftliche Testung des Modells in seiner Gesamtheit ausstehend – zwar wurden einzelne Komponenten des Modells getestet, nicht aber das Modell an sich. Zudem ist das Modell relativ unspezifisch, denn es wird nicht nur für die Erklärung der Entstehung und Aufrechterhaltung von psychosomatischen Störungen verwendet, sondern für viele andere Störungen. Nichtsdestotrotz bleibt das biopsychosoziale Verstehensmodell die derzeit beste Möglichkeit, psychosomatische Störungen zu erklären und zu verstehen, welche individuellen Risikomerkmale einem Störungsbeginn zugrunde liegen.

4.2 Zeitpunkt und Auslöser

Mein Sohn entwickelte just am Vortag seines ersten Kindergartentags einen Husten. »Ausgerechnet jetzt!«, dachte ich. Zudem suchte er intensiv meine Nähe und bestand abends darauf, im Elternbett zu schlafen. Es lag nahe, dass der Husten mit dem Kindergartenstart zusammenhing, ebenso das verstärkte Nähebedürfnis – deshalb jetzt! Während ich seinen Husten als Alarm-Verhalten erlebte, das mich auf ihn und seine Situation aufmerksam machen sollte, stufte ich das Nähebedürfnis als Schutzsuche-Verhalten ein, das in Anbetracht dessen, dass am nächsten Tag ein neuer Kindergarten, neue Freunde, neue Erzieherinnen und so weiter bevorstanden, mehr als verständlich war. Ich gab ihm die Aufmerksamkeit und den Schutz, die er scheinbar brauchte. Im Zuge der Gewöhnung an all das Neue waren sowohl Husten wie auch verstärktes Nähebedürfnis rasch überwunden.

Warum ausgerechnet jetzt? Warum sind Ihre psychosomatischen Symptome genau jetzt vorhanden und nicht vorgestern oder in fünf Monaten? Oder vor drei Jahren und nicht niemals? Warum haben Sie sich gerade jetzt einen Ratgeber über psychosomatische Störungen gekauft und nicht erst in zehn Jahren oder nie? Warum suchen Sie die Hausärztin oder die Psychotherapeutin gerade jetzt auf? Was hat geschehen müssen, dass Sie nun da sind, wo Sie sind? Was ist der Auslöser? Warum ist jetzt der »logische Zeitpunkt« für psychosomatische Symptome?

Meistens stelle ich diese Fragen zu Beginn einer Psychotherapie, da die Beweggründe für die Aufnahme einer Psychotherapie wertvolle Einsichten in die zugrundeliegende Problematik einer Klientin oder eines Klienten geben. In der Regel gibt es einen Grund, warum etwas genau dann passiert, wann es passiert. Kenntnisse darüber können aufschlussreich sein, um die »Entstehung zu verstehen« und die »Aufrechterhaltung aufzuhalten«.

Manchmal ist ausgerechnet jetzt der Zeitpunkt, weil es jetzt diesen einen großen Auslöser gibt. Bei Frau Engel (dem in ▶ Kap. 1.1 und ▶ Kap. 1.2 vorgestellten Fallbeispiel, das uns durch den ganzen Ratgeber begleitet) gab es sogar mehrere Auslöser: Sie wurde Mutter, sie erlitt häusliche Gewalt, sie wurde Alleinerziehende und so weiter. Bei meinem Sohn war der offensichtliche Auslöser der Kindergartenstart und die damit zusammenhängende Verunsicherung.

Dabei ist es unerheblich, ob der Auslöser von anderen Personen nachvollzogen werden kann. Wäre es ich, die morgen in den Kindergarten eintreten würde, wäre es zwar etwas irritierend, aber ich würde kaum psychosomatisch darauf reagieren. Doch ich habe einen völlig anderen Bezug zu diesem Thema und stehe in meinem Leben an einem ganz anderen Punkt als mein Sohn. Für ihn hingegen ist es eine große Veränderung. Wichtig ist, dass Auslöser ernst genommen werden, auch wenn sie für andere Personen kaum eine Rolle spielen. Jeder tanzt in seinem eigenen Tanzbereich, das wussten bereits Patrick Swayze und Jennifer Grey im Film »Dirty Dancing«.

Hie und da können meine Patienten auf Anhieb keinen Auslöser benennen und nicht angeben, warum ausgerechnet jetzt der »richtige Zeitpunkt« für die Störung ist. In diesen Fällen finden sich weitere Angaben dazu meist im weiteren Therapieverlauf. Jedes Auge hat einen blinden Fleck da, wo der Sehnerv das Auge verlässt. Manchmal bedeutet Psychotherapie, blinde Flecke zu finden und zu füllen.

4.3 Schwachstelle und Prägung

Wo bricht der Damm? Wieso leidet der Eine am Herzen, der Andere am Rücken und wiederum jemand anders ist gelähmt? Um es kurz zu machen: Man weiß es nicht. Es gibt keinen klaren Zusammenhang zum Beispiel zwischen Kindheitserlebnissen oder soziologischen Bedingungen und der Entwicklung von Kopfschmerzen, einer dissoziativen Bewegungsstörung oder Magen-Darm-Problemen. So einfach ist es nicht. Für einfache Erklärungen ist der Mensch zu komplex.

Doch in der Regel finden sich Schwachstellen und Prägungen. Der bekannte Psychoanalytiker Sigmund Freud nannte dies ein »somatisches Entgegenkommen«. Oft ergeben die psychosomatischen Symptome bei lebensgeschichtlicher Betrachtung Sinn, und man ahnt, warum diese Person gerade jene Symptome entwickelte.

Meistens ist es so, dass bestimmte Körperpartien mit bestimmten Beschwerden assoziiert werden. Vielleicht erlebte ein Mann in seiner Kindheit, dass die Mutter bei Überforderung mit Bauchschmerzen reagierte und sich eine Weile hinlegte. Fortan ist für diesen Mann der Bauch besetzt als Körperpartie, die bei Überforderung reagiert. Oder eine Frau hatte in jungen Jahren erlebt, wie sich der Vater bei Aufregung stets mit der Hand ans Herz griff. Später starb er an einem Herzinfarkt. Sie lernte, dass das Herz die Körperpartie für Aufregung ist und bei Überaufregung zu schlagen aufhören könne. Sie entwickelte große Ängste vor einem plötzlichen Herztod und mied jegliche Aufregung.

Sie werden im nächsten Kapitel, in dem die zentralen Problemfelder der Psychosomatik vorgestellt werden, viele Beispiele für Schwachstellen und Prägungen finden. Bei der lebensgeschichtlichen Verankerung der psychosomatischen Symptome ist Fantasie erlaubt. Nirgendwo anders im Bereich der Medizin darf so viel »Selbstgebackenes« aufgetischt werden.

Neil Young sang »There's more to the picture than meets the eye« – und das lässt sich hervorragend auf psychosomatische Störungen übertragen. Es geht oft um mehr als um Kopfschmerzen, um mehr als um Magen-Darm-Probleme. Es geht um etwas, das auf diese Weise symbolhaft zum Ausdruck kommt. Vielfach etwas, das das Auge nicht auf Anhieb sieht.

4.4 Aufrechterhaltende Bedingungen

Im Hinblick auf die Aufrechterhaltung von psychosomatischen Störungen ist der folgende Mechanismus häufig beobachtbar. Er setzt sich zusammen aus:

- Aufmerksamkeit,
- Bewertung und
- Verhaltensweisen.

Stellen sich körperliche Symptome ein, werden diese mit gesteigerter *Aufmerksamkeit* wahrgenommen. Folgt daraufhin eine ungünstige *Be-*

wertung der Wahrnehmung, ist dies ein Nährboden für die psychosomatische Störung. Durch die verstärkte Aufmerksamkeit und die negative Bewertung werden psychosomatische Störungen aufrechterhalten. Übrigens definieren Betroffene Gesundheit und Krankheit oft ungünstig. Zum Beispiel, dass ein gesunder Körper keinerlei Beschwerden haben dürfe. Auch haben Betroffene mitunter ungünstige Ansprüche an die moderne Medizin. Schließlich gibt es eine Reihe von *Verhaltensweisen*, welche zur Aufrechterhaltung der psychosomatischen Symptome beitragen. Dazu gehören die nachfolgend gelisteten Krankheitsverhaltensweisen. In ▶ Kap. 10.7 machen Sie dazu eine Übung.

- *»Doktor-Hopping«:* Betroffene konsultieren verschiedene Behandelnde auf der Suche nach der einen Ursache, die alles erklärt und der einen Behandlung, die alles löst. Die Verantwortung in die eigenen Hände zu nehmen und zu akzeptieren, dass sich nicht restlos alles erklären und lösen lässt, ist förderlicher.
- *Schonung:* Während Schonung nach einem Knochenbruch sinnvoll ist, ist sie meistens sinnlos bei psychosomatischen Störungen. Dadurch wird der eigene Bewegungsradius verringert und Bewegungsabläufe werden verändert. Es kommt zu einem Teufelskreis des Schonverhaltens: Ein körperliches Symptom tritt auf, man zeigt Schonverhalten, die körperliche Belastbarkeit nimmt ab, körperliche Missempfindungen nehmen zu, das körperliche Symptom ist weiterhin da, eventuell stärker, man zeigt weiterhin Schonverhalten usw.
- *Sicherheitsverhalten:* Bestimmten Dingen wird eine Sicherheitsfunktion zugeschrieben. So verlassen manche Betroffene das Haus niemals ohne Mobiltelefon, es ist für viele Personen ein mächtiges Symbol für Sicherheit. Andere wiederum gehen nirgendwo hin ohne Beruhigungsmittel, die im Fall der Fälle für überlebensnotwendig gehalten werden. Auch eine andere Person kann ein Gefühl von Sicherheit vermitteln, was soweit gehen kann, dass manche Betroffene bestimmte Dinge nicht mehr ohne die Sicherheit vermittelnde Person ausüben können.
- *Kommunikation:* Betroffene tendieren dazu, entweder zu verstummen oder zu viel über die eigenen Beschwerden zu sprechen. Beides ist für Beziehungen eine Belastungsprobe.

- »*Body Checking*«: Der eigene Körper und dessen Vorgänge werden kontinuierlich und Zeit einnehmend überprüft. Dies erfolgt durch abtasten, messen von bspw. Blutdruck, Körpertemperatur oder Gewicht, inspizieren der Haut und anderen Körperteilen und weiterem. Wird eine Veränderung beobachtet, auch wenn sie minimal oder auch nur vermeintlich ist, stellen sich Angstgefühle ein, und meist wird ein Arzt konsultiert.
- *Gesundheitswissen:* Betroffene suchen entweder verstärkt nach Gesundheitswissen oder vermeiden dieses komplett.
- »*Durchhalteverhalten*«: Trotz deutlicher Symptome verringern Betroffene die Belastung oder Überbelastung nicht, sondern halten durch, machen weiter. Dieses »Durchpowern« führt zu Überforderung und Abnutzung, bis irgendwann nichts mehr möglich ist. Oft ist es so, dass durch die Dauerbeschäftigung die eigentliche Problematik überlagert wird und in den Hintergrund tritt.

Literaturempfehlungen zur Vertiefung

Egle UT, Heim C, Strauss B & von Känel R (2020) Psychosomatik. Neurobiologisch fundiert und evidenzbasiert. Kohlhammer: Stuttgart.
Engel GL (1976) Psychisches Verhalten in Gesundheit und Krankheit. Huber: Bern.
Freud S (2020) Hauptwerke: 3 Bände. Nikol: Hamburg.

5 Welches sind die zentralen Problemfelder der Psychosomatik?

In diesem Kapitel begegnen Sie einer Auswahl an Problemfeldern aus dem Gebiet der Psychosomatik: Dabei handelt es sich um Probleme des Herzens, des Magen-Darm-Traktes, der Atemwege, aber auch Schmerzen, neurologische Probleme, Hautprobleme, Störungen des Immunsystems, Essstörungen sowie geschlechtsspezifische Probleme. Auch stelle ich Ihnen einen »unklaren Fall« vor. Ich entschuldige mich dafür, bestimmte Themen nicht oder nur kurz zu behandeln. Das entspricht keiner Wertung.

Die meisten vorgestellten Problemfelder sind mit wahren Fallgeschichten angereichert. Natürlich sind diese zur Unkenntlichkeit verändert, aber dennoch echt. Sie tragen zur Veranschaulichung bei. In ▶ Kap. 5.7.2 wird die psychosomatische Störung der Ihnen bereits bekannten Frau Engel besprochen.

5.1 Herzprobleme

»Der Kummer, der nicht spricht, nagt leise an dem Herzen, bis es bricht.«
William Shakespeare

5.1.1 Grundlagen

Das Herz-Kreislauf-System ist für den Stoffwechsel aller Organe und Gewebe zuständig. Es transportiert unter anderem Sauerstoff, Nährstoffe, Abwehrzellen und Hormone dahin, wo sie benötigt werden. Nachdem das Herz etwa in der siebten Schwangerschaftswoche seinen Dienst angetreten hat, ist es rund um die Uhr im Einsatz. Als Muskel mit vier Hohlräumen funktioniert es wie eine Pumpe. Die rechte Seite des Herzens saugt verbrauchtes Blut an und befördert es zur Lunge. Hier wird es mit Sauerstoff angereichert und gelangt zur linken Seite des Herzens. Von hier wird es in die Aorta gepumpt und gelangt von da über ein großes Netz an Arterien in jeden Bereich des Körpers. Pro Minute werden etwa vier bis fünf Liter Blut durch den Körper befördert. Der Herzrhythmus wird durch den Sinusknoten reguliert, der sich auf der linken Seite des Herzens befindet. Auf ihn wirkt das vegetative System, das aus dem Sympathikus und dem Parasympathikus besteht. Während der Sympathikus bei Stress den Körper aktiviert, das heißt unter anderem die Herzrate und die Atmung beschleunigt sowie vermehrt Blut in Arme und Beine pumpt, deaktiviert der Parasympathikus die Veränderungen des Sympathikus und sorgt für die Entspannung des Körpers. Kurzum: Der Sympathikus sorgt für den Anspannungs-, der Parasympathikus für den Entspannungszustand des Körpers.

Das Herz befindet sich etwa in der Mitte des Körpers und gilt seit jeher als Sitz der Gefühle. So dient zum Beispiel ein stilisiertes Herz-Symbol als Zeichen der Liebe. Die enge Verbindung mit der Gefühlswelt fand auch Eingang in unsere Alltagssprache, zum Beispiel: »Ihm ist warm ums Herz«, »Sie hat ein großes Herz.«, »Er ist warmherzig.«, »Sie macht etwas leichtherzig.«, »Er hat das Herz am rechten Fleck.«, »Ihr fällt ein Stein vom Herzen.«, »Er bringt etwas nicht übers Herz.«, »Sie hat ein gebrochenes Herz.«.

Der Sitz der Gefühle wird nicht umsonst im Herzen verortet (auch wenn das so absolut natürlich nicht stimmt). Tatsächlich bestehen zwischen den Gefühlen und der Herztätigkeit rege Wechselwirkungen. Intensive Gefühle wie Angst bedeuten für den Organismus Stress, und dieser führt zur Aktivierung des Sympathikus, der die Herzaktivität steigert. Das ergibt Sinn, denn durch die gesteigerte Herzaktivität gelangt in herausfordernden (stressigen) Situationen mehr Blut dahin, wo es gebraucht wird. Zum Beispiel ist es bei einer Begegnung mit einem Säbelzahntiger vorteilhaft, über vermehrt Blut in den Armen zu verfügen, um zu kämpfen, oder in den Beinen, um zu fliehen. So gelingt bestenfalls die Rettung des eigenen Lebens.

Vielleicht denken Sie gerade, dass Säbelzahntiger längst ausgestorben und somit ein weit hergeholtes Beispiel sind. Ich verwende den Säbelzahntiger jedoch absichtlich, um darauf hinzuweisen, dass es sich um ein altes System handelt. Dieses alte System existiert in uns wie anno dazumal und ist eigentlich dazu da, das Überleben zu sichern. Das System kann aber nicht unterscheiden, ob es sich beim Stressor um einen Säbelzahntiger, um ein schreiendes Kleinkind, eine wütende Vorgesetzte, einen unzufriedenen Ehemann oder um ein Hochzeitsessen handelt. Ist es einmal Gang gesetzt, werden immer dieselben körperlichen Reaktionen ausgelöst. Diese Reaktionen kosten Energie. Die Rechnung geht beim Säbelzahntiger oder etwas Vergleichbarem wie vielleicht einem Autounfall oder einem Raubüberfall auf, denn wir überleben dank dieser Stressreaktion. Nach erfolgreichem Kampf oder gelungener Flucht ist die Sache zu Ende, der akute Stress lässt nach. Der Parasympathikus setzt ein, der Körper entspannt und beruhigt sich. Die Rechnung geht nicht auf, wenn der Stressor in Form eines dauernd schreienden Kleinkinds, einer ständig wütenden Vorgesetzten oder in Form eines mühseligen Dauerkonflikts mit dem Ehemann daherkommt. Dies sind (üblicherweise) keine lebensbedrohlichen Situationen, so dass durch den Sympathikus eigentlich keine lebensrettenden Maßnahmen eingeleitet werden müssten. Treten intensive Gefühle und Stress wiederholt auf oder sind von Dauer, belastet das den Organismus übermäßig. Dafür ist unser altes System nicht geeicht, das Herz-Kreislauf-System wird überlastet, es gerät aus dem Gleichgewicht. Dies führt zu verschiedenen Problemen, die nachfolgend beleuchtet werden.

5.1.2 Aus dem Takt

Herzphobie

Bei der Herzphobie handelt es sich um eine Angst (Phobie), die auf das Herz projiziert wird. Angst an sich ist nichts Problematisches, im Gegenteil: Sie ist ein natürliches und überlebensnotwendiges Gefühl, eine unverzichtbare Schutzreaktion, wenn tatsächlich Gefahr in Verzug ist

(▶ Kap. 12.2.1). Im Fall der Herzphobie ist die Angst jedoch irrational. Das bedeutet, dass sie unverhältnismäßig ist, es gibt für sie keinen notwendigen Grund. Es gibt viele Phobien, irrationale Ängste können sich auf Vieles beziehen: Bestens bekannt ist bspw. die Spinnenphobie. Bei der Herzphobie ist die Angst auf das Herz ausgerichtet und es wird befürchtet, dass es in irgendeiner Weise erkrankt ist. Herzphobie ist kein Fachbegriff, Sie finden ihn nicht in einem offiziellen Störungskatalog. Der Begriff eignet sich aber gut, um die psychosomatische Symptomatik einer Reihe von Patienten zu beschreiben.

Der Herzphobie liegt eine Fehlbewertung der eigenen Wahrnehmung zugrunde: So wird einem kräftigen Herzschlag oder einem schnellen Herzrhythmus eine krankhafte Bedeutung zugeschrieben. Dies führt sowohl verständlicher- wie auch fälschlicherweise zu Schonverhalten. Das ist ungünstig, denn dieses kann zur Folge haben, dass der Herzmuskel tatsächlich schwächer wird, da ihm das »Training« fehlt und die fehlende Kraft durch eine erhöhte Anzahl an Herzschlägen ausgeglichen werden muss. Der schnelle Herzrhythmus wird erneut als Schwäche des Herzens anstatt als fehlendes Training wahrgenommen. Ängste aktivieren den oben beschriebenen Sympathikus, und es kommt zu einer Stressreaktion, bei der ebenfalls wieder die Herztätigkeit aktiviert wird. Zurecht wird dies als »Teufelskreis der Angst« bezeichnet.

Das Modell des Teufelskreises eignet sich zur Erklärung der Entstehung von Ängsten. Der Ablauf ist wie folgt:

1. Es gibt einen Auslöser. Das kann eine Situation, eine körperliche Veränderung oder ein Gedanke sein. Zum Beispiel schlägt das Herz etwas schneller.
2. Der Auslöser muss vom Betroffenen wahrgenommen werden. Denn wird die veränderte Geschwindigkeit nicht bemerkt, passiert nichts weiter.
3. Es kommt zu einer ungünstigen Bewertung der Wahrnehmung. Der Herzphobiker bewertet die Situation als Katastrophe, so dass Angst entsteht.
4. Angst löst immer die typischen körperlichen Veränderungen aus: Der Körper bereitet sich auf Flucht oder Kampf vor. Die Herzaktivität wird gesteigert, die Bronchien weiten sich, die Durchblutung in

Armen und Beinen wird intensiviert, die Magen-Darm-Tätigkeit pausiert.
5. Die körperlichen Veränderungen werden vom Herzphobiker wahrgenommen.
6. Es kommt zu einer weiteren Bewertung der Wahrnehmung.
7. Durch eine ungünstige Bewertung entwickelt sich weitere Angst, es kommt zu weiteren körperlichen Veränderungen, die abermals wahrgenommen werden.

Dies geht immer weiter. Dieses Modell nennt sich Teufelskreis, da es wie das Perpetuum Mobile eines Kindes funktioniert. Es dreht und dreht. Es ist aber absolut möglich, auszusteigen. Hierfür bieten sich zwei Stellen an:

- Die Bewertung kann verändert werden.
- Der Umgang mit der Angst kann verändert werden.

> Die Angst loszuwerden ist nicht das Ziel – dafür ist sie viel zu wichtig.

Die Diagnose Herzphobie ist keine offiziell anerkannte Diagnose, stattdessen wird in diesen Fällen, in denen die Angst im Vordergrund steht, meist eine Panikstörung diagnostiziert. Das ist eine psychische Störung, bei der sich wiederkehrende, nicht vorhersehbare Panikattacken einstellen. Das sind Anfälle starker Angst, die mit einer Vielzahl körperlicher Symptome einhergehen wie Schwitzen, Zittern, Kurzatmigkeit, Schwindel und eben Herzklopfen. Häufig wird ein Herzinfarkt vermutet und entsprechend die Rettungsstelle alarmiert. Handelt es sich um eine Panikstörung, wird keine körperliche Ursache für die Symptomatik gefunden. Panikstörungen werden oft gemeinsam mit einer Agoraphobie diagnostiziert. Treten zwei psychische Störungen gemeinsam auf, wird dies in der Fachwelt Komorbidität genannt. Bei der Agoraphobie handelt es sich um die Angst, in öffentlichen Verkehrsmitteln zu fahren, ins Kino oder ins Theater zu gehen, einzukaufen usw., weil befürchtet wird, im Notfall nur schwer zu entkommen oder nur schwer an Hilfe zu gelangen. Der Radius einer davon betroffenen Person reduziert sich, die Freiheitsgrade werden zunehmend beeinträchtigt. Dies betrifft in ähnlicher Weise auch Herzphobiker. Diese zeigen ein nicht sinnvolles Schonungsverhalten, da eine Überlastung des Herzens befürchtet wird. Als Folge werden zunehmend Aktivitäten insbesondere außerhalb des Hauses gemieden.

Psychotherapeutische Verfahren, allen voran die kognitive Verhaltenstherapie, sind wirksam bei Panikstörungen (wozu die Herzphobie zu zählen ist) und Agoraphobie. Ich motiviere Sie, sich bei Bedarf entweder selbst mit diesem Thema auseinanderzusetzen oder einen Psychotherapeuten zu konsultieren, sollten Sie bei sich eine Herzphobie vermuten. Fassen Sie sich ein Herz.

Fallbeispiel

Die 55-jährige Frau Rufer, die aufgrund von Herzproblemen ihren Hausarzt aufsuchte, wurde nach eingehender körperlicher Untersuchung ohne organmedizinische Erklärung an mich überwiesen. Sie ist eine klein gewachsene, schlanke Frau mit hochgestecktem, grauem Haar und einigen bitteren Linien im Gesicht, die schilderte, dass sie sich kaum noch getraue, das Haus zu verlassen. Immer wieder gerate sie in Situationen, in denen sie um ihr Leben fürchte – Sei es beim Anstehen an der Kasse in der Apotheke, sei es draußen im Wald mit ihrem Hund, sei es auf einem weiten, offenen Platz. Sie nehme wahr, wie ihr Herz zu stechen beginne und sich ihr Atem verenge, sodass sie einen Herzinfarkt befürchte. Ich diagnostizierte eine Panikstörung mit Agoraphobie. Da ihre Angst primär auf ihr Herz gerichtet war, nannten wir es inoffiziell eine Herzphobie. Ich behandelte Frau Rufer mittels kognitiv-verhaltenstherapeutischer Methoden. Dabei erarbeiteten wir zunächst ein persönliches Verstehensmodell. Danach ging es um einen neuen Umgang mit ihren Gefühlen in den jeweiligen Situationen, und schließlich setzte sie sich diesen Situationen aus. Sie lernte, in der angstbesetzten Situation zu bleiben und die Gefühle auszuhalten, bis die Panikattacken abklangen. Panikstörungen bessern sich für gewöhnlich, wenn die Panikattacken ausgehalten und die angstbesetzten Situationen nicht verlassen werden. Flieht man aus der Situation, ehe die Panikattacke abgeklungen ist, stellt sich dieser Effekt nicht ein. Frau Rufer bewies Mut und stellte sich ihren Ängsten. Gleichzeitig gab sie ihre Ängste nicht gänzlich auf – das ist auch gut so.

Koronare Herzkrankheit

Die koronare Herzkrankheit ist eine weit verbreitete Volkskrankheit und sogar die häufigste Todesursache in den westlichen Industrieländern. Dabei werden die Herzkranzgefäße der Herzmuskeln nicht mehr ausreichend mit Blut und dem darin enthaltenen Sauerstoff versorgt. Ursächlich dafür ist meist eine Arteriosklerose. Bei dieser lagern sich Blutfette, Blutgerinnsel und Bindegewebe in den Innenwänden der Gefäße an. Sie werden dadurch weniger elastisch und durch die Ablagerungen verengt. Der Blutfluss ist behindert und das Herz bekommt weniger Sauerstoff, als es benötigt. Durch die koronare Herzerkrankung können eine Angina pectoris, ein Herzinfarkt oder ein plötzlicher Herztod ausgelöst werden, zudem beruhen auch Schlaganfälle oder Thrombosen auf diesen Prozessen.

Ein typisches Symptom für die koronare Herzkrankheit ist ein Engegefühl in der Brustgegend. Wenn das Engegefühl ausschließlich bei körperlicher oder psychischer Belastung auftritt, wird es stabile Angina pectoris genannt. Tritt es bei geringem Anlass oder gar in Ruhe auf, wird es instabile Angina pectoris genannt. Die Angina pectoris verursacht Schmerzen im Bereich des linken Arms und der linken Brust, teils strahlen diese in den Nacken, Hals, Rücken, Kiefer, Zähne oder in den Oberbauch. Intensive Gefühle bzw. Stress können diese Symptome provozieren. Die Schmerzen dauern gewöhnlich nur wenige Minuten und bessern sich durch Ruhe und Entspannung.

Die koronare Herzkrankheit entwickelt sich oftmals über Jahre hinweg als Folge eines Zusammenspiels verschiedener Ursachen und Risikofaktoren. Es gibt eine Reihe unbeeinflussbarer und eine Reihe beeinflussbarer Risikofaktoren. Zu Erstgenannten gehören männliches Geschlecht, genetische Veranlagung und Alter. Die Zweitgenannten spielen für die Entstehung einer koronaren Herzerkrankung die größere Rolle. An der Spitze stehen chronischer Stress, Rauchen, ungünstige

Blutfettwerte, Bluthochdruck, Diabetes mellitus, Übergewicht und Bewegungsmangel. Dabei kommt dem chronischen Stress eine besondere Rolle zu: Chronischer Stress erhöht den Blutdruck, treibt den Herzschlag an, steigert die Ausschüttung von Noradrenalin, Adrenalin, Kortisol und Insulin, schwächt das Immunsystem und verlangsamt die Wundheilung. All dies schädigt das Herz direkt. Zudem wirkt chronischer Stress indirekt auf die Herzgesundheit, denn wir rauchen häufiger, ernähren uns mit kalorienreicherer »Wohlfühlkost«, bewegen uns weniger und schlafen schlechter.

Folglich sind psychischer Stress sowie ungünstige Verhaltensweisen zentrale Faktoren für die Entstehung und den Verlauf einer solchen Erkrankung. Dabei handelt es sich um eine im Prinzip gute Nachricht, denn Stress und Verhalten sind grundsätzlich beeinflussbar. Es ist möglich, etwas dagegen zu unternehmen.

Was ist Stress eigentlich? Der Mediziner Hans Selye widmete sich diesem Thema. Er definierte Stress als eine unspezifische Reaktion auf unterschiedliche Stressquellen. Diese Reaktion wird durch die Ausschüttung von Kortisol ausgelöst und gesteuert. Sie ist unspezifisch, da sie stets ähnlich abläuft, doch unterschiedlich ausgelöst wird. Auf diesen Überlegungen aufbauend, entwickelte der Neurophysiologe und -endokrinologe Bruce McEwen das Modell der Allostase. Dieses sagt, dass akuter Stress an und für sich nicht gefährlich ist, dass er aber Schäden nach sich zieht, wenn er zu lange anhält oder zu oft vorkommt. Das Wort Allostasis bezeichnet die aktive Reaktion eines Organismus, um ein verloren gegangenes Gleichgewicht wiederherzustellen. Zur Wiedererlangung eines stabilen Gleichgewichts braucht es eine Veränderung. Manchmal ist es trotz Veränderung nicht möglich, eine Stabilität zu erreichen, die (allostatische) Belastung ist zu groß. In diesem Fall beginnt der Organismus zu leiden, und es kommt zu Abnutzungserscheinungen. McEwen bezifferte vier Mechanismen, die zu allostatischer Belastung führen:

1. häufiges Erleben stressreicher Situationen
2. Unfähigkeit, sich an wiederkehrende Anforderungen zu gewöhnen
3. Unfähigkeit, sich nach Stress zu regulieren
4. ein nicht förderlicher Reaktionsmechanismus auf Stress

Stress muss nicht immer negativ sein, im Gegenteil: Er kann kurzfristig beflügeln. Etwas Druck kann zu Höchstleistungen ankurbeln, etwas Spannung zu Top-Resultaten beitragen, etwas Stress die Flucht vor den Säbelzahntigern der heutigen Zeit ermöglichen. Stress ist dann bedrohlich, wenn er überhandnimmt. Schlafstörungen, Verspannungen, Müdigkeit, Erschöpfung, Gereiztheit und sozialer Rückzug können Hinweise dafür sein, dass sich das Ausmaß an Stress in einem schädlichen Bereich befindet.

Fallbeispiel

Ich stelle Ihnen den 70-jährigen Herrn Moll vor. Er hatte einen Herzinfarkt erlitten und war den Kardiologen durch seine depressive Verstimmtheit aufgefallen. Damit ist er in vermeintlich guter Gesellschaft, denn einige Herzinfarktpatienten entwickeln im Anschluss an das Ereignis eine Depression oder auch eine Angststörung. Dies ist erneuter Stress und eine Überweisung an einen Psychotherapeuten ist sinnvoll. Und so lernte ich Herrn Moll kennen, einen sehr freundlichen und sympathischen Herrn, der gut im Pensionsalter angekommen ist. Er berichtete von einer großen Familie mit guten Beziehungen. Seine Leidenschaft ist die Hundezucht. Fachmännisch erzählte er mir von den Würfen der letzten Jahre. Leider bestand seit vielen Jahren eine Fehde mit einem anderen Züchter. Wenige Wochen vor dem Herzinfarkt eskalierte der Konflikt: Es kam zu einer handgreiflichen Auseinandersetzung und wüsten Beschimpfungen. Als Folge habe sich Herr Moll mehr und mehr zurückgezogen. Wenn er die Hunde ausgeführt habe, habe er sich unwohl gefühlt. Schließlich hätte er seinem Kontrahenten jederzeit auf einer Runde begegnen können. Im Rahmen unserer Gespräche erarbeiteten wir neue Konfliktlösestrategien zum einen, und zum anderen tätigten wir einen Perspektivenwechsel. Mental in den Schuhen seines Kontrahenten zu gehen, förderte das Verständnis und verringerte die feindlichen Gefühle (▶ Kap. 15.5). Seine Stimmung besserte sich rasch.

Es muss nicht immer der Ehepartner sein, mit dem ein langjähriger Konflikt besteht, der im Herzinfarkt mündet, es können auch Kollegen aus dem Freizeit-Bereich oder Beruf sein. Ein sich schleppender Konflikt bedeutet andauernden Stress, wie eine Melodie in einem Kaufhaus, die fast unmerklich ständig spielt. Allostatische Belastung wird aufgebaut. Dies soll quasi ein Plädoyer für Friedfertigkeit, soziale Kompetenzen und gutes Konfliktmanagement sein.

Wie der Konflikt das Verhalten von Herrn Moll beeinflusste, war typisch: Er zog sich sozial zurück und veränderte seine Gassi-Routine. Das Verstärker-Verlust Modell besagt, dass eine stete Reduktion von Ressourcen, also Dingen, die einem guttun, zur Entwicklung einer Depression beitragen kann. Mehr dazu lesen Sie in ▶ Kap. 10.4.

Fallbeispiel

Herr Fein ist 61 Jahre alt und ein hochintelligenter und gewitzter Herr. Er berichtete, dass er etwa ein halbes Jahr vor Beginn unserer Gespräche einen Herzinfarkt erlitten habe und in der Folge wurden Gefäßverkalkungen operativ entfernt. Im Rahmen der medizinischen Konsultationen sei eine organmedizinisch unerklärbare Anämie festgestellt worden. Er erzählte mir, er sei ein sehr erfolgreicher Geschäftsmann, der auch nun, wenige Jahre vor seiner Pensionierung, beruflich stark eingespannt sei. Weiter sei er Ehemann und Vater von zwei längst erwachsenen Kindern. In den Gesprächen mit ihm fiel besonders auf, dass er kaum Erinnerungen hatte. Befragt nach wichtigen Ereignissen in seinem Leben, gelang es ihm nur dürftig, sich an mehr als an seine Hochzeit zu erinnern. Meine Hartnäckigkeit brachte doch das eine oder andere Kindheitserlebnis zu Tage, mitunter eine Reihe von Vernachlässigungs- und Übergriffserfahrungen. Dabei war Herr Fein stets bemüht, den Vater in einem besonders guten Licht darzustellen, obwohl das wenig zu den Geschichten aus seiner Kindheit passte.

Allmählich stellte ich fest, dass Herr Fein kaum Zugang zu seinem Innenleben hatte und vermutete eine Alexithymie. Damit wird das Fehlen von Worten für Gefühle beschrieben, umgangssprachlich gibt es dafür das Wort »Gefühlsblindheit«. Es handelt sich um eine Störung des Umgangs mit Emotionen, bei welcher der Betroffene nicht in der Lage ist, die eigenen Gefühle wahrzunehmen und zu beschreiben. Daraus resultiert auch, dass eine weitgehende Unfähigkeit der Betroffenen besteht, sich in die Gefühle anderer einfühlen zu können. All dies kann zu verschiedenen Problemen führen, mitunter auch dazu, dass alexithyme Personen die eigenen Bedürfnisse nur schlecht wahrnehmen und somit auch nicht befriedigen können. Betroffene leben an sich und ihren Bedürfnissen vorbei. Auch wenn Alexithymie kein spezifischer Risikofaktor für psychosomatische Störungen ist, da sie auch bei anderen psychischen Problemen eine Rolle spielt, passte sie doch gut zur emotionalen Problematik von Herrn Fein.

Möglicherweise könnte die Theorie des Zürcher Psychoanalytikers Arno Gruen zur Erklärung des psychischen Zustands von Herrn Fein ebenfalls herangezogen werden. Nach dieser Theorie lernt ein Kind, das von den Eltern vernachlässigt wird, die eigenen Gefühle wie zum Beispiel Wut abzuspalten. Denn Wut ist ein natürliches und normales Gefühl als Folge eines Übergriffs, wie sie Herr Fein durch die Eltern erlebt hatte. Doch in der Regel kann ein misshandeltes Kind die Wut nicht gegen die Eltern richten. Immerhin ist es von den Eltern abhängig, ein konformes Denken sichert die eigene Existenz. Wo aber gehen die Gefühle wie die Wut hin? Sie lösen sich niemals in Luft aus, sondern finden ihren Weg. Es ist spekulativ, aber möglich, dass die Abspaltung der Gefühle bzw. Herrn Feins Unvermögen, seine Wut und weitere Gefühle adäquat wahrzunehmen und das dahinterstehende Bedürfnis zu befriedigen, was er in der Kindheit gelernt und über den Verlauf seines Lebens beibehalten hatte, mit dem kardialen Ereignis zusammenhing.

5.1.3 Resümee

Haben Sie je von der Redewendung gehört: »Jemand ist an einem gebrochenen Herzen gestorben?« Nach der Lektüre des ersten Themenfelds der Psychosomatik – was denken Sie: Ist das möglich?

Ja, tatsächlich ist dem so. Es gibt den Extremfall des »Broken Heart Syndroms«, zu Deutsch »Gebrochenes-Herz-Syndrom«. Darunter wird eine plötzlich auftretende Funktionsstörung der linken Herzkammer verstanden, die in vielen Fällen durch starken Stress oder Schmerzen ausgelöst werden kann. Es wird zu den erworbenen Herzmuskelerkrankungen gezählt. Es ist also tatsächlich möglich, an einem gebrochenen Herzen zu sterben.

5.2 Magen-Darm-Probleme

Der Spiegel-Bestseller von Giulia Enders titelte »Darm mit Charme«. Warum wird ein Buch über einen eigentlich wenig appetitlichen Teil des menschlichen Körpers so erfolgreich? Wenden wir uns diesem Thema zu.

5.2.1 Grundlagen

Der Verdauungsapparat zieht sich vom Mund über die Speiseröhre, zum Magen, Dünn- und Dickdarm bis zum After. Die Bauchspeicheldrüse und das Gallensystem zählen auch dazu. Die Aufgabe des Magen-Darm-Systems ist es, wichtige Nahrungs- und Stoffwechsel-Bausteine aufzunehmen und Abbau- und Schadstoffe auszuscheiden.

Die Tätigkeit des Magen-Darm-Systems benötigt viel Energie. Der Energiebedarf wird dabei stets dem Bedarf des Gesamtorganismus angepasst. Arbeitet der Körper hart, reduziert das Magen-Darm-System seine Tätigkeit und intensiviert diese wieder, sobald sich der Körper entspannt. Damit das gelingt, ist das Magen-Darm-System über feine Nervenverbindungen eng mit dem Gesamtorganismus verbunden.

Zum einen besteht ein Netzwerk aus Nervenverbindungen zum Gehirn. Besonders zentral ist die Zusammenarbeit mit dem autonomen Nervensystem, bestehend aus Sympathikus und Parasympathikus. In Phasen erhöhter körperlicher Betätigung sowie bei psychischem Stress stellt der Sympathikus die erhöhte Aktivierung des Körpers sicher. Eine Ausnahme ist die Magen-Darm-Tätigkeit, denn während eines Angriffes durch einen Säbelzahntiger braucht es keine Verdauungstätigkeit, sondern diese Energie soll für Kampf oder Flucht zu Verfügung stehen. Deswegen nehmen zum Beispiel Marathon-Teilnehmende während des Rennens nur Flüssignahrung zu sich, da Festes schlecht verdaut würde. Wie Sie ebenfalls schon wissen, ist der Parasympathikus der Gegenspieler des Sympathikus. Dieser ist Teil des Entspannungssystems des Körpers. Er bewirkt, dass der ganze Körper den »Kampf-oder-Flucht-Modus« verlässt, wozu auch die Wiederaufnahme der Magen-Darm Tätigkeit gehört. Bei andauerndem Stress gerät dieses System aus dem Gleichgewicht. Der Sympathikus und der Parasympathikus sind gleichzeitig aktiv, was Verdauungsprobleme nach sich ziehen kann, vergleichbar mit einer Küche, in der zu viele Köche tätig sind. Manchmal ist der Parasympathikus übermäßig aktiv, und zwar in der Regel, sobald Ruhe einkehrt, bspw. in der Nacht oder direkt im Anschluss an eine stressgeladene Situation, was sich in Magenkrämpfen, Durchfall oder Erbrechen äußern kann.

Zum anderen verfügt das Magen-Darm-System über ein eigenes Nervensystem: Das sogenannte enterische Nervensystem ist eine Art »zweites Gehirn«. Interessanterweise gelangen mehr Informationen vom Magen-Darm-System zum Gehirn als umgekehrt. Besonders wichtig sind dabei die selbst generierten Hormone, so Serotonin und Dopamin. Diese Hormone sind als »Glückshormone« bekannt und hängen mit der emotionalen Befindlichkeit und dem Schlafverhalten zusammen. Wer an einer Depression leidet, hat meist einen relativ geringen Serotonin- und Dopamin-Spiegel. Folglich erstaunt es wenig, dass es bei Antidepressiva meistens um die Beeinflussung dieser Hormone geht. Serotonin wird zum größten Teil im Darm aus der Aminosäure Tryptophan hergestellt, Dopamin im Gehirn auf Basis von Aminosäuren, die über die Nahrung aufgenommen und durch das Magen-Darm-System dem Gehirn bereitgestellt werden.

Die Verbindungen zum Gehirn bedenkend, bekommen Formulierungen wie eine Entscheidung »aus dem Bauch heraus treffen«, etwas »zum Kotzen« finden oder »Schiss haben« eine neue, sehr körperliche Bedeutung.

5.2.2 Schlechtes Bauchgefühl

Ulkuserkrankungen

Hinter dem wenig schmeichelhaften Begriff Ulkuserkrankungen verbergen sich Geschwüre im Bereich des Magens. Diese galten ursprünglich als klassisch psychosomatische Erkrankungen, was sich jedoch seit der Entdeckung des Erregers Helicobacter pylori im Jahre 1982 durch Warren und Marshall ein Stück weit geändert hat. Die Forschenden erhielten hierfür 2005 den Nobelpreis für Medizin. Die Ulkuserkrankungen werden seither primär somatisch behandelt, was oft zum Erfolg führt – jedoch nicht immer: Es existiert eine Reihe von Betroffenen, bei denen die somatisch ausgerichtete Therapie nicht anschlägt. Vice versa gibt es Menschen, die zwar mit Helicobacter infiziert, aber symptomfrei sind. Was sind Ulkuserkrankungen nun – somatisch oder psychosomatisch?

Wahrscheinlich sind sie beides: Es ist denkbar, dass es sich um ein Wechselspiel zwischen somatischer und psychischer Verursachung handelt. Dafür spricht, dass sich häufig psychosoziale Probleme im Leben von Betroffenen ausmachen lassen. Dazu gehören mitunter soziale Belastungen wie Einsamkeit, Isolation, Konflikte und Scheidung.

Fallbeispiel

Herr Pfeifer litt unter solchen Belastungen. Der 43-jährige Ingenieur gab seine Freunde auf, da sich seine Ehefrau mit ihnen nicht verstanden hatte. Die Ehe blieb ungewollt kinderlos. Vor drei Jahren verließ ihn seine Ehefrau für einen anderen Mann und gebar kurze Zeit später Zwillinge. Er konzentrierte sich noch mehr auf seine Arbeit, und seine Einsamkeit nahm zu. Er wusste kaum etwas mit sich anzufangen, hatte keine Hobbies. Er entwickelte eine leichte depressive Episode. Als er wegen wiederkehrender Magenschmerzen einen Arzt aufsuchte, stellte dieser ein Magengeschwür fest. Herr Pfeifer wurde medikamentös mit Antibiotika und einem Säurehemmer behandelt. Psychotherapeutisch arbeiteten wir an seinen sozialen Fertigkeiten und seiner sozialen Einbettung. Seine zur Abhängigkeit tendierende Persönlichkeit wurde ebenfalls thematisiert. Herr Pfeifer erholte sich und ist mittlerweile in einer neuen Beziehung – mit sich selbst. Darüber hinaus trifft er sich regelmäßig mit Freunden. Er hat neue Freizeitaktivitäten aufgebaut und ist einem Verein beigetreten.

Chronisch-entzündliche Darmerkrankungen

Mit dem Begriff »chronisch-entzündliche Darmerkrankungen« werden entzündliche Erkrankungen des Verdauungstraktes bezeichnet, die chronisch und schubförmig verlaufen und meist im Jugend- oder frühen Erwachsenenalter erstmalig auftreten. Sie zeigen sich durch Schmerzen, Durchfall, Gewichtsverlust und Fieber. Es handelt sich um ursächlich unheilbare Erkrankungen, die jedoch behandelt werden können.

Man unterscheidet Colitis ulcerosa und Morbus Crohn. Während sich die Colitis ulcerosa auf den Dickdarm beschränkt, kann Morbus Crohn den gesamten Verdauungstrakt betreffen.

Häufig liegt eine familiäre Häufung chronisch-entzündlicher Darmerkrankungen vor. Darüber hinaus spielen Umweltfaktoren eine Rolle. Während es mittlerweile als gesichert gilt, dass immunologische Prozesse in der Darmschleimhaut beteiligt sind, besteht weiterhin Unsicherheit darüber, inwiefern psychosoziale Faktoren relevant sind.

Chronisch-entzündliche Darmerkrankungen gehen meist mit einer reduzierten Lebensqualität einher. Viele Betroffene sorgen sich vor Einschränkungen, Operationen (bspw. einem künstlichen Darmausgang), Anderen zur Last zu fallen und weiteren Problemen und/oder Folgen. Um die Lebensqualität höchstmöglich zu halten sowie um Strategien im Umgang mit der Erkrankung zu erarbeiten, kann sich die Aufnahme einer Psychotherapie lohnen.

Magen-Darm-Erkrankungen sind schambesetzt, so dass darüber nicht gern geredet wird. Selbstverständlich löst »bloßes Reden« keine Probleme. Dennoch kann Reden dabei helfen, sich leichter zu fühlen. Wichtig ist, dass man es mit geeigneten Personen tut: Ein guter Freund, der Partner, die Mutter, aber eher nicht der Bürokollege oder der Hot-Dog-Verkäufer. Wählen Sie gut aus, mit wem Sie über bestimmte Themen reden! Dann aber ergibt es Sinn, denn Kommunikation schafft Verbundenheit und fördert tiefe Beziehungen. Vielleicht erfahren Sie so ein Verständnis, das Ihnen guttut und die Last ein wenig von den Schultern nimmt.

So handhabt es auch die bekannte US-Sängerin Anastacia, die seit Kindertagen an Morbus Crohn leidet und die offen mit diesem Teil ihres Lebens umgeht. Sie berichtet, dass sie gelernt habe, mit ihrer Erkrankung zu leben und ihr Leben daran angepasst zu haben, indem sie bspw. Stress und Alkohol meide. So macht Anastacia vor, dass es möglich ist, ein lebenswertes Leben zu führen – nicht trotz der Erkrankung, sondern mit ihr.

Reizdarmsyndrom als funktionelle Darmerkrankung

Es gibt verschiedene funktionelle gastrointestinale Erkrankungen: Dazu zählen der nichtkardiale (d. h. nicht durch das Herz bedingte) Thoraxschmerz, bei dem sich die Beschwerden meist in der Speiseröhre zeigen, die funktionelle Dyspepsie (Reizmagen) und das Reizdarmsyndrom. Bei der Mehrheit derjenigen, die wegen Darmbeschwerden einen Arzt aufsuchen, wird letztgenannte Diagnose gestellt. Es ist eine Ausschlussdiagnose, das heißt: Erst wenn jede andere in Frage kommende Diagnose ausgeschlossen ist, wird diese in Betracht gezogen. Entsprechend handelt es sich um eine Diagnose mit breitgefächerten Symptomen, oft sind dies Bauchschmerzen und verändertes Stuhlgangverhalten. Die Symptome treten meist schubartig auf mit beschwerdefreien Phasen dazwischen.

Die Entstehung eines Reizdarms ist nicht gänzlich geklärt. Bei etwa einem Drittel ging eine gastrointestinale Infektion voraus. Andere Ideen zur Entstehung, wie etwa, dass Betroffene eine verminderte Wahrnehmungsschwelle für Stuhldrang und Schmerz aufweisen würden, konnten nicht zulänglich untermauert werden. Über die Hälfte der Betroffenen leidet an psychischen Problemen, dabei vor allem Angst oder depressiven Symptomen. Dabei ist unklar, ob diese Symptome mitursächlich und vor der Entwicklung des Reizdarms aufgetreten oder eher als Folge zu betrachten und somit erst nach Beginn der Erkrankung aufgetreten sind. Beim Reizdarm sind es insbesondere die psychischen Symptome, welche die Lebensqualität der Betroffenen herabsetzen, sodass eine psychotherapeutische Behandlung angezeigt sein kann.

Psychogenes Erbrechen

Psychogenes Erbrechen tritt während oder im Anschluss an eine Mahlzeit auf, ohne dass dies aus organmedizinischer Sicht erklärt werden kann. Interessanterweise finden sich bei genauerer, lebensgeschichtlicher Betrachtung meist auslösende Momente. Bei manchen Personen hört die Symptomatik rasch wieder auf, während der Verlauf bei anderen längerfristig sein kann, wie im folgenden Beispiel von Herrn Meier.

Fallbeispiel

Der 45-jährige Herr Meier leidet an einer depressiven Symptomatik, die sich im Laufe der letzten Monate eingestellt hat. Er erzählt, er habe sich von seinem sozialen und beruflichen Leben zurückgezogen und gehe seinen Hobbies kaum noch nach. Dies stehe im Gegensatz zu seinem früheren Lebensstil. Er sei beruflich viel unterwegs und sozial gut eingebunden gewesen sowie verschiedenen, mitunter risikoreichen Sportarten nachgegangen. Der depressiven Phase vorangegangen sei eine mehrjährige Phase, in der er sich zu Beginn bei oder nach Mahlzeiten übergeben habe. Erstmalig sei dies bei einem Geschäftsessen in den USA vorgefallen. Er habe angefangen, solche Situationen zu meiden. Auch bei Familienessen habe er sich, bei kleinster Wahrnehmung von Symptomen, die in diese Richtung gedeutet werden konnten, zurückgezogen. Schließlich habe er weniger unter dem Erbrechen, sondern mehr unter der Angst vor möglichem Erbrechen gelitten. Im Rahmen der Psychotherapie erarbeiteten wir ein individuelles Verstehensmodell, bei dem sein Leben auf der Überholspur und ein seit Kindheitstagen bestehendes und unbehandelt gebliebenes ADHS zentrale Entstehungsfaktoren waren. Wir interpretierten das erstmalige Erbrechen während des Geschäftsessens als reine Magenverstimmung und medizinisch erklärbar, die darauffolgenden jedoch psychogen. Die Angst vor weiteren »peinlichen« Momenten führte zu beruflichem und sozialem Rückzug, was die Depression entstehen ließ. Herr Meier veränderte seinen Alltag so, dass dieser vermehrt Entspannungsmomente enthält. Er wechselte seine Arbeitsstelle, arbeitet nun Teilzeit und frei von arbeitsbedingten

Auslandaufenthalten. Weiter erwarb er ein Ferienhaus am Mittelmeer, in das er sich immer dann zurückzieht, wenn er Ruhe am Strand oder »Action« beim Surfen braucht.

Diagnostisch ist neben der Depression auch eine Panikstörung ersichtlich. Wird letztgenannte nicht behandelt, kann sie sich immer weiter verselbständigen. Irgendwann ist nicht mehr die ursprüngliche Angst das Problem, sondern die Angst vor der Angst, wie bei Herrn Meier. Als Folge dieser Erwartungsangst stellt sich Vermeidungsverhalten ein. Betroffene leiden am Vertrauensverlust in sich selbst und am Gefühl des Ausgeliefertseins. Häufig kommt es zu Selbstmedikation zum Beispiel durch Alkohol oder Cannabis. Diese Stoffe beruhigen, doch lösen sie zum einen das eigentliche Problem nicht, zum anderen schaffen sie neue Probleme. Auch werden Betroffenen gehäuft Benzodiazepine verschrieben. Doch bereits eine geringe Dosis über wenige Wochen hinweg führt zu einer Sucht und sollte – wenn überhaupt – nur sehr kurzfristig eingenommen werden.

Psychogene Bauchschmerzen

Wie das psychogene Erbrechen sind auch die psychogenen Bauchschmerzen organmedizinisch nicht oder nicht in Gänze erklärbar. Sie gehören zu den häufigsten psychosomatischen Beschwerdebildern, die ich in meiner Praxis sehe. Die bereits beschriebenen Mechanismen (Sympathikus und Parasympathikus) spielen meist eine Rolle. Psychogene Bauchschmerzen treten oft gemeinsam mit Angststörungen auf. Aber auch andere Auslöser oder Begleiterkrankungen sind denkbar.

Fallbeispiel

Ich stelle Ihnen den 8-jährigen Leandro vor. Er kam gemeinsam mit seinem Vater, Herrn Leuthold, zum stationären Rehabilitationsaufenthalt. Die Mutter war drei Jahre zuvor durch einen Autounfall verstorben. Leandro litt an unerklärlichen Bauchschmerzen, die seit dem Tod der Mutter bestehen und seit einigen Wochen stark zugenommen haben. Nachdem ich beide kennengelernt hatte, befand ich, dass nicht Leandro, sondern Herr Leuthold der Indexpatient war, also der, um den es in der Psychotherapie mehrheitlich geht. Dieser leidet seit dem Tod seiner Ehefrau an einer komplizierten Trauerstörung.

Grundsätzlich ist es mehr als verständlich, dass der Tod der Mutter tiefe Furchen im Leben sowohl des Ehemanns wie auch des Sohns hinterlässt. Alles andere wäre fragwürdig. Insbesondere auch dadurch, dass der Tod unerwartet und viel zu früh kam: Die 32jährige Frau starb eines unvorhergesehenen, plötzlichen Unfalltods.

Dass getrauert wird, ist normal und ein wichtiger Prozess, der den Hinterbliebenen hilft, in einem Leben ohne die betrauerte Person anzukommen. Es ist eine Anpassungsleistung. Die komplizierte Trauer hingegen ist eine Komplikation des normalen Trauerprozesses. Als kompliziert wird die Trauer gewertet, wenn einige der folgenden Punkte zutreffen:

- eine intensive Sehnsucht nach der verstorbenen Person
- immer wiederkehrende Gedanken an den Verlust
- Bitterkeit, Gereiztheit oder Wut den Verlust betreffend
- Schuldgefühle und Ängste
- Vermeidung von Orten, Situationen und weiterem, die an den Verstorbenen oder dessen Tod erinnern
- das Gefühl, ein Teil von einem selbst sei mit gestorben
- psychosomatische Symptome wie Bauchschmerzen
- schwierige Alltagsbewältigung, frühere Aktivitäten bereiten keine Freude mehr, es erfolgt ein sozialer Rückzug.

Dass die soeben aufgeführten Punkte zeitweise vorliegen, gehört zu einem normalen Trauerprozess dazu. Relevant ist, ob es im Zeitverlauf zu einer Erholung kommt oder ob die obigen Punkte ohne wesentliche Reduktion anhalten.

In der Psychotherapie kommen oft Ängste auf, dass die verstorbene Person aufzugeben und zu vergessen sei. Auch Herr Leuthold fürchtete, seine Frau endgültig zu verlieren, würde er aufhören, intensiv zu trauern. Das soll nicht das Ziel sein, sondern anstelle dessen die Integration des Verlusts in die eigene Biografie, sodass ein Weiterleben und ein Leben mit hoher Lebensqualität möglich sind, auch wenn das Leben der Verstorbenen zu Ende gegangen ist.

Die guten Antennen von Leandro hatten den Stress des Vaters empfangen, konnten ihn jedoch nicht einordnen. Der Vater war für Leandro emotional nicht verfügbar gewesen. Zudem war der Tod der Mutter tabuisiert worden, es durfte nicht über sie gesprochen werden. So schwieg Leandro tief verunsichert und verängstigt, allein in seinem Schmerz und in seiner Trauer. Stattdessen sprach sein Körper für ihn.

Der Fokus der Psychotherapie von Herrn Leuthold galt der Akzeptanz des Todes seiner Ehefrau und der Schaffung neuer Zukunftsperspektiven ohne sie. Mit Leandro wurde am Umgang mit seinen Gefühlen gearbeitet. Im Multipersonensetting, das heißt mit beiden zusammen, ermöglichten wir, über den Verlust zu sprechen und erschufen Wege zur Trauer. Vater und Sohn kamen wieder miteinander ins Gespräch, was die Beziehung tiefer machte. Leandro brauchte gerade in dieser Zeit eine tragfähige Beziehung zum Vater, denn selbstverständlich wog der Verlust der Mutter für den kleinen Jungen schwer. Eine gute Beziehung gibt Sicherheit und mindert Angst. Mit zunehmenden Fortschritten auf beiden Seiten schwanden die Bauchschmerzen des Sohns.

5.2.3 Resümee

Betroffene von Magen-Darm-Problemen sind in ihrer Lebensführung oft eingeschränkt. Der Stellenwert von psychosozialen Merkmalen im Vorfeld der Erkrankung ist manchmal klarer, manchmal weniger klar. Bei vielen Betroffenen, wenn auch nicht bei allen, stellt sich im Laufe der Erkrankung eine Reduktion der Lebensqualität ein. Um diese zu steigern sowie den Umgang mit der Erkrankung zu optimieren, ist eine psychotherapeutische Begleitung lohnend. Dies insbesondere dann, wenn es bereits zu psychischen Begleiterkrankungen gekommen ist.

5.3 Atemwegsprobleme

»Es ist und bleibt ein Glück, vielleicht das höchste, frei atmen zu können.«
Theodor Fontane

5.3.1 Grundlagen

Dem Atem kommt in unserem Leben eine ganz besondere Rolle zu. Schon in der Schöpfungsgeschichte wurde vom »Lebenshauch« gesprochen. Die Atmung ist die letzte Funktion, die sich entwickelt, ehe der neue Mensch den Mutterleib verlässt und hinaus ins Leben tritt. Mit dem ersten Atemzug beginnt das Leben außerhalb des Bauchs, mit dem letzten endet es auf dieser Welt. Vom ersten bis zum letzten Atemzug begleitet uns der Atem durch unser Leben.

Im Sanskrit kommt die Doppelbedeutung des Atems besonders gut zum Ausdruck. Das Sanskrit-Wort »Prana« bedeutet sowohl Atem wie auch Lebensenergie. Dadurch wird der Atem ein Stück weit mit Lebensenergie gleichgesetzt.

Die Funktion der Atmung liegt im Gasaustausch in der Lunge. Sauerstoff wird ein- und Kohlendioxid ausgeatmet. Der Sauerstoff wird gebraucht, damit in den Körperzellen die Verbrennung der Nährstoffe – sprich die Energiegewinnung – möglich ist. Dabei entstehen Kohlendioxid und Wasser im Sinne von Abfallprodukten. Die Atmung funktioniert wie folgt: Das Zwerchfell und die Muskeln zwischen den Rippen heben und senken den Brustkorb. Hebt sich der Brustkorb, strömt automatisch Luft in die Lunge im Sinne eines Druckausgleichs. Durch das Senken wird die Luft aktiv entlassen. In der Lunge befinden sich die Bronchien als »Leitsystem« für die Atemluft. Zu den Bronchien gehört ein feines Netz aus Muskeln, das zum Beispiel unter erhöhtem Sympathikotonus aktiv das Bronchiallumen erweitert, sodass mehr Luft ein- und ausgeatmet werden kann.

Das Atemzentrum im Hirnstamm reguliert die unbewusste Atmung. Das Großhirn kann aber »übernehmen«, wodurch sich die Atmung bewusst steuern lässt. Dies ist eine Besonderheit, denn dadurch lässt sich ein sonst autonomes System beeinflussen. Alles was wir tun, denken und fühlen, spiegelt sich sofort in der Atmung wider. Auf diese Interaktion spielen auch viele Redewendungen an, zum Beispiel: »Es hat ihr den Atem verschlagen.«, »Er macht seinem Ärger Luft.« oder »Wir halten vor Schreck den Atem an.«

In Zeiten von erhöhtem Stress kann es passieren, dass wir mehr ein- als ausatmen. Dabei lagert sich Kohlendioxid an und es kommt zu einer Sauerstoffunterversorgung. Diese kann sich durch Nervosität oder Erschöpfung zeigen. In solchen Momenten kann man sich die Interaktion zwischen Körper, Gedanken, Emotionen und Verhalten zunutze machen und über die bewusste Steuerung der Atmung Einfluss auf die anderen Bereiche nehmen. Oder versuchen Sie einmal, aufgeregt und nervös zu sein, wenn Sie einige Minuten lang ruhig und tief geatmet haben. Probieren Sie dazu die Atemübung namens yogisches Atmen sowie die anderen Entspannungsübungen in ▶ Kap. 11 aus.

5.3.2 Außer Puste

Asthma bronchiale

Das Asthma bronchiale zeichnet sich durch eine Überempfindlichkeit der Schleimhäute in den Bronchien und der Bronchialmuskulatur aus. Bei einem Asthmaanfall kommt es zur Verengung der Bronchien, die Ausatmung ist erschwert. Betroffene fühlen eine Atemnot und ein unangenehmes Engegefühl in der Brust. Häufig setzt ein Reizhusten ein. Übrigens stammt das Wort Asthma aus dem Griechischen und bedeutet passenderweise schweres Atmen.

Es wird zwischen allergischem und nichtallergischem Asthma unterschieden. Beim allergischen Asthma schwillt die Bronchialschleimhaut als Folge von Kontakt mit bestimmten Stoffen an. Es ist die häufigere Asthma-Form und entwickelt sie sich meist bereits in der Kindheit. Das nichtallergische Asthma entwickelt sich manchmal als Folge eines Infekts der Atemwege mit darauffolgender Überempfindlichkeit der Bronchien; manchmal bleibt die Ursache unklar.

Interessanterweise ist der Verlauf mitunter starken Schwankungen unterworfen. Bislang ist aus medizinischer Sicht unklar, warum dem so ist. Wahrscheinlich ist die Psyche eine Einflussgröße. Anders ist nicht erklärbar, warum bereits die Betrachtung eines Bildes, auf dem ein Tier abgebildet ist, auf das die jeweilige Person allergisch ist, einen Asthmaanfall auslösen kann. Oder warum Personen ohne diagnostiziertes Asthma in Atemnot geraten oder warum Menschen mit allergischem Asthma trotz Kontakt mit dem jeweiligen Allergen keine Atemnot entwickeln.

Fallbeispiel

Beim 16-jährigen Johannes spielte die Psyche eine große Rolle. Er befand sich wegen seines schweren Asthmas stationär in unserer Klinik. Er kam auf mich zu, da er sich psychotherapeutische Gespräche wünschte. Der Junge berichtete, dass sein Asthma schon mühsam sei, doch hauptsächlich leide er unter seiner familiären Situation. Diese sei für ihn der eigentliche Grund für den stationären Aufenthalt. Sein älterer Bruder leide seit zwei Jahren unter einer schweren Depression, und die voll berufstätigen Eltern verlagerten sämtliche häuslichen Aufgaben auf Johannes. Über die Zeit hinweg sei Johannes immer ärgerlicher geworden, und mehr und mehr sei es zu Konflikten gekommen. Seine Zeit habe er zunehmend bei seinen Freunden verbracht. Zu Hause sei es zu eng, er fühle sich wie gefangen. Mit der Enge daheim sei die Enge in der Atmung schlimmer geworden. Er genieße den Klinikaufenthalt, weil er etwa hundert Kilometer von daheim weg sei. Ich veranlasste zwei Familiengespräche, bei denen wir über die Veränderungen innerhalb des Familiensystems durch die Erkrankung des Bruders sprachen. Weiter verhandelten wir über die von Johannes zu erledigenden Haushaltaufgaben und fanden eine Lösung, die für alle passte. Wir sprachen nicht ein einziges Mal über das Asthma, das auch sonst im Laufe seines Aufenthalts kaum thematisiert wurde.

Chronisch obstruktive Lungenerkrankung (COPD)

Die COPD (aus dem Englischen: »Chronic Obstructice Pulmonary Disease«) ist eine der häufigsten Erkrankungen weltweit; gleichzeitig ist die Erkrankung hinter diesem Kürzel wenig bekannt. COPD ist eine chronische Entzündung im Bereich der Atemwege, bei der das Lungengewebe zunehmend zerstört wird und die Atemwege allmählich veren-

gen. Zu den Symptomen gehören Atemnot, Husten und Auswurf. Obgleich COPD eine Erkrankung der Lunge ist, können im weiteren Verlauf weitere Organe beeinträchtigt werden, allen voran das Herz. Die COPD ist bislang nicht heilbar.
Als Risikofaktor Nummer 1 für COPD gilt das Rauchen, wozu auch Passivrauchen zählt. Darüber hinaus tritt COPD in einigen Familien gehäuft auf – somit gibt es genetische Faktoren. Auch Umwelteinflüsse spielen eine Rolle. Häufig entwickeln von COPD Betroffene eine Depression oder eine Angststörung. Das ist ungünstig, da von psychischen Problemen betroffene COPD-Patienten meist eine schlechtere Trainingsleistung, eine schlechtere Behandlungsteilnahme, mehr Funktionseinschränkungen im Alltag und eine reduzierte Lebensqualität nebst einem erhöhten Sterberisiko aufweisen.

Fallbeispiel

Frau Schön ist eine 83-jährige COPD-Betroffene. Sie lebt in einem großen Haus, das sich über zwei Etagen erstreckt und viel Grün rundherum hat. Seit ihrer Scheidung vor etwa 40 Jahren lebt sie hier allein, zumal ihre Tochter zu dem Zeitpunkt auch schon ausgezogen war. Sie kehrte nie in ihren früheren Beruf zurück, den sie vor der Ehe ausgeübt hatte. Als es ihr noch möglich war, kümmerte sie sich um das Grundstück, doch mittlerweile gelingt ihr dies nicht mehr. Die vor zehn Jahren diagnostizierte COPD ist ihr ständiger Begleiter. Sie hat ihr Leben lang geraucht und tut es weiterhin. Über die Jahre entwickelte sich eine chronisch verlaufende Depression. Soziale Kontakte sind selten. Sie verlässt das Haus kaum. Eine Nachbarin versorgt sie regelmäßig mit Lebensmitteln. Sie ist abgemagert, isst kaum. Ihr Leben ist eng, und so ist auch ihre Atmung. Bemühungen seitens ihrer Tochter, sie in Freizeitaktivitäten einzubinden, schlugen immer wieder fehl. Auch eine medizinische Begleitung lehnt Frau Schön rigoros ab. Obwohl sich die Tochter bemüht, macht Frau Schön ihr Vorwürfe. Sie würde sich nicht anständig um sie kümmern, würde sie zu selten besuchen. Mittlerweile wurde auch bei der Tochter COPD diagnostiziert.

Das Beispiel von Frau Schön illustriert, was bei COPD-Betroffenen leider nicht selten passiert: Sie zog sich zurück und entwickelte eine Depression. So oder so ähnlich wirkt sich die Diagnose COPD bei den Betroffenen auf die Lebensqualität und den psychischen Zustand aus. Sprechen Sie Ihren Hausarzt an, wenn das auch auf Sie zutrifft und Sie Einschnitte in Ihre Lebensfreude wahrnehmen. Haben Sie den Mut, solche Themen anzusprechen, erlauben Sie nur so viel Enge in Ihrem Leben, wie unbedingt nötig.

Stimmbanddysfunktion

Die Stimmbanddysfunktion, auch bekannt als VCD (aus dem Englischen: »vocal cord dysfunction«), führt zu Symptomen, die dem Asthma bronchiale ähnlich sind und auch gemeinsam mit einem solchen auftreten können. Oft wird die Stimmbanddysfunktion als Asthma bronchiale fehlinterpretiert und somit suboptimal behandelt. Es geht um eine plötzlich auftretende Atemnot, wobei das Problem im Bereich der oberen Atemwege bzw. im Hals zu verorten ist. Über die genauen Ursachen wird weiter diskutiert, wobei der Verschluss der Stimmbänder als eigentlich harmlos zu erachten ist. Zugrunde liegen könnten sowohl körperliche wie psychische Auffälligkeiten. Körperliche Faktoren können Reflux-Symptome (bspw. saures Aufstoßen) und Sekret aus dem Bereich der Nase und Nebenhöhlen sein, wobei kleine Mengen von Flüssigkeit einen Schluss der Stimmbänder verursachen könnten. Psychische Faktoren umfassen psychosoziale Stressoren, wie z. B. Angstsituationen. Meist lösen bestimmte Reize wie Gerüche oder körperliche Aktivität die VCD-Symptomatik aus. Viele Betroffene profitieren von einer Aufklärung über das Zustandekommen der Symptome.

Habitueller Husten

Fallbeispiel

In einer Team-Besprechung wurde vom 5-jährigen Milo berichtet, der aus organmedizinisch nicht erklärbaren Gründen seit mehreren Monaten huste. Das Husten höre sich an wie das Bellen eines Hundes, meinte jemand. Ich überlegte, welche Funktion Bellen hat. Macht ein Hund nicht mit Bellen auf irgendwas aufmerksam? Ich fragte mich, auf was der Junge möglicherweise hinweisen möchte. Die Eltern erwarteten, dass ich Milo zum psychotherapeutischen Gespräch lud. Doch ich lud stattdessen die Eltern ohne den Jungen ein. Insbesondere bei so kleinen Kindern sollte zunächst mit den Bezugspersonen gesprochen werden, zumal mir kaum weitere Informationen zur Familiendynamik vorlagen. Auch schreckt mich der Gedanke ab, dass vielleicht ein kleiner Junge von sich denken könnte, dass er psychisch krank sei – schließlich wird er zum Psychologinnengespräch geladen. Die Symbolwirkung eines psychologischen Termins insbesondere auf Kinder ist nicht zu unterschätzen, und ich möchte nicht zur »Krankmachung« beitragen. Von den Eltern erfuhr ich, dass die Mutter nach der Geburt des Jungen unter einer postpartalen Depression gelitten habe. Das ist eine Depression, die im Anschluss an die Geburt eines Kindes entsteht und mit diesem Ereignis auf irgendeine Weise zusammenhängt. Die depressive Symptomatik von Milos Mutter sei nie gänzlich abgeklungen und nach einem klinischen Screening durch mich schien sie heute noch zu bestehen. Zudem berichtete mir das Ehepaar, dass es zerstritten sei, es komme zu regelmäßigen, lautstarken und teils handgreiflichen Auseinandersetzungen. Just in der Woche vor dem Beginn des Hustens habe die Mutter im Beisein Milos Teller nach ihrem Ehemann geworfen. Allmählich überkam mich eine Ahnung, worauf Milo hinzuweisen versuchte und worin sein eigentlicher Konflikt lag.

Psychosomatische Störungen betreffen nicht nur Erwachsene, sondern auch Kinder. Gerade Kindern fehlt häufig (noch) die Möglichkeit, ihre inneren Konflikte und Probleme in Worte zu fassen, so dass diese alternativ mittels körperlicher Signale zum Ausdruck kommen. Dabei ist die Fähigkeit, Gefühle auszudrücken, im Kindesalter (und natürlich auch später im Erwachsenenalter) unterschiedlich ausgeprägt: Wem dies weniger gut gelingt, nutzt eher den Körper als Ventil.

Für psychosomatische Störungen von Kindern sind deren Eltern für gewöhnlich von Belang. Kinder wachsen nicht in einem Vakuum auf, sondern sind immer Teil eines sie umgebenden Systems. Das System be-

5 Welches sind die zentralen Problemfelder der Psychosomatik?

steht primär aus der Familie, aber auch aus weiteren Bezugspersonen, wie z. B. aus Personen von der Schule und dem Freizeitbereich. Die Entwicklung von Kindern wird von ihrem System in großem Maße beeinflusst, und so sind ihre Probleme auch stets vor diesem Hintergrund zu sehen. So sehr, dass ich bei Problemen von Kindern, wie eben psychosomatische Symptome, immer deren familiären Hintergrund in Erfahrung bringe.

Jedes Kind ist auf seine nächsten Bezugspersonen angewiesen und braucht diese, um zu überleben und sich zu entwickeln. Es steht in direkter Abhängigkeit. Negative Erlebnisse im Zusammenhang mit den Bezugspersonen können ein Kind verunsichern und Ängste auslösen. Psychische Störungen der Eltern wie auch ungelöste Konflikte zwischen den Eltern – so wie bei Milo – erhöhen das Risiko für Fehlentwicklungen des Kindes wie auch des späteren Erwachsenen.

Leider sind psychische Störungen wie auch ungelöste Konflikte zwischen den Eltern häufig. Viele Kinder erleben diese und andere Dinge im Laufe ihres Heranwachsens. Mögliche negative Konsequenzen können dadurch gemildert werden, dass die Eltern dem Kind ein Rollenmodell für schwierige Situationen sind. Indem dem Kind vorgelebt wird, wie man fällt und wieder aufsteht, speichert es eine Art »Arbeitsmodell« für eigene zukünftige Stürze. Jedes Kind wird irgendwann selbst in herausfordernde Situationen geraten. Durch die Beobachtung der Eltern, die ihre Probleme lösungsorientiert und proaktiv bewältigen, erhält es eine Blaupause für eigene, künftige Probleme.

Warum nun hustete Milo und zeigte seinen inneren Konflikt auf diese Weise? Warum Husten? Bei lebensgeschichtlicher Betrachtung fand sich eine frühe virale Bronchitis. Es ist denkbar, dass sich dadurch eine Schwachstelle entwickelt hat, die bei inneren Konflikten, die anders (noch) nicht behoben werden können, den Husten wieder auslöst. Gerade bei habituellem Husten wie bei Milo spielt das »Erlernen« von Husten und das »Erleben« der daraus resultierenden Aufmerksamkeit durch Bezugspersonen eine große Rolle.

Übrigens mutet Milos Verhalten in gewisser Hinsicht regressiv an. Eine Regression ist eine Rückbildung, ein Rückschritt auf eine frühere Stufe der eigenen Entwicklung. Es handelt sich um einen Abwehrmechanismus, welcher oftmals der Reduktion von Angst dient. Es wirkt, wie wenn Milo auf eine frühere, nonverbale Stufe zurückgekehrt wäre, wo er sich sicherer fühlen kann. Ehe ein Kind sprechen kann, teilt es sich durch Laute mit – Bellen ist ein Laut. Im Laufe des Aufenthalts in unserer Klinik hörte Milos Husten auf. Vielleicht deshalb, weil die Eltern mitunter durch die psychotherapeutischen Gespräche mehr und mehr ihren eigenen Anteil and er Symptomatik des Sohnes erkannten und begannen, daran zu arbeiten. So wurde der Husten als Symptom überflüssig.

Hyperventilation

Obwohl eigentlich sämtliche Übungen in den Selbsthilfe-Teil dieses Ratgebers gehören, möchte ich Ihnen an dieser Stelle dennoch eine vorstellen: Durch ihre Ausführung erleben Sie schneller, als man erklären kann, was unter Hyperventilation zu verstehen ist. Führen Sie die Übung nur durch, wenn Sie körperlich gesund, im Beisein einer anderen Person sind und nicht ohnehin zum Hyperventilieren neigen.

Übung: Hyperventilieren

Hecheln Sie wie in einem Geburtsvorbereitungskurs. Oder wie ein Hund in der Sonne. Beobachten Sie, was in Ihrem Körper passiert. Hören Sie nach einer Minute wieder auf und atmen Sie bewusst einige Male tief ein und aus, um das Hecheln zu neutralisieren. Was passiert?

Vielleicht haben Sie die Übung durchgeführt – und es ist rein gar nichts passiert. Dann könnten wir es mit dem Vorführeffekt zu tun haben. Dieser besagt, dass genau dann das nicht eintritt, was man eigentlich zeigen möchte. Wenn der Vorführeffekt bei Ihnen nicht aufgetreten ist, dann haben Sie bei der Durchführung dieser Übung einige körperliche Symptome beobachtet. Sie haben hyperventiliert. Bei der Hyperventilation (hyper: zu viel, ventilation: Belüftung) kommt es zu einer gesteigerten Belüftung der Lungen, weil man schneller und/oder tiefer atmet als notwendig. In aller Regel geschieht dies in stressbesetzten Situationen, insbesondere während einer Panikattacke. Häufig kommt es dabei zu

Kribbeln auf der Haut (»Ameisenlaufen«, insbesondere im Gesicht), Schwindel, Benommenheit, Kopfschmerz, Sehstörungen, Herzrasen und weiteren Symptomen. Wird dann noch stärker eingeatmet, werden die Symptome weiter angefacht. Manchmal wird der Notruf verständigt, da die Situation fälschlicherweise als lebensbedrohlich bewertet wird.

Fallbeispiel

Herr Wiler tat das Letztgenannte, als er beim Tanken seines Autos Herzrasen und Benommenheit spürte. Unmittelbar zuvor hatte er eine schlechte Nachricht erhalten. Sein Jugendwunsch war es gewesen, Arzt zu werden. Doch hatte er sich dies nie zugetraut und wurde stattdessen Pflegefachmann. Er hatte sein Medizinstudium nun nachholen wollen und sich an der Aufnahmeprüfung fürs Medizinstudium versucht. An diesem Tag wurde ihm schriftlich mitgeteilt, dass er nicht bestanden hatte. Vielleicht, so überlegte er, war er mit seinen 45 Jahren sowieso zu alt, um nochmals neu anzufangen. Er befand sich auf dem Nachhauseweg, als die Leuchte am Armaturenbrett signalisierte, dass der Tank drohte, leer zu werden. Als er in eine Tankstelle einbog, setzten die Symptome ein. Der eilig herbeigerufene Notarzt stellte keine medizinischen Ursachen fest. Wenig später lernte ich Herrn Wiler kennen. Wir erarbeiteten die Idee, dass angesichts des Nichtbestehens eine Panik in ihm aufgekommen sein könnte, die durch den leer gewordenen Tank nochmals symbolhaft verstärkt worden war. Wahrscheinlich hatte er hyperventiliert, ohne dass es ihm auffiel. Durch die Hyperventilation waren Symptome entstanden, die er als Herzinfarkt missdeutete. Wir arbeiteten an den Themen »Älterwerden« und »verpasste Chancen«. »Das Leben ist eine Aneinanderreihung von Versuchen« sagte die Dichterin Patricia Welsh. Wahrscheinlich geht jedes Leben mit verpassten Chancen einher, die uns bei zunehmender Anzahl Kerzen auf dem Geburtstagskuchen vielleicht immer bewusster werden. Das kann Angst auslösen. Im Falle von Herrn Wiler kam es zu keinen weiteren Hyperventilationen. Ich beobachtete, wie er eine neue Freude an seinem alten Beruf fand und mit Herz und Seele Pflegefachmann blieb.

5.3.3 Resümee

Die Atemwege erhalten für gewöhnlich relativ wenig Aufmerksamkeit – zumindest, solange sie funktionieren. Tritt ein Problem auf, ist die Angst riesig. Verständlich – immerhin treten bei fehlender Sauerstoffzufuhr nach ungefähr vier Minuten bleibende Gehirnschäden ein. Atmen bedeutet Leben. Und atmen bedeutet Freiheit. Wem die Freiheit fehlt, dem wird eng. Schließen wir diesen Teil mit den Worten des buddhistischen Mönchs Thich Nhat Hanh: »Gefühle kommen und gehen wie Wolken an einem windigen Himmel. Bewusstes Atmen ist mein Anker.«

5.4 Schmerzen

»Wenn wir Schmerzen spüren, können wir diese Schmerzen nicht einfach beseitigen. Wir können aber diese Situation akzeptieren und »Ja« zu ihr sagen. Vielleicht können wir sie sogar als etwas Wertvolles betrachten, das im Zusammenhang unseres Lebens Sinn macht. Wenn wir auf diese Weise freiwillig unser körperliches Leiden auf uns nehmen, kann dies dazu führen, dass unsere innere Kraft gestärkt wird. Auch daran wird der große Einfluss unserer inneren Haltung auf unsere gesamte Lebendigkeit erkennbar. Wenn man sich das klargemacht hat, dann dürfte es nicht schwer sein, zu erkennen, dass es guten Grund zur Hoffnung gibt – zu der Hoffnung, dass wir wenigstens all die Schwierigkeiten und Leiden überwinden können, die von unserer geistigen Einstellung abhängig sind. Aber mehr noch: Auch die körperlichen Probleme können weniger werden, wenn wir eine positive geistige Einstellung gewinnen. Deswegen lohnt es sich, darüber nachzudenken, wie eine solche positive geistige Grundhaltung aussehen kann – und welche Mittel und Wege es gibt, um eine solche Einstellung zu erzeugen.«
Dalai Lama

5.4.1 Grundlagen

Schmerzen sind überaus häufige körperliche Beschwerden. Wir alle kennen sie. Doch was sind Schmerzen genau? Wozu sind sie gut? Was kann man dagegen tun? Und tut wirklich der Kopf weh, wenn der Kopf wehtut?

5 Welches sind die zentralen Problemfelder der Psychosomatik?

Schmerzen sind ein überlebensnotwendiges Alarmsystem des Körpers. Der Schmerz hat die Aufgabe, auf eine mögliche körperliche Gefahr hinzuweisen. Wer sich zum Beispiel beim Gemüseschnipseln in einen Finger schneidet, wird vom Körper durch den Schmerz über die Verletzung informiert. Dadurch stellt der Körper sicher, dass die Wunde wahrgenommen und bei Bedarf eine entsprechende Reaktion eingeleitet wird, zum Beispiel, dass der Schnitt desinfiziert wird. Ein Körper ohne Schmerzen ist nicht wünschenswert. Das würde bedeuten, dass möglicherweise lebensbedrohliche Verletzungen nicht bemerkt werden.

Verletzungen werden von den sogenannten freien Nervenenden registriert, welche die Information zum Gehirn schicken. Eher dicke Nervenfasern leiten akute Reize weiter, wie den eben beschriebenen Fingerschnitt, während eher dünne Nervenfasern bspw. bei einer Magenverstimmung zum Einsatz kommen. In der Wirbelsäule hat der Reiz eine Art Schmerztor zu überwinden. Hier findet eine erste Verarbeitung des Reizes statt. Relevante Reize werden ans Gehirn weitergeleitet, irrelevante Reize gestoppt.

Im Gehirn ist das Zentrum für Schmerzhemmung mit dem Gefühlszentrum verbunden, das seinerseits mit dem »Schmerztor« verdrahtet ist. Entsprechend kann das »Schmerztor« durch Gefühle beeinflusst werden. Unangenehme Gefühle wie Einsamkeit, Angst, Unruhe und Stress öffnen das »Schmerztor«, positives Denken, Aktivität, Ablenkung und Entspannung schließen es.

Die Beeinflussung des »Schmerztors« und somit der Schmerzempfindung durch unangenehme bzw. angenehme Gefühle ist ein Alltagsphänomen. Haben Sie vielleicht schon einmal bemerkt, dass es Ihnen an manchen Tagen kaum und an anderen große Schmerzen bereitet, die Beine zu epilieren oder sich das Knie zu stoßen? Wie war Ihre Schmerzwahrnehmung in Phasen, in denen Sie frisch verliebt waren, gerade eine gewünschte Beförderung erhalten haben oder Sie mit Ihrem nagelneuen Auto die erste Spritztour unternahmen? Wie war Ihre Schmerzwahrnehmung, als Sie von Ihrer großen Liebe verlassen wurden, Ihnen die Arbeitsstelle gekündigt wurde oder Ihre alte »Schlotterkiste« gerade auseinanderfiel? Unangenehme Gefühle bzw. erhöhter Stress bewirken eine Öffnung des »Schmerztors« und somit eine gesteigerte Wahrnehmung von Schmerzen. Umgekehrt werden Schmerzen weniger intensiv wahrgenommen, wenn man in einer guten Grundstimmung ist.

Akute Schmerzen enden meist rasch, sobald die zugrundeliegende Ursache behoben ist. Halten Schmerzen über einen längeren Zeitraum an – wenigstens drei Monate – oder kehren immer wieder, handelt es sich um einen chronischen Schmerz. Dauert der Schmerz lange an, ist er stark, reizt mehrere Bereiche des Gehirns und wird neurologisch intensiv verarbeitet, kann ein Schmerzgedächtnis entstehen. Ein solches ist besonders sensibel eingestellt, und so reicht eine leichte Berührung der betroffenen Körperstelle, ein Gedanke an die Schmerzen oder eine unangenehme Erinnerung in diesem Zusammenhang, um die Schmerzen auszulösen. Auch postoperative Schmerzen oder unzureichend behandelte Schmerzen können so chronifizieren.

Manchmal ist es so, dass Schmerzen im Rahmen von psychischen Krisen da auftreten, wo früher eine Verletzung bestanden hatte. So reagiert eine Person nach einer zwar schweren, aber längst überstandenen Magen-Darm-Erkrankung in einer Krise mit psychosomatischem Bauchschmerz, oder eine andere Person leidet immer dann, wenn der Stresspegel zu hoch wird, am Rücken da, wo einst eine Bandscheiben-Operation durchgeführt worden war.

Das Schmerzgedächtnis kann jahrelang schweigen. Nach Gewalterfahrungen in der Kindheit kann viel Zeit vergehen, ehe es sich meldet. Dann aber kann ein Foto von früher, der Besuch eines vermeintlich vergessenen Ortes oder ein altes Gesicht plötzlich alles wachrufen, was einst war. Als Folge treten Schmerzen wegen Verletzungen auf, die vor langer Zeit zugefügt worden waren – der Körper hatte sie gespeichert, der Schrecken ist »verkörpert«.

Je stärker die Beteiligung des Gehirns am Schmerz, desto weniger greifen auf den ursprünglichen Schmerzort fokussierte Therapien, wie zum Beispiel Medikamente und Physiotherapie. Im Gehirn ist über die Zeit sozusagen eine Eigendynamik entstanden. In diesen Fällen ergeben Behandlungen mit Psychotherapie und gegebenenfalls Psychopharmaka mehr Sinn. Dabei geht es eher um die Veränderung des Schmerzerlebens und weniger um die Beseitigung der Schmerzursache. Dies ist für Betroffene häufig frustrierend und schwer verständlich.

Wussten Sie, dass das Gehirn psychische Schmerzen ungefähr so wie körperliche Schmerzen verarbeitet? Es gibt keine zwei Areale hierfür, es werden in etwa die gleichen Gehirnareale aktiviert, das Gehirn unterscheidet nicht. Schmerzen sind Schmerzen – egal, woher sie kommen. Und Schmerzen sind Schmerzen, auch wenn das Gegenüber das Ganze vielleicht nicht so schlimm findet. Schmerzen sind subjektiv. Was dem einen wehtut, schmerzt den anderen nicht. Für Betroffene heißt das, nicht auf Verständnis zu warten, und für das Umfeld von Betroffenen heißt das, Verständnis zu zeigen.

5.4.2 Schmerz lass nach

Rückenschmerzen

Rückenschmerzen gehören zu den häufigsten Schmerzen, Tendenz steigend. Sie gelten als Volksleiden Nummer eins. Schätzungen zufolge geht jeder vierte Fehltag am Arbeitsplatz auf das Konto von Rückenschmerzen. Bei akuten Rückenschmerzen, wobei akut bedeutet, dass die Schmerzen weniger als drei Monate andauern, ist die Prognose gut: Neun von zehn Betroffenen sind nach sechs bis acht Wochen schmerzfrei. Halten die Schmerzen länger als drei Monate an, spricht man von chronischen Rückenschmerzen. Bei chronischen Verläufen sind die therapeutischen Erfolgsaussichten bescheidener.

Es ist bemerkenswert, dass das Ausmaß an objektivierbaren Abbauprozessen am Wirbelskelett nicht in Zusammenhang mit der von den Betroffenen genannten Schmerzintensität steht. Dass vom Ausmaß des Abbaus nicht auf die Schmerzstärke geschlossen werden, ist ein Hinweis darauf, dass nicht organmedizinische Gründe eine Rolle spielen. Tatsächlich sind die meisten Rückenschmerzen nicht Folge organischer Schäden. Meist können Muskelverspannungen, eine schlechte Körperhaltung, Schonung, einseitige Belastung, Bewegungslosigkeit und psychischer Stress wie zum Beispiel Konflikte als (mit-)ursächlich gefunden werden.

Die Wirbelsäule braucht regelmäßige Bewegung. Diese stärkt die sie umgebende Muskulatur. Ist diese geschwächt, sind die Gelenke und Bänder der Wirbelsäule überlastet. Zudem beginnt die Muskulatur zu schmerzen. Rückenschmerzen führen meist zu einer Schonhaltung. Diese wiederum fördert die obengenannten Belastungsfaktoren (schlechte Haltung, wenig Bewegung, einseitige Belastung), was die Rückenschmerzen aufrechterhält oder verschlimmert. Heutzutage lautet die Empfehlung bei Rückenschmerzen Bewegung, wobei lediglich starke Belastungen zu vermeiden sind. Schonung ist meist kein Weg aus den Rückenschmerzen.

»Sie trägt schwer an ihrem Schicksal« oder »Er erträgt etwas nicht mehr« – erneut hält die Alltagssprache Ausdrücke dafür bereit, dass eine Belastung vorliegt, die getragen wird. Wohin geht viel Last beim Tragen? Auf den Rücken. So ist es auch der Rücken, der andere Formen von Belastung »erträgt«. Psychische Probleme und hoher Stress, wie im nun folgenden Fallbeispiel, zeigen sich regelmäßig in Nacken-, Schulter- und Kreuzschmerzen.

Fallbeispiel

Herr Lieb ist ein 55-jähriger Marketingexperte. Sein Arbeitstag ist lang und körperlich einseitig. Abends spielt er Videospiele. Er kocht selten und wenn, dann weder frisch noch ausgewogen. Trotz einiger Liebschaften hat er sich nie fest an jemanden gebunden, stets alleine gelebt, und keine Familie gegründet. Er übt keinen Sport aus und bewegt sich ungern. Mit 40 Jahren durchfuhr ihn aus dem Nichts ein massiver Rückenschmerz. Es wurde ein Bandscheibenvorfall diagnostiziert, der operativ behoben wurde. Die Genesungsphase war schmerzintensiv, doch er regenerierte. Drei Jahre später erfolgte der zweite Bandscheibenvorfall. Eine erneute Operation wurde durchgeführt, seither leidet er unter chronischen Rückenschmerzen. Auf der Schmerzskala von 0 (keine Schmerzen) bis 10 (sehr starke Schmerzen) bewegten sich seine Angaben von 5 bis 8. Vor zwei Jahren durchfuhr ihn wieder ein »Blitz«: Er verliebte sich Hals über Kopf in eine Yoga-Lehrerin. Er begann, regelmäßig mit ihr zu trainieren. Auch wenn er nie verpasste, kundzutun, nur widerwillig Yoga auszuüben, spürte er im Laufe der Zeit eine deutliche Verringerung der Schmerzen. Mittlerweile bewegen sich diese im Bereich 2 bis 4.

Seine Freundin befindet sich bei mir in psychologischer Beratung. Ich fragte sie: »Was führte zur Verringerung der Rückenschmerzen

Ihres Lebensgefährten?« Sie antwortete: »Im Rahmen unserer Beziehung hat er einige Aspekte seines Lebens verändert: Er macht regelmäßig mit mir Yoga, ich koche allabendlich frisch und gesund, wir unternehmen viele Ausflüge. Aber Hand aufs Herz, ich bin mir sicher: Am meisten hilft ihm meine Liebe und Zuwendung.«

Herr Lieb lebte sein Leben lang an mehreren körperlichen und emotionalen Bedürfnissen vorbei. Zwar trug dieser enge Fokus möglicherweise zu seinem beruflichen Erfolg bei, gleichzeitig blieb so niemand »fürs Herz« – niemand, der auf ihn achtete, der ihm den »Rücken stärkte«. Wie in ▶ Kap. 15 beschrieben, gehören solch soziale Ressourcen zu den besten Schutzmerkmalen, welche die Widerstandskraft gegen Widrigkeiten erhöhen.

Gesetzt den Fall, dass Ihr Arzt dies befürwortet, sollten Sie sich bei Rückenschmerzen nicht schonen, sondern in Bewegung kommen. Allenfalls können Sie zu Beginn Schmerzmittel einnehmen, damit Bewegung überhaupt möglich ist. Achten Sie darauf, nicht ins Gegenteil zu verfallen, sondern sich gemäßigt zu bewegen, bis Sie ein gewisses Grundlevel an Fitness aufweisen. Üben Sie insbesondere Dehnungsübungen aus, wie bspw. Yin Yoga. Überprüfen Sie zudem Ihren Lebensstil: Wie sehen Ihre psychosozialen Umstände aus? Ist Ihr Leben ausgewogen? Sind Ihre Bedürfnisse weitgehend erfüllt? Sind Sie sozial eingebunden, gibt es in Ihrem Leben Liebe? Passt Ihre Arbeit zu Ihnen? Sind Sie da, wo Sie sein wollen? Tragen Sie allzu viel in Ihrem Rucksack durch Ihr Leben, ist die Last zu schwer, möchten Sie den Rucksack ausmisten?

Kopfschmerzen

Wie Sie sicherlich schon wissen: Der Kopf ist die zentrale Steuerungseinheit des Körpers. Hier werden Reize verarbeitet, Verhalten gesteuert, Gedanken gedacht und vieles mehr. Kurzum: Hier passiert sehr viel. Insofern erstaunt es wenig, dass Kopfschmerzen häufige körperliche Beschwerden sind. Im übertragenen Sinn: Wo viel gehobelt wird, da fallen viele Späne.

Kopfschmerzen sind ein neurologisches Schmerzphänomen im Kopf. Grundsätzlich sind zwei verschiedene Arten von Kopfschmerzen zu unterscheiden: der primäre und der sekundäre. Der primäre Kopfschmerz ist häufig. Der Schmerz ist Hauptsymptom, und es gibt keine feststellbare körperliche Ursache. Primäre Kopfschmerzen sind veränderbar und gehen auf schmerzempfindliche Strukturen inner- oder außerhalb des Schädels zurück. Es werden Spannungskopfschmerzen, Clusterkopfschmerzen sowie Migräne unterschieden, wobei Erstgenannte am häufigsten sind. Sekundäre Kopfschmerzen sind weniger häufig und gehen auf körperliche Ursachen zurück. Dazu gehören bspw. Tumorerkrankungen oder Traumata im Bereich des Kopfes.

Der Kopf wird von starken Muskeln gehalten, unter anderem von der Nacken- und der Schultermuskulatur. Den Kopf zu halten ist für diese Muskelpartien bei durchschnittlich sechs Kilogramm Gewicht sprichwörtlich gar nicht so leicht. Die Muskulatur ermöglicht Kopfbewegungen für eine optimale Orientierung im Raum. Kopfschmerzen hängen oft mit Verspannungen dieser viel beschäftigten und schwer belasteten Muskulatur zusammen. Darüber hinaus gibt es viele Kopfschmerzen, die unabhängig von muskulären Verspannungen entstehen. Stress, Konflikte, depressive Störungen und Schlafstörungen werden als (mit-)ursächlich erachtet.

Fallbeispiel

Dazu passt die Geschichte des 16-jährigen Levin, der von klein auf ein begeisterter Fußballspieler war. Zuletzt hatte er im Nachwuchs einer hochklassigen Mannschaft gespielt. Jedoch waren ihm während verschiedener Spiele mehrere Unfälle widerfahren, zuletzt hatte er sich ein Schädel-Hirn-Trauma zugezogen. Es blieb ein chronischer Kopfschmerz, den er auf der Schmerz-Skala bei etwa 8 von 10 einstufte. Aufgrund dessen kam es zu vielen Fehlzeiten in der Schule. Die Ärzte entschieden, dass er nicht mehr Fußball spielen könne und seine Karriere zu Ende sei. Die Kopfschmerzen ließen nicht nach, und im Laufe zweier Jahre verschlechterte sich auch seine psychische Verfassung. Als Bewältigungsversuch für die starken Kopfschmerzen kam es zu Selbstverletzungen. Wir fokussierten intensiv auf den Umgang mit Gefühlen und arbeiteten an neuen Zukunftsperspektiven. Das war zunächst schwierig, da er den Fußball nicht loslassen wollte und konnte, dann gelang es aber zunehmend besser. Besonders die Hinzunahme eines älteren, ehemaligen Profi-Fußballspielers im Sinne eines Mentors, der seine Karriere Jahre zuvor auf dem Höhepunkt wegen eines Unfalls hatte beenden müssen, wirkte. Im weiteren Verlauf der Therapie war Levin schließlich schmerzfrei und entwickelte für sich neue private und berufliche Perspektiven.

Für Selbstverletzungen gibt es nicht den einen Grund, doch oftmals geht es um den Umgang mit intensiven Gefühlen. Wird die Anspannung zu groß, kann sie durch Selbstverletzung abgebaut werden. Das erfolgt bspw. mittels Ritzen wie bei Levin, oder auch mittels Ausdrückens von glühenden Zigaretten auf der Haut, Schlagen der Fäuste oder des Kopfes gegen die Wand und weiterem. In ▶ Kap. 5.8.2 lernen Sie Herrn Keller kennen, der seine Adipositas als Selbstverletzung beschreibt. Meistens erfolgen Selbstverletzungen nicht in suizidaler Absicht. Sie sind dennoch stets ernst zu nehmen, deuten sie doch auf eine psychische Ausnahmesituation hin, für die derzeit keine andere Bewältigungsmöglichkeit gesehen wird.

Im Therapieerfolg von Levin könnte ein Punkt besonders wichtig gewesen sein, vielleicht sogar entscheidend. Wenige Wochen nach seiner stationären Aufnahme unternahm er einen Suizidversuch. Während die Eltern nur wenig reagierten, reagierten wir als Klinikpersonal sehr stark. Möglich, dass es sich hier um die zugrundeliegende Sehnsucht seinerseits gehandelt hatte, umsorgt zu werden, damit er sein Leben wieder in den Griff bekommen konnte. Vielleicht brauchte Levin das Gefühl, wichtig zu sein, was wir ihm zeigten, indem wir uns sorgten. Wer sich lange Zeit allein wähnt, mit niemandem, der hilft, unterstützt, sich sorgt (und notabene hatten die Eltern auf den Suizidversuch hin kaum reagiert), entwickelt einen tiefen Wunsch nach Versorgung. Genährt und gestärkt durch unsere besondere Sorge löste sich vielleicht auch die Blockade in seinem Kopf alias Kopfschmerz.

Fallbeispiel

Der 17-jährige Mario reagierte nicht mit Selbstverletzungen oder einem Suizidversuch auf seine Kopfschmerzen wie Levin, stattdessen nahm er nicht mehr am Schulunterricht teil. Er schilderte, dass sein bester Freund unlängst die Freundschaft beendet habe, was ihn sehr belaste. Seit Beginn der Corona Pandemie sei er im Homeschooling und sehe gar niemanden mehr. Er verbringe den ganzen Tag allein in seinem Zimmer. Die Kopfschmerzen seien so stark geworden, dass er nicht mal mehr am Online-Unterricht teilnehmen könne. Auffallend war insbesondere Marios geringe Selbstwahrnehmung. Er kümmerte sich liebevoll um andere, vernachlässigte sich gleichzeitig selbst. Werden die eigenen Bedürfnisse nicht wahrgenommen, kann darauf nicht reagiert werden. Mario lebte an den eigenen Bedürfnissen vorbei und merkte nicht, wann er im Laufe eines Tages etwas gebraucht hätte, so dass sich eine innere Spannung aufbaute. Abends war die Anspannung so ausgeprägt, dass sich Kopfschmerzen einstellten. Mittels Interventionen zur Selbstwahrnehmung und zum Umgang mit Gefühlen reduzierten sich diese Beschwerden.

Schulabsentismus, das heißt das Fernbleiben vom Unterricht, ist hochgradig entwicklungsgefährdend und trägt zur Aufrechterhaltung von psychosomatischen Störungen bei. Es ist gut möglich, dass der/die Jugendliche zugrunde liegende Probleme durch dieses Verhalten vermeidet, so dass es wichtig ist, diesen auf den Grund zu gehen und konstruktive Lösungen zu finden.

Da viele Kopfschmerzen nicht organisch erklärbar sind, lohnt es sich, einen Blick auf die Lebensumstände der Betroffenen zu werfen. Voraussetzung ist eine medizinische Abklärung, bevor man sich folgende Fragen stellt: Haben Sie schmerzliche Erfahrungen gemacht, die den Kopfschmerz ausgelöst haben könnten? Was bereitet Ihnen Kopfzerbrechen? Fühlen Sie Ihre Gefühle oder vermeiden Sie diese, da sie zu viel waren oder Sie mit diesen Gefühlen momentan nicht umgehen können, Sie sich ihnen nicht aussetzen möchten? Lesen Sie in ▶ Kap. 12 über den Umgang mit Gefühlen. Bei einer verspannten Nacken- und Schultermuskulatur helfen warme Bäder und Massagen. Um »in Gang« zu kommen, kann Physiotherapie eine Option zu sein. Probieren Sie doch mal aus, sich mit Hilfe von Meditationen zu entspannen.

Migräne

Etwa jede zehnte Person leidet unter Migräne. Eine solche kann mit oder ohne Aura, also neurologischen Symptomen unmittelbar vor einer Migräne, auftreten. Am häufigsten ist die so genannte visuelle, also das Sehen betreffende, Aura. Dabei wird ein Flimmern wahrgenommen, welches das gesamte Sehfeld einnehmen kann. Die Kopfschmerzphase folgt in der Regel in zeitlicher Nähe zur Aura. Während der Kopfschmerzphase ziehen sich Betroffene meist in ein dunkles Zimmer zurück und vermeiden körperliche Anstrengung. Übelkeit kommt wiederholt vor.

Die Migräne beginnt in der Regel ab dem Teenager-Alter und nimmt im Alter ab. Bei Kindern ist Migräne häufiger geworden, ohne dass die Ursache bekannt ist. Frauen profitieren häufig von der Menopause, nach der die Migräne gänzlich abklingen kann.

Es gibt Faktoren, die Migräneanfälle begünstigen. Diese können verhaltens- oder körperlich bedingt sein, wie zum Beispiel langes Fernsehen, ein prämenstruelles Syndrom, Schlafstörungen, Hunger, Alkohol und bestimmte Nahrungsmittel. Auch emotionale Aspekte, wie Wut, Ärger, hoher Leistungsanspruch und Hektik können eine Migräne begünstigen.

Fallbeispiel

Hektik war sicherlich ein Thema für die 50-jährige Frau Wanner. Sie arbeitete in leitender Position in einem großen Pharmaunternehmen, war verheiratet und Mutter von drei Kindern. Im Erstgespräch, in welchem viele Tränen geflossen waren, gab sie an, sich nicht mehr wohl zu fühlen, müde und angespannt zu sein. Sie leide mehrmals monatlich seit ihrem 15. Lebensjahr unter Migräneattacken und verlasse das Haus nie ohne Migräne-Medikamente. Ich befragte sie zu ihrer Familiengeschichte. Die Beziehung zu ihrer Mutter stellte sich als sehr verstrickt heraus. In diesem Zusammenhang zeigten sich

> Denkmuster, die sich Frau Wanner in der Kindheit angeeignet hatte und wohl eine Art Bewältigungsstrategien gewesen waren, doch hatten sie ihre Funktionalität im Anschluss an die Kindheit eingebüßt und waren im Erwachsenenalter wenig förderlich. Zu diesen Denkmustern gehörte, dass sie immer für andere da zu sein habe, dass das Wohl anderer stets vor dem ihrigen gehe. Wir bearbeiteten und revidierten diese. Als sie ritualhaft einen Brief an ihre Mutter schreiben sollte, der nicht zum Abschicken gedacht war, bekam sie zum ersten Mal in ihrem Leben schreckliche Bauchschmerzen. Der Körper rebellierte. Im Übrigen schien dies ins Bild zu passen, weil sich bei Kindern Migräne manchmal auch als Bauchschmerz zeigt (»Bauch-Migräne«). Sie schrieb den Brief mit leichter Verzögerung, die Schmerzen verschwanden – und mit ihnen die Migräne. Seither ist Frau Wanner migränefrei.

Viele psychische Konflikte werden in der Kindheit losgetreten und halten uns auch als Erwachsene in ihrem »Bann«. Manchmal sind wir uns ihrer mehr, manchmal weniger bewusst. Wie mit unsichtbaren Fäden werden wir an eine bestimmte Stelle oder Person unseres Lebens gebunden. Frau Wanner war sich dessen wenig bewusst und hatte die mangelnde Loslösung von ihrer Mutter verdrängt. Die Psychotherapie bewirkte einen Entwicklungsschritt in Richtung Autonomie, der eigentlich üblicherweise im Jugendalter erfolgt. Geschieht er zu diesem Zeitpunkt nicht, kann sich dies ungünstig auf die weitere Entwicklung auswirken. Häufig begegnet man in der Folge Erwachsenen, die im Alltag gut klarkommen, arbeiten gehen, eine Familie gegründet haben, scheinbar ihr Leben leben, doch bei genauerer Betrachtung noch immer eng gebundene Kinder sind. Daraus entsteht ein Konflikt zwischen dem, was ist, und dem, was sein sollte. Es wird ein Leben geführt, das nicht zum inneren Status passt. Solche Konflikte können sich, wenn sie nicht direkt ans Tageslicht kommen dürfen, auf einem anderen Weg Ausdruck verschaffen. Gleichzeitig darf sicherlich nicht außer Acht gelassen werden, dass das Ende der Migräneattacken auch damit zusammenhängen kann, dass sich Frau Wanner in den Wechseljahren befand.

Verstrickte Beziehungen sind den Betroffenen oft kaum bewusst. Ein häufiges Beispiel ist die sehr junge Mutter, die entweder alleinerziehend oder deren Partner meist abwesend ist und die eine sehr enge Beziehung zu ihrer ältesten Tochter eingeht. Von außen wirken sie wie Schwestern. Auf den ersten Blick mag dies harmonisch und als Idealbeispiel anmuten, auf den zweiten jedoch erkennt man, dass die Linie, wo die eine Person endet und die andere beginnt, verschwommen ist. Regelmäßig steht die Identitätsentwicklung des Kindes hinten an. Diesen Kindern mangelt es an Autonomie, und sie vernachlässigen die eigenen Bedürfnisse. Sie erleben Schuldgefühle, da sie sich verantwortlich für den emotionalen Zustand der Mutter oder des Vaters fühlen. In diesen Fällen kann es sinnvoll sein, verpasste Abgrenzungen nachzuholen.

Fibromyalgie

Personen mit Fibromyalgie-Syndrom leiden an diffusen chronischen Muskelschmerzen in verschiedenen Körperregionen, in der Regel in Gelenknähe. Darüber hinaus treten weitere Beschwerden auf, darunter Erschöpfung, Schlafstörungen, Leistungsschwäche, Kreislaufprobleme, Schwindelgefühle und viele weitere. Die zusätzlichen Beschwerden können über die Zeit hinweg abnehmen, es können jedoch auch weitere dazukommen. Fibromyalgie ist keine entzündliche Erkrankung, sondern eine Störung der Schmerzwahrnehmung sowie des Umgangs mit Schmerzen. Die Ursachen der Erkrankung sind weitgehend ungeklärt. Betroffene weisen aber häufig eine besondere Schmerzempfindlichkeit auf. Psychotherapie kann helfen, einen alternativen Umgang mit dem Schmerz zu finden.

5.4.3 Resümee

Wahrscheinlich ist jeder Schmerz Ausdruck eines ganz eigenen Leidens. Hie und da geht es um Leiden, das früh erfahren wurde und nun verkörpert ist. Achten Sie auf förderliches Denken, auf Ihre Gefühlslage und auf die Lebenssituation, in der Sie sich befinden. Sind Sie in Ihrem Leben da, wo Sie sein wollen? Tragen Sie Erinnerungen mit sich, die schwer lasten? Haben Sie nötige Entwicklungsschritte abgeschlossen?

5.5 Hautprobleme

»Von der Haut aus kann man die Seele pflegen.«
Carl Ludwig Schleich

5.5.1 Grundlagen

Die Haut ist die erste »Verteidigungslinie« des Körpers. Sie schützt vor Strahlen, Chemikalien, Erregern, Allergenen und Licht. Sie unterstützt die Temperaturregulierung mittels Schwitzen und durch Veränderung der Durchblutung.

Mit bis zu 2 m² ist sie das größte Organ des Körpers. Sie besteht aus mehreren Schichten: Die Oberhaut befindet sich außen, mittig ist die Lederhaut und innen die Unterhaut. Jede dieser Schichten besteht wiederum aus weiteren Schichten.

Die Haut ist ein Sinnesorgan. Sie spürt Berührung, Wärme, Kälte, Kitzeln, sexuelle Empfindungen sowie Schmerz und leitet die Stimulation an das Gehirn weiter. Sie dient der Kommunikation, in dem sie in bestimmten Situationen rot wird, in anderen erblasst oder via Mimik dazu beiträgt, bestimmte Regungen zum Ausdruck zu bringen. Mit Berührungen wird von klein auf Nähe aufgebaut, es entsteht Bindung. Die Haut ist auch Spiegel des Inneren. Wir schmücken sie mit Kleidung, Schmuck, Tattoos, Piercings, zeigen so, wer wir zu sein glauben. Eine makellose Haut gilt als erstrebenswert und wird mit positiven Deutungen besetzt. Ein Umstand, der die Schönheitsindustrie entstehen ließ – ein florierender Wirtschaftsbereich. Lebenslang umgibt die Haut unser Inneres, sie packt das Selbst ein, schützt es, trennt es ab, setzt Grenzen. Auch aufgrund dieser Funktionen im Bereich der Ich-Identität und der Beziehungen ist die Haut häufig von psychosomatischen Störungen betroffen.

Interessanterweise sind die Haut und das Nervensystem aus denselben Anlagen entstanden: In einer frühen Phase der Entstehung entwickelten sich Haut und Nervensystem aus demselben Keimblatt, dem Ektoderm. So betrachtet erstaunt es wenig, dass die Verbindung von Haut und Psyche Einlass in die Sprache gefunden hat. Sie kennen wahrscheinlich Redewendungen wie: »Sie ist dünnhäutig.«, »Er hat eine Elefantenhaut.« oder ein »dickes Fell«, »Sie erblasst vor Neid.«, »Er wird rot vor Wut.« und etwas »geht tief unter die Haut«. Werden Nägel, Haare und Schweiß dazu genommen, ergeben sich weitere bekannte Formulierungen: »Ihm sträuben sich die Nackenhaare.«, »Ihr bricht kalter Schweiß aus.« oder »Ihm wachsen graue Haare.«. Apropos graue Haare: Tatsächlich ist es so, dass ein erhöhtes Stresserleben graue Haare sprießen lassen kann.

Hauterkrankungen sind weit verbreitet. Zu ihnen gesellen sich häufig Begleiterkrankungen wie Angststörungen und Depressionen. Oft schämen sich Betroffene für ihr Hautbild, wie bspw. der im Abschnitt über Neurodermitis beschriebene Dario. Als Folge ziehen sich Betroffene aus sozialen Kontakten zurück oder gehen bestimmten Aktivitäten wie bspw. Sportarten nicht nach.

5.5.2 Wenn die erste Verteidigungslinie fällt

Unreine Haut und Akne

Für die Entstehung von unreiner Haut und Akne sowie auch für deren Verschlechterung spielen eine Vielzahl von Faktoren eine Rolle. Dazu gehören Hormonumstellungen, übermäßige Talgproduktion, falsche Ernährung, klimatische Faktoren sowie Stress. Bei Stress werden Hormone wie Adrenalin und Noradrenalin ausgeschüttet, welche in der Haut Entzündungsprozesse auslösen, was unreine Haut oder Akne zur Folge haben kann. Da dies vor allem die Gesichtshaut betrifft, ist das Problem schwer zu verbergen und kann für den Betroffenen belastend sein. Vielfach kommen Selbstwertthemen auf. Nebst der richtigen Hautpflege mit entsprechenden Mitteln sind Stressbewältigung sowie Entspannung wichtige Faktoren, welche die Hautreinheit verbessern.

Neurodermitis

Neurodermitis ist eine chronische und schubweise verlaufende Erkrankung der Haut, die mit starkem Juckreiz einhergeht. Manchmal beginnt ein Schub im Gesichtsbereich und weitet sich auf Arme, Beine, Hals und Hände aus. Das ist jedoch nicht die Regel und außerdem stark altersabhängig. Die häufige Kratzen verursacht Verdickungen der Haut und begünstigt Hautinfektionen. Das Jucken und Kratzen führt regelmäßig auch zu Schlafstörungen. Zwar gibt es eine Reihe von Auslösern, dazu gehören Vererbung, immunologische Faktoren und Allergien, gleichzeitig sind die organischen Ursachen nach wie vor wenig gesichert.

Neurodermitis-Schübe sind häufig in Zusammenhang mit belastenden Ereignissen zu bringen. Studien, in denen Neurodermitis-Patienten nach stressreichen Ereignissen beobachtet wurden, zeigten, dass einige dieser Personen im Anschluss einen Neurodermitis-Schub bekamen. Interessanterweise verbesserte sich bei anderen Betroffenen die Haut nach dem Stressereignis sogar und bei einigen anderen passierte wiederum nicht viel. Dies kann so interpretiert werden, dass Stress an sich nicht das Problem ist, sondern die Bedeutung, die ihm zugemessen wird, sowie der Umgang damit. Und schon sind wir bei der Psyche angekommen.

Fallbeispiel

Stress dürfte auch bei der 14-jährigen Madeleine von besonderem Belang gewesen sein. Ihre Neurodermitis begleitete sie schon ein Leben lang. Als sie an einem schweren Schub litt, begann sie deswegen eine stationäre Rehabilitation. Sie fiel meinen ärztlichen Kolleginnen und Kollegen durch ihre Depressivität auf und wurde an mich verwiesen. Brille, Hygienemaske und lange Haare verdeckten ihr Gesicht fast zur Unkenntlichkeit. Ich legte mit dem sehr stillen Mädchen als Einstiegshilfe eine Lebenslinie (▶ Kap. 7.1). Dabei stellte sich heraus, dass Madeleine im Laufe der letzten Jahre einer Vielzahl von belastenden Ereignissen ausgesetzt war. Im Rahmen eines Austauschjahres erlebte sie ein schweres Gewaltereignis. Wieder zu Hause begann die Corona-Pandemie und sie kam ins Homeschooling, wodurch sie keine Freundinnen und Freunde mehr treffen konnte. Sie verbrachte die meiste Zeit des Tages allein in ihrem Zimmer und wurde zunehmend einsam. Als Nächstes kam ihre schon erwachsene Schwester in Untersuchungshaft. Man erlaubte keinen Kontakt und über Monate hinweg blieb unklar, was überhaupt passiert war und wie es weitergehen würde. Madeleines Eltern waren ihrerseits an der Belastungsgrenze oder darüber. Madeleine fehlte der Halt, um mit all den Widrigkeiten umzugehen. Es ging ihr alles zu nah und »unter die Haut«. Ihr Leben stand in Flammen und so auch ihre Haut, die purpurrot war und das innere Brennen in gleißendem Rot zum Ausdruck brachte.

Fallbeispiel

Gleißend rot war auch die Haut vom sechsjährigen Dario. Der Junge litt insbesondere am quälenden Juckreiz in der Nacht, weswegen er Schlafstörungen hatte. Doch vor allem plagten ihn die teils bizarren Reaktionen aus dem sozialen Umfeld. So berichtete der Vater, dass er einmal von einer Frau auf der Straße angesprochen worden sei, die ihm schroff und in Anwesenheit Darios mitgeteilt habe, dass er mit einem offensichtlich sehr schwer kranken Kind zu Hause zu bleiben habe. Sie fragte, was ihm einfalle, so ein Kind nach draußen zu lassen. Dario belasteten diese Reaktionen dermaßen, dass er dazu tendierte, lieber zu Hause zu bleiben. Er zog sich zurück.

Die mangelnde soziale Anerkennung und Akzeptanz ist ein wichtiger Punkt auf der Liste der möglichen Belastungen von Betroffenen. Wir alle wollen von den uns umgebenden Personen akzeptiert werden, dazugehören, Teil der Gesellschaft sein. Der Mensch ist ein überaus soziales Wesen, soziale Bedürfnisse sind tief verwurzelt (▶ Kap. 15). In der Psychotraumatologie gilt eine hohe soziale Anerkennung als Schutzmerkmal vor Fehlanpassungen im Anschluss an ein traumatisches Ereignis. Sich ausgeschlossen zu fühlen wie der kleine Dario und einsam zu sein wie die scheue Madeleine, kann sprichwörtlich tief unter die Haut gehen und eine Neurodermitis verstärken oder einen Schub auslösen.

Schuppenflechte (Psoriasis)

Die Schuppenflechte, auch bekannt als Psoriasis, ist eine Hauterkrankung, bei der die Hornzellen schneller als üblich wachsen. Sichtbar sind scharf umrissene, nicht schmerzhafte Entzündungen an Armen, Beinen, Rumpf und behaartem Kopf, die meist von silbrigen Schuppen besiedelt sind. Sie beruht meist auf einer Wechselwirkung zwischen genetischen, immunologischen, umweltbezogenen und psychischen Faktoren.

Anders als einige andere psychosomatische Störungen, lassen sich die Haut betreffende Probleme schlecht verschleiern. Betroffene leiden unter den Blicken ihrer Mitmenschen und fühlen sich durch die Schuppenflechte entstellt. Der als Folge der Hauterkrankung entstehende Stress kann das Hautbild verschlechtern, auch können akute Krankheitsschübe ausgelöst werden. Die Psyche ist wie so oft zweifach beteiligt, sowohl auslösend wie auch begleitend und beeinflussend.

Fallbeispiel

Der 45-jährige Psychiater Herr Schmid litt im Jugendalter am ersten Schub seiner Schuppenflechte und zwar ausgerechnet dann, als er sich an den Aufnahmeprüfungen für das Gymnasium versuchte. Beim ersten Mal bestand er nicht. Ein Jahr darauf versuchte er es erneut, wobei ein weiterer Schub auftrat, und bestand knapp. Nach Abschluss des Gymnasiums absolvierte er die Aufnahmeprüfungen fürs Medizinstudium und bekam erneut einen Schub. Nochmals bestand er nicht beim ersten, sondern beim zweiten Mal ein Jahr darauf, wobei wieder ein Schub aufkam. Das Szenario wiederholte sich beim Staatsexamen, das er ebenfalls im zweiten Durchlauf bestand, stets begleitet von Schüben. Seine schulischen Herausforderungen und Rückschläge gingen stets mit einer Verschlechterung des Hautbilds einher. Mittlerweile ist er ein niedergelassener Psychiater und sehr beliebt bei seinen Patientinnen und Patienten. Seine Termine sind üblicherweise weit im Voraus ausgebucht. Herr Schmid verfügt über ausgeprägte soziale Kompetenzen, die er nun ausspielen kann. Man kann sich allerdings fragen, ob er diese Fähigkeit nicht auf einem anderen beruflichen Weg hätte nutzen können, nämlich einer, der ihm über etliche Jahre hinweg weniger Stress beschert hätte.

Fälle vergleichbar mit dem von Herrn Schmid sind häufig. Jugendliche, die glauben, auf eine höhere Schule gehen zu »müssen«, auch wenn sie die nötigen Fähigkeiten, wenn überhaupt, nur knapp mitbringen. Oft wird ihnen dies von ihrem Umfeld mehr oder weniger explizit auferlegt – oft ein Versuch der Eltern, den eigenen Selbstwert über ihre Kinder zu erhöhen: Das, was ihnen selbst verwehrt geblieben war, leben sie über die Kinder. Ich spreche mich gegen die Überförderung und damit einhergehende Überforderung dieser jungen Menschen aus. Es muss nicht immer das Gymnasium sein. Überforderung dieser jungen Menschen führt nebst anderem zu Selbstwertproblemen, Unzufriedenheit, psychosomatischen Störungen – im Falle der Haut zu »Dünnhäutigkeit« (manchmal auch zu »einem dicken Fell«). Ein gesunder Selbstwert, Zufriedenheit mit sich selbst und Beschwerdefreiheit sind wichtiger als der höchste schulische Abschluss.

Im vorangegangenen Absatz habe ich das Wort »müssen« in Anführungszeichen gesetzt. Stellen Sie sich doch mal die folgende Frage: Was »muss« man im Leben? Muss man arbeiten? Muss man auf eine höhere Schule? Muss man sich ans Tempolimit auf der Autobahn halten und muss der Rasen stets auf acht Zentimeter getrimmt sein? Ich sage nein. Wir alle müssen sterben, das ist unausweichlich, es gibt keinen Plan B, keine Optionen hierfür. Für alles andere entscheiden wir uns. Das ist keine Wortklauberei: Vergleichen Sie jeweils die beiden folgenden Sätze:

- »Ich muss noch einkaufen gehen.«
- »Ich entscheide mich dafür, einkaufen zu gehen.«

Oder:

- »Ich muss immer alles perfekt machen.«
- »Es wäre schön, die Dinge würden mir gut gelingen.«

Was löst jeweils der erste Satz in Ihnen aus, was jeweils der zweite? Etwas zu müssen, ist Stress. Sich für etwas zu entscheiden, ist weniger Stress. Achten Sie im Alltag auf Ihre Autosuggestionen, also die Art, wie Sie mit sich selbst sprechen. Hetzen Sie sich nicht unnötig durch Ihren Alltag. Lösen Sie nur so viel Stress in sich aus, wie unbedingt nötig.

5.5.3 Resümee

Der Volksmund weiß es schon lange: Die Haut ist der Spiegel unserer Seele. Da sie im engen Zusammenhang mit dem Nervensystem steht, ist daran mehr als bloß ein Körnchen Wahrheit. Achten Sie bei Hautproblemen auf psychosoziale Stressfaktoren, nehmen Sie bei Bedarf psychotherapeutische Gespräche in Anspruch und konsultieren Sie einen Arzt.

5.6 Pseudoneurologische Probleme

»Nichts lähmt die Flügel der Seele so sehr wie Angst.«
Andreas Tenzer

5.6.1 Grundlagen

Im ▶ Kap. 3.2.4 lasen Sie bereits über pseudoneurologische Probleme. Dies sind neurologisch anmutende Probleme wie Erblindung, Taubheit, Lähmung, Krampfanfälle, Gedächtnisstörungen (»neuro«), die medizinisch nicht oder nicht ausreichend erklärt werden können (»pseudo«) – sogar wenn sie eine neurologische Ursache wie zum Beispiel Schlaganfall oder Epilepsie nahelegen können.

Oftmals finden sich im Vorfeld pseudoneurologischer Probleme psychosoziale Belastungssituationen oder psychische Konflikte. Manchmal treten die Symptome nach von außen gut erkennbaren, belastenden Ereignissen auf, manchmal gilt es, tiefer zu graben. Abgesehen von der Haut ist dies der wohl auffälligste Bereich innerhalb von psychosomatischen Störungen. Sie lernen im Folgenden mehrere Fallbeispiele kennen, an denen dies veranschaulicht wird.

An dieser Stelle, und ehe wir ins Thema einsteigen, noch zwei Hinweise: Erstens möchte ich nochmals betonen, dass diese Symptomatik nicht simuliert, also nicht vorgetäuscht wird. Dass die Psyche die körperlichen Symptome auslöst oder mitbeeinflusst, heißt nicht, dass die körperlichen Symptome nicht echt sind. Für Betroffene ist es wichtig, ernst genommen zu werden. Zweitens möchte ich darauf hinweisen, dass Sie bei neurologischen Symptomen in jedem Fall zunächst einen Arzt, wenn nicht sogar die Notaufnahme aufsuchen sollten. Ausschließlich ein Arzt ist befähigt, neurologisch von pseudoneurologisch zu unterscheiden.

5.6.2 Die Nerven verlieren

Depersonalisation und Derealisation

Sie haben den Begriff der Dissoziation bereits in ▶ Kap. 3.2.4 kennengelernt. Zur Rekapitulation: Dissoziation ist im Grunde genommen das Gegenteil von Assoziation. Während bei der Assoziation zwei Dinge miteinander verknüpft werden, werden bei der Dissoziation zwei Dinge voneinander losgelöst. Dissoziation bedeutet die Entknüpfung oder Loslösung einer psychischen Funktion. Das heißt, dass Bereiche wie Wahrnehmung, Bewusstsein, Motorik, Gedächtnis wie auch Körperempfindungen nicht mehr miteinander verbunden sind, wie sie es sonst in der Regel sind, sondern ein Bereich oder auch mehrere von den anderen Bereichen kurz- oder auch längerfristig abgelöst ist oder sind. Dabei liegen keine oder nicht ausreichende organ-medizinischen Gründe vor.

Im Prinzip sind dissoziativ Symptome vertraute Phänomene, die in abgeschwächter Form nahezu jeder Mensch kennt. Sind Sie schon einmal Auto gefahren und ohne jegliche Erinnerung an die Strecke am Ziel angekommen, vielleicht, weil sie in Gedanken waren und somit ganz woanders? Entsprechend waren Sie nicht hier, im Jetzt, im Auto, auf der Straße. Der Autopilot steuerte das Auto im Hier und Jetzt, der eigentliche Pilot war abwesend und wer weiß wo.

Im Rahmen der Dissoziation gibt es verschiedene Formen, dazu gehören die Depersonalisation und die Derealisation. Bei der Depersonalisation handelt es sich um einen Zustand der Selbstentfremdung. Depersonalisierte Personen fühlen sich wie in Watte gepackt, wie durch eine dicke Glasscheibe von der Welt abgetrennt, wie neben sich stehend und nicht mehr richtig da seiend. Bei der Derealisation fühlt sich die Welt fremd an. Die Welt wirkt unwirklich, unvertraut und leblos. Beide dissoziativen Formen können (und tun es oft) gemeinsam auftreten als sogenanntes Depersonalisations-Derealisationssyndrom.

Fallbeispiel

Die 50-jährige Frau Gerber, die stationär in einer psychosomatischen Abteilung behandelt wurde, litt an unerklärbarem Schwindel. Dieser war erstmalig nach einem Autounfall aufgetreten war, der etwa ein Jahr zurück lag. Wir arbeiteten an ihrem Wohlbefinden und ihrer Lebenszufriedenheit. Sie erwähnte beiläufig, dass sie in der Kindheit Opfer schwerer körperlicher Gewalt im familiären Umfeld geworden sei. Kaum ausgesprochen, verstummte sie, der Blick wurde leer, sie war weit weg und nicht mehr ansprechbar. Sie war dissoziiert – körperlich da, psychisch weg.

Wahrscheinlich war die früh erfahrene körperliche Gewalt unerträglich gewesen für das damals kleine Mädchen, und es lernte, in diesen Momenten weg zu sein, bis es vorbei war. Sie schaltete ihre Psyche ab, als ob sie einen Computer in den Standby-Modus versetzt hätte und daher die Gewalt nicht bewusst erleben musste. Dies ist ein überaus wertvoller Schutzmechanismus der Psyche. Er hatte die Patientin in Watte gepackt und sie psychisch von der ihr feindlich gesinnten Welt losgelöst. Was jedoch im Kindesalter ein nützlicher Schutzmechanismus war, ist es nicht mehr im Erwachsenenalter. Er verhindert, dass Frau Gerber auf diese Episode ihres Lebens zurückgreifen und in ihre Biografie integrieren und verarbeiten kann. Gerne hätte ich bei Frau Gerber therapeutische Strategien angewendet, um sie aus der Dissoziation herauszuholen. Danach hätte ich sie gerne langsam und geduldig an tief liegende Themen herangeführt. Frau Gerber entschied sich gegen die Fortsetzung der Psychotherapie, und das war in Ordnung so.

Der Begriff »Kairos« steht für den günstigen Zeitpunkt, in der griechischen Mythologie dargestellt durch die gleichnamige Gottheit. Auf Kairos wird die Redensart »die Gelegenheit am Schopf packen« zurückgeführt, denn vorne am Kopf trug Kairos lange Haare, die man halten konnte. Sein Hinterkopf jedoch war kahl, so dass man ihn hier nicht schnappen konnte. Ist die günstige Gelegenheit da, kann man Kairos an seinem Schopf packen. Ist es zu früh oder zu spät, greift man ins Leere. Für Frau Gerber war Kairos vielleicht noch nicht gekommen.

Fallbeispiel

Von dissoziativen Symptomen erzählte auch die 78-jährige Frau Manser. Sie wurde durch ihre Hausärztin wegen anhaltender Schmerzen, die sich ausschließlich auf eine Körperhälfte bezogen, an mich überwiesen. Sie erzählte mir von irrsinnigen Torturen, die ihr in ihrer Kindheit über viele Jahre hinweg angetan worden seien. Die psychische und körperliche Gewalt sei von ihrem Vater ausgegangen, immer dann, wenn die Mutter außer Haus gewesen sei. Besonders beeindruckend war, dass Frau Manser dies ohne jegliche emotionale Beteiligung erzählte. Mit kühlem Blick sah sie mich an, seelenruhig erzählte sie unermessliche Gräueltaten. Sie blieb dabei ruhig, klar und kalt.

Während der tagelangen Gewaltprozeduren lernte Frau Manser, ihren Körper zu verlassen und irgendwo sonst zu sein, nur nicht im gequälten Körper. Dadurch entging sie den körperlichen und psychischen Schmerzen, ähnlich wahrscheinlich wie Frau Gerber. Auch hier ist die Dissoziation als hochwertiger Schutzmechanismus zu betrachten. Überleben durch Auseinanderbrechen, und damit einher ging die Abspaltung ihrer Gefühle.

Die Dissoziation hielt ihr Leben lang an, so dass es der Patientin zirka 70 Jahre später weiterhin nicht möglich war, emotional einen Zugang zu dem kleinen, malträtierten Mädchen von damals zu finden. Es war wie eine lang vergangene Geschichte aus einer weit entfernten Galaxie, die mit Frau Manser (gefühlt) wenig zu tun hatte. Zwar wusste sie auf kognitiver Ebene, was passiert war, doch die Gefühle waren deaktiviert, der Körper losgelöst, die Verbindung blockiert. Ihr Leben lang hat sie diesen Teil ihres Ichs vermieden. Im höheren Alter schwanden ihre Abwehrmechanismen. Ein Teil der Schmerzen fand seinen Weg aus dem Verborgenen heraus, aber nur halb bzw. nur eine Körperhälfte war erreicht worden. Ihr Ich war fragmentiert, zerschmettert wie ein Spiegel.

Ein Weg zur Integration kann sein, die Teile des zerborstenen Ichs einander Stück für Stück näher zu bringen. Dazu gehört die Schmerzen zuzulassen, zu akzeptieren, zu integrieren, zu fühlen – sich dem Mädchen von damals zuzuwenden, denn auch wenn es das Mädchen von damals längst nicht mehr gibt, ist es doch nirgendwo hingegangen. Wie Frau Gerber beendete auch Frau Manser die Psychotherapie vorzeitig. Selbstorganisation ist ein Grundprinzip der psychotherapeutischen Arbeit – dazu gehört, dass Frau Manser allein über das entscheidet, was sie möchte und was nicht. Ob Kairos für Frau Manser noch kommen wird?

Tatsächlich kann bei älteren Personen eine Reaktivierung lange zurückliegender psychischer Konflikte beobachtet werden. Während es manchen traumatisierten Personen über die Lebensspanne hinweg möglich ist, bestimmte Erinnerungen und Gefühle zu unterdrücken, schwinden mit zunehmendem Alter die mitunter massiven Kräfte, die dafür benötigt werden. Als ob eine Luft gefüllte PET-Flasche unter Wasser gedrückt wird; was lange mühelos erscheint, im Laufe der Zeit jedoch mühselig wird. Irgendwann schnellt die Flasche aus den Tiefen (des Unbewussten) heraus. So können bei älteren Personen Themen aus der frühen Kindheit auf einmal wieder präsent werden. Dies kann eine posttraumatische Belastungsstörung (PTBS) entstehen lassen.

Eine PTBS muss nicht, aber kann nach einem Trauma entstehen. Ein Trauma ist ein Ereignis, bei dem die eigene psychische, körperliche oder sexuelle Integrität verletzt wird. Darüber hinaus kann man auch durch das Miterleben des Traumas einer anderen Person traumatisiert werden. Zur Symptomatik gehören Intrusionen, wobei gedanklich oder emotional das Vorgefallene wieder erlebt wird, Hyperreaktivität, wobei die Betroffenen schreckhaft, nervös, kribbelig sind, und Vermeidungsverhalten, wobei Situationen, Gegenstände, Orte oder Personen gemieden werden, die an das Erlebte erinnern. Oft stellen sich zudem eine depressive Grundsymptomatik und Schlafstörungen ein. Es gibt Fälle, in denen die Symptomatik der PTBS nicht sofort im Anschluss an das Trauma auftrat, sondern viele Jahre, manchmal mehrere Jahrzehnte später, sogenannt »delayed onset«. Auslöser dafür können bspw. Erinnerungen an das Trauma sein, die nicht mehr hinreichend verdrängt werden können.

Dissoziative Bewegungsstörung

Bei der dissoziativen Bewegungsstörung ist die Funktion der Bewegung auf irgendeine Weise abgespalten. Dem Betroffenen ist es nicht mehr möglich, ein einzelnes Körperteil oder auch den ganzen Körper willentlich zu bewegen. Die Steuerung ist ausgefallen, die bewusste, beabsichtigte Bewegung funktioniert nicht mehr. Dies kann unterschiedlich ausgeprägt sein: Zum Beispiel kann jemand gelähmt sein, unentwegt zittern, einen Arm nicht mehr heben oder einen Fuß nicht mehr steuern.

Fallbeispiel

Unter einer Lähmung litt die 17-jährige Sonja. Seit mehreren Monaten war sie von der Hüfte her abwärts gelähmt und bewegte sich mittels Rollstuhls fort. Mehrere Untersuchungen hatten keine organmedizinische Ursache ans Licht gebracht. Die Lähmung schien sie nicht sonderlich zu stören. Die Fachwelt nennt dies eine »belle indifference«: Betroffene leiden oft wenig unter der eigentlich gravierenden Symptomatik, es ist ihnen »schön egal«. Aktiv und fordernd ist dagegen häufig das direkte familiäre Umfeld der Betroffenen, die immer wieder weitergehende Untersuchungen einfordern, um eine körperliche Ursache zu finden. Das unterscheidet Betroffene wie Sonja deutlich von Personen mit einer nicht pseudoneurologischen Lähmung: Letztere sind oftmals spürbar verzweifelt, hilflos, stellenweise entwickeln sich Depressionen bis hin zu Suizidalität. Sonja gab an, keine Ahnung zu haben, warum sie gelähmt sei. Ich vermutete ein traumatisches Geschehen und wir wandten uns ihren Erlebnissen über die Lebensspanne anhand einer Lebenslinie zu (▶ Kap. 7.1). Tatsächlich hatte sie etwa sechs Jahre zuvor einen Unfall erlitten, nach dem zuerst der Verdacht auf eine permanente Lähmung der Beine bestanden hatte, der sich jedoch nicht bestätigte. Schließlich fiel ihr ein, dass ihr kurz vor der jetzigen Lähmungsepisode ein ähnlicher Unfall widerfahren war. Dabei habe sie wie beim ersten Unfall massive Angst davor gehabt, gelähmt zu sein. Wahrscheinlich wurde beim zweiten Unfall, der glimpflicher abgelaufen war als der erste, die beim ersten Unfall gebildete Furchtstruktur aktiviert.

Im Gehirn kann sich nach einem traumatischen Ereignis eine so genannte Furchtstruktur ausbilden. Dies ist ein Lernprozess, bei dem ein extrem emotionaler und bedeutsamer Reiz mit einem Gedanken und einer körperlichen Reaktion verbunden wird. Dabei wird alles, was zum Trauma gehört, in die Furchtstruktur integriert. Das Gehirn lernt dadurch und bereitet sich auf künftige, ähnlich gelagerte Gefahren oder Bedrohungen vor. Auf diese Weise kann es das nächste Mal schneller reagieren, vielleicht rascher Alarm schlagen. Kommt es zur Aktivierung dieser Struktur, können auch die körperlichen Empfindungen von damals wieder ausgelöst werden. Es ist denkbar, dass dies bei Sonja der Fall war und der Lähmung zugrunde lag. Bei Sonja kamen weitere Herausforderungen in ihrem Alltag dazu: Sie tendierte dazu, sich zu überfordern, sich keine Pausen zu gönnen und zeigte wenig Selbstwahrnehmung für die eigenen Bedürfnisse. Übrigens: Sonja war nach wenigen Wochen stationären Aufenthalts wieder auf den Beinen und verließ die Klinik gehend.

Die meisten Furchtstrukturen verblassen mit der Zeit. Zum einen wegen des Prinzips »use it or lose it«. Denn das Gehirn ist ein sehr plastisches Organ, das sich an die Umgebungsanforderungen und an seine Benutzung anpasst. Ohne kognitive Betätigung kommt es zu negativen plastischen Prozessen, die mit Abbau und Verlust verbunden sind. Entsprechend baut das Gehirn auch die Furchtstrukturen ab, wenn sie nicht genutzt werden. Zum anderen, weil das Geschehene in das eigene Leben integriert, in die eigenen Biografie aufgenommen und so verarbeitet wird. Es wird Teil von einem, wenn auch eventuell kein schöner. Starke Furchtstrukturen, die in Situationen von besonderer Brisanz entstanden sind, verblassen nicht so schnell, manche bleiben ein Leben lang bestehen, besonders dann, wenn keine Integration erfolgt.

Fallbeispiel

Um das schiere Gegenteil von Lähmung ging es beim 42-jährigen Herrn Anders. Er litt zum Zeitpunkt, als er seinen stationären Rehabilitationsaufenthalt auf einer psychosomatischen Abteilung antrat, seit etwa zwei Jahren an ständiger Bewegungsunruhe. Unentwegt zitterte und zuckte sein Körper. Sämtliche körperliche Untersuchungen waren ohne organmedizinischen Befund geblieben. Er nahm Benzodiazepine zur Beruhigung ein, von denen er mittlerweile abhängig geworden war. Nachfolgend ein mit ihm geführtes Interview einige Zeit nach seinem Klinikaustritt.

Ich: »Wie geht es Ihnen heute?«
Herr Anders: »Mittlerweile ist seit meinem stationären Klinikaufenthalt über ein Jahr vergangen. Ich darf sagen, dass es mir gut geht.«
Ich: »Das freut mich sehr. Was hat Ihnen geholfen?«
Herr Anders: »Zweierlei war für mich sehr wichtig. Das eine war, dass die Diagnose gestellt worden war. Zu wissen, dass es nichts Körperliches an sich ist, sondern durch meine Psyche ausgelöst, bedeutete, dass ich es wieder durch meine Psyche lösen kann. Das andere war, dass ich unbedingt genesen wollte. Es war mir zutiefst wichtig, niemandem eine Belastung sein. Nicht mehr von anderen herumgefahren werden zu müssen. Wieder selbstbestimmt und autonom durchs Leben gehen zu können. Mein Wille, zu gesunden gehörte zum Wichtigsten. Schließlich war auch die Auszeit in der Reha ein wichtiger Schritt. So verschaffte ich mir Abstand und konnte den Fokus auf mich richten.«
Ich: »Wie erklären Sie sich die Entstehung Ihrer dissoziativen Bewegungsstörung?«
Herr Anders: »Es ist meine Variante des Burnouts. Ich habe über viele Jahre lang mit höchstem Einsatz eine Arbeit ausgeübt, die mir je länger desto weniger entsprochen hat. Nicht inhaltlich, diesbezüglich gefällt sie mir weiterhin. Ich arbeite mittlerweile sogar wieder Teilzeit an meiner alten Arbeitsstelle, ich bin nicht mehr arbeitsunfähig. Doch die Rahmenbedingungen stimmten für mich persönlich nicht mehr. Lange Zeit habe ich mich regelrecht gezwungen, trotz allem weiterhin an meiner Arbeitsstelle zu erscheinen. Ich saß im Auto vor dem Eingang und brachte mich selbst nicht dazu, reinzugehen. Ich hatte Schweißausbrüche, war klatschnass. Mein Herz raste. Und dann ging ich doch rein. Schließlich habe ich Familie und trage Verantwortung. Ich musste. Oder ich glaubte, dass ich musste.«
Ich: »Warum hat sich bei Ihnen eine Bewegungsunruhe und nicht irgendein anderes Symptom entwickelt?«

Herr Anders: »Meine Bewegungsunruhe kommt aus dem unteren Rückenbereich heraus. Ich hatte mehrmals in meinem Leben Probleme in diesem Bereich. Schon von früh auf, schon in der Kindheit. Ich glaube, dass ich da eine Schwachstelle habe und sich mein Körper diese gemerkt hat. Im Sinne von: wenn krank, dann da. Und so zeigte sich mein Burnout da.«
Ich: »Inwiefern wirkte sich Ihre Erkrankung auf Ihr Umfeld aus?«
Herr Anders: »Meine Mutter traf es sehr schwer, dass es mir nicht gut ging. Sie entwickelte eine Depression. Diese hat sie weiterhin nicht überwunden. Manchmal spiele ich ihr vor, dass es mir gutgeht, um sie nicht weiter zu belasten. Meine Frau hat meine Erkrankung ebenfalls stark belastet. Sie kümmerte sich über all die Zeit nebst einer Vollzeitstelle fast ausschließlich um unsere drei Kinder und um den Haushalt. Es ist ein Wunder, dass sie unter dieser Mehrfachbelastung nicht selbst zusammengebrochen ist.«
Ich: »Was möchten Sie anderen Betroffenen mit auf den Weg geben?«
Herr Anders: »Auf sich selbst zu hören.«

Herr Anders hatte viele Jahre lang an einigen seiner Bedürfnisse vorbeigelebt. Sein Körper war schon lange erschöpft und müde. Deutliche Symptome der Überlastung waren bereits aufgetreten, dazu gehörend Schweißausbrüche und Herzrasen. Dennoch kam er nicht in Bewegung und gestaltete sein Leben nicht um. Er ignorierte diverse Warnhinweise seines Körpers. Stattdessen kam sein Körper in Bewegung und forderte die Veränderungen auf diese Weise. Ich glaube, dass er früh gelernt hat, nicht auf seine Gefühle zu achten. Möglich, dass seine Gefühle wenig validiert worden waren. Auch möchte er andere nicht belasten und tendiert dazu, seine Gefühle und Bedürfnisse zu überspielen.

Irvin D. Yalom gehört aktuell zu den bekanntesten Psychotherapeuten. Er veröffentlichte eine Reihe von Werken, in denen er sich der Psychotherapie auf belletristische, sehr unterhaltsame und enorm lehrreiche Art näherte. In seinem Buch »In die Sonne schauen« schrieb er, dass es häufiger als angenommen im psychotherapeutischen Prozess letzten Endes um die Angst vor dem Tod gehe. Diese sei insbesondere dann ausgeprägt, wenn das Leben nicht gelebt worden sei. Das passt zu den Worten des römischen Kaisers Marcus Aurelius: »Nicht den Tod sollte man fürchten, sondern dass man nie beginnen wird, zu leben.« Kam Herrn Anders Körper auch deswegen etwa in der Hälfte des Lebens in Bewegung, damit noch gelebt, bevor gestorben wird? War es ein Weckruf? Eine persönliche Midlife-Krise? Der Philosoph Blaise Pascal sagte: »Zu unserer Natur gehört die Bewegung. Die vollkommene Ruhe ist der Tod.« Ob die Entstehung insbesondere dieser Symptomatik auch damit zu tun hat? Ich hatte Herrn Anders nach seinen Vorstellungen vom Tod befragt, doch er wiegelte ab und war sich keiner Todesangst bewusst.

Gerade das passt wiederum zu Personen mit dissoziativen Bewegungsstörungen: Häufig sind sie sich ihrer selbst und der eigenen Bedürfnisse wenig bewusst. Die Selbstwahrnehmung, zu der die Wahrnehmung der eigenen Gefühle, Bedürfnisse und Wünsche gehört, fällt oft wenig differenziert aus. Vielfach geht es im Rahmen der Psychotherapie darum, in den Tiefen des wenig Bewussten zu tauchen und Schätze des Selbst zu bergen, Zugang zu den tieferen Gefilden zu schaffen, Verborgenes ans Licht zu fördern.

Pseudoneurologische Sehstörung

Das menschliche Auge kommt einer Kamera sehr nahe. Es leitet Licht durch die Linse auf die Netzhaut, die das Innere des Augapfels überspannt. Diese Reize gelangen über den Sehnerv ins Gehirn, wo die Reize enkodiert werden. Da, wo der Sehnerv das Auge verlässt, befindet sich der blinde Fleck. Diesen kompensiert das Gehirn mit Informationen von den umliegenden Rezeptoren. Die Verbindung zum Gehirn ist sehr kurz. So werden Seheindrücke rasch verarbeitet und Gefühle unmittelbar ausgelöst. Werden Sie bspw. Zeuge eines Autounfalls, fahren Angst und Schrecken durch ihren Körper hindurch, ehe Sie bewusst interpretiert haben, was Sie eigentlich sehen.

Die Augen dienen nicht nur dem Sehen, sondern auch der Kommunikation. Mittels Blickkontakt treten wir mit jemandem in Beziehung, durch Senken des Blicks brechen wir den Kontakt ab. Wenn wir lügen, können wir dem Belogenen nicht in die Augen sehen – er würde es uns möglicherweise an»sehen«. Manchmal kommen wir »mit einem blauen Auge davon« und stellenweise setzen wir »Scheuklappen« auf. Manchmal sagt man, dass jemand »blind« ist, weil er etwas nicht sehen mag.

Fallbeispiel

Wie jede Funktion, kann auch die Funktion des Sehens abgespalten werden. Be»sehen« wir dazu die Situation der 30-jährigen Frau Sommer. Sie verliebte sich in »den Falschen« und wurde rasch schwanger. Da es sich um eine Risikoschwangerschaft handelte, war sie einen Großteil der Schwangerschaft krankgeschrieben. Sie, die ständig auf Achse gewesen war, verbrachte nun die meiste Zeit daheim im Bett. Sie war allein, zumal der Freund sie nach kurzer Zeit verlassen hatte. Immer mehr verschlechterte sich ihre Stimmung, sie weinte viel, ward zunehmend depressiv. Eines Tages sah sie fern, als plötzlich ein Punkt ihres Sehfelds zu flimmern begann. Zunächst war dieser klein, wurde jedoch fortlaufend größer. Er sah aus wie ein sich stetig vergrößernder Diamant, der das Licht der Sonne reflektiert. Ihr ganzes Sehfeld bestand schließlich aus diesem Flimmer. Panik erfasste sie, sodass sie den Rettungsdienst rief, der sie ins Krankenhaus brachte. Dort fand sich keine organmedizinische Ursache für die Sehstörung. Es ist anzunehmen, dass es sich um eine pseudoneurologische Störung handelte, ausgelöst durch die drastische Veränderung der Lebenssituation, der Ängste vor dem alleinerziehend werden, dem Verlust der Autonomie und weiterem. Möglich, dass mit ihrer Seele auch die Augen »mittrübten« in Form eines Gesichtsfeldausfalls. Meist, so wie bei Frau Sommer, beginnt die Symptomatik abrupt, und die Betroffenen sind in der Lage, erstaunlich gut zu navigieren. Immerhin konnte Frau Sommer den Notruf selber wählen.

Antoine de Saint-Exupery sagte: »Um klar zu sehen, genügt oft ein Wechsel der Blickrichtung.« Frau Sommer arbeitete an der Anpassung an ihr neues Leben, vergleichbar mit der Auswanderung in ein wenig bekanntes Land. Sie hatte keine Schwierigkeiten mehr damit, klar zu sehen, nachdem sie eine neue innere Blickrichtung eingenommen hatte – es flimmerte bis zum heutigen Tag nie mehr.

Die Anpassung an und Überwindung von Herausforderungen des Lebens können zu psychischem Wachstum führen. Das gilt auch für die Überwindung von Traumata, in diesem Fall wird von posttraumatischer Reifung gesprochen. Schwierigkeiten zu meistern, fördert den Selbstwert und führt zu positiven Kontrollüberzeugungen. Dies senkt die Wahrscheinlichkeit von zukünftigen Fehlanpassungen in ähnlich gearteten Situationen. Das Sprichwort »was einen nicht umbringt, macht einen stärker« stimmt in dieser Absolutheit natürlich nicht, ganz unwahr ist es aber auch nicht.

Psychogener Schwindel

Einmal mehr ist die Alltagssprache der Psychosomatik kundig. Sicher haben Sie schon gehört, dass jemand »den Halt verliere«, jemand »den Boden unter den Füßen verloren« habe, jemandes »Welt ins Wanken gekommen« sei.

Fallbeispiel

> Weiter oben hatte ich Ihnen Frau Gerber vorgestellt. Wie Sie schon wissen, litt sie an medizinisch nicht erklärbarem Schwindel. In den Gesprächen mit ihr thematisierte ich ihr bislang gelebtes Leben, und es fiel auf, dass es primär aus Arbeit bestanden hatte. Selbst in Zeiten, in denen sie krank gewesen sei, zum Beispiel mit einer Grippe, sei sie pünktlich am Arbeitsplatz erschienen. Noch nie habe sie an ihrem Arbeitsplatz gefehlt. Dann sei ihre Mutter verstorben und ihre langjährige Beziehung auseinandergebrochen. Anschließend sei ihre Schwester auch verstorben, danach sei ihr der oben beschriebene Autounfall widerfahren. Mit dem Autounfall sei der Schwindel in ihr Leben getreten. Als Nächstes habe sie ihre Arbeitsstelle verloren. Als Folge der zahlreichen, aversiven Lebensereignisse bei nur knapp vorhandenen Ressourcen, stellte sich zunehmend eine depressive Verstimmung ein. Frau Gerber verschloss sich vor der Idee, dass es sich bei ihrem Schwindel um eine psychosomatische Störung handeln könnte. Sie suchte weiter nach dieser einen medizinischen Ursache, die alles erklären würde. Ich erreichte bei ihr keine wesentliche Verbesserung.

Als sie die Klinik verließ, war sie wütend auf mich, weil ich ihr nicht geholfen hätte. Doch im eigentlichen Sinn »helfen« können, hätte ich ihr sowieso nicht. Ich hätte sie flankieren, sie begleiten können. Ich kann Hilfe zur Selbsthilfe sein. Doch Wandel ist eine Tür, die nur von innen geöffnet werden kann, besagt ein altes Sprichwort.

Fallbeispiel

Die 39-jährige Frau Sander war bereit, die Tür des Wandels, die Frau Gerber nicht zu öffnen vermochte, von innen zu öffnen. Die Powerfrau führte ein »Schwindel«-erregendes Leben: Sie arbeitete in einem großen Unternehmen im Bereich Marketing. Daneben lief eine mehrjährige Weiterbildung, die erst zur Hälfte geschafft war. Daneben war sie Alleinerziehende mit zwei kleinen Kindern. Daneben war sie ehrenamtlich in einem Elternverein tätig. Daneben traf sie immer mal wieder Männer, die sie auf einem Online-Portal für Singles kennenlernte. Daneben half sie ihrer alleinstehenden Mutter im Haushalt, den diese altersbedingt nicht mehr allein bewältigen konnte. Und nun litt sie seit einigen Wochen unter plötzlich und wiederkehrend auftretendem Schwindel. Sie konsultierte ihren Hausarzt, der sie nach ausführlicher Abklärung an mich verwies. Wir erarbeiteten einen Wochenplan (▶ Kap. 10.3), bei dem es darum geht, einen Überblick über den Tagesablauf zu erhalten insbesondere dahingehend, inwiefern die eigenen Bedürfnisse gedeckt werden. Frau Sander verstand rasch, dass sie schwindelerregend schnell unterwegs war und sich kaum Pausen gönnte. Wir entwickelten einen neuen Wochenplan, in dem langsame, ruhige, lösende Momente enthalten waren. Ihre Mutter erhielt eine durch die Krankenkasse finanzierte Betreuungsperson. Der frühere Partner beteiligte sich in erhöhtem Ausmaß an der Kinderbetreuung. Sie gab die ehrenamtliche Tätigkeit auf. Der Schwindel war ausschließlich im Erstgespräch ein Thema. Erst im Abschlussgespräch fragte ich nach, was aus dem Schwindel geworden sei. Frau Sander antwortete, dass sie schon lange nicht mehr an ihn gedacht habe. Der »Sturm« sei vorübergezogen. Sie achte nun auf schwindelerregende Ge»schwind«igkeiten auf der Überholspur des Lebens und strebe danach, das Tempo zu drosseln.

5 Welches sind die zentralen Problemfelder der Psychosomatik?

Doch wann kommt es eigentlich zu Schwindel? Schwindel entsteht, wenn widersprüchliche Sinneswahrnehmungen in Bezug auf die Lage des Körpers im Raum im Gehirn eintreffen. Schwindel muss immer medizinisch abgeklärt werden – wie alle hier vorgestellten Störungen. Findet sich keine organmedizinische Erklärung, kann es sich um psychogenen Schwindel handeln, wie bei Frau Gerber und Frau Sander. Dabei ist ein Zusammenhang mit Depressionen wie bei Frau Gerber, Überforderung wie bei Frau Sander und Ängsten wie bei Herrn von Arx, den Sie nachfolgend kennenlernen, häufig.

Fallbeispiel

Herr von Arx ist 90-jährig und lebt zurückgezogen in einem kleinen, abgelegenen Einfamilienhaus. Er war Geschäftsführer eines großen Unternehmens und viel unterwegs. Wo auch immer er hingegangen war, hatten ihn die Leute erkannt. Doch das ist lange her. Seit seiner Pensionierung unternahm er lange Spaziergänge mit seiner treuen Hündin Xena und werkelte am Haus. Es ging ihm bis vor drei Jahren körperlich hervorragend. Dann jedoch stellte sich eine immense Müdigkeit ein. Leider verstarb Xena, und er verbrachte zunehmend Zeit auf dem Sofa. Tagsüber schlief er, nachts konnte er nicht schlafen. Auf die Frage, warum er kaum noch ins Dorf gehe, sagte er, dass er nur noch mühsam gehen könne und er wolle nicht, dass die anderen denken, er sei ein alter Mann. Sein ganzes Leben lang hatte ihm die Vorstellung vom Tod nichts anhaben können. Nun, wo dieser zum Greifen nahe scheint, ist das anders. Er ängstigt sich, doch mag er sich seine Gefühle nicht eingestehen. Sowieso erzählt er kaum jemandem irgendetwas darüber, wie es in seinem Inneren aussieht, mal abgesehen davon, dass es keine ihm nahestehende Person mehr gibt, der er irgendetwas erzählen könnte. Seit einigen Monaten leidet er an wiederkehrenden Schwindelanfällen, die organmedizinisch nicht erklärbar sind. Schon mehrere Male ist er deswegen gestürzt, mittlerweile sind mehrere Rippen gebrochen. Einmal war er beim Versuch, Holz mit einer Axt zu zerkleinern, auf Holz und Axt gestürzt. Ein zufällig vorbei gehender Wanderer hatte ihn erspäht und den Notruf alarmiert. Im Gespräch erzählte er mir, dass sein Kopf noch immer jung sei, doch stelle er fest, dass der Körper alt geworden sei. Sein junger Kopf und sein alter Körper passen nicht zusammen, sie vertragen sich nicht. Ohne, dass der Kopf es gemerkt habe, sei der Körper so alt geworden. Er möchte nicht so alt sein. Er möchte nicht sterben.

Ein Argument für die offene Kommunikation über den Tod! Es ist sicher, dass das Reden über den Tod diesen nicht davon abhält, eines Tages an die Türe von uns allen zu klopfen. Das Teilen der diesbezüglichen Gedanken und Emotionen kann jedoch dazu führen, sich verbunden und sicherer zu fühlen. Mit einer wohlgesinnten Person an der Seite gelingt es eher, der Angst ins Auge zu blicken, womit der Angst ein Teil ihrer Macht genommen wird.

Umso geringer die zu erwartende Lebensdauer ist, umso mehr rückt der Fokus von der Zukunft in die Gegenwart. Nicht mehr das Morgen, sondern das Heute zählt. So sprach ich mit Herrn von Arx darüber, wie der bestmögliche Tag heute aussehen könnte. Wir gestalteten das Jetzt auf eine Weise, wie es für ihn sinnvoll war. Er ließ sich auf den therapeutischen Prozess ein und wir erarbeiteten vielleicht nicht viele Möglichkeiten, aber doch ein paar. Er gewann auf vielfältige Art Lebensqualität zurück, und zwar am meisten durch den kleinen, schon etwas älteren Hund, den er aus dem Tierheim adoptierte. Gemeinsam wagen sie sich auf kleinere Runden, ein Gehstock verhindert weitere Stürze. Sie gehen auch ins Dorf, wo die Leute zurecht denken, dass er ein alter Mann sei. Denn das ist er.

Psychosomatik ist blind gegenüber dem Alter – Psychotherapie aber auch. Sowieso geht man heutzutage von der Multidirektionalität des Alterns aus. Das heißt, dass älter zu werden zwar schon auch, aber nicht nur mit Abbauprozessen einhergeht, es kann immer auch zu Verbesserungen kommen. Was in der psychotherapeutischen Arbeit mit älteren Individuen oftmals möglich ist, ist zumindest die Anhebung der Lebensqualität. Erhöhtes Lebensalter ist kein Ausschlusskriterium für eine Psychotherapie. Allerdings kann eine solche nur Erfolge erzielen, wenn die betroffene Person mitmacht. Will jemand nicht, so will man eben nicht.

5.6.3 Resümee

Pseudoneurologische Störungen sind besonders eindrucksvolle psychosomatische Störungen. Ohne organmedizinischen Grund unter Lähmungen, Zittern, Sehstörungen oder Schwindel zu leiden, stößt meist auf Unverständnis. Die Beschuldigung einer Simulation schwingt immer im Hintergrund mit. Zentral ist zunächst eine profunde medizinische Abklärung, aber auch der Mut, diesen auf den Körper ausgerichteten Weg zu verlassen, sollte sich herausstellen, dass auf diesem kein Weiterkommen möglich ist.

5.7 Probleme mit dem Immunsystem

»Ich habe viel in der Krankheit gelernt, das ich niemals in meinem Leben hätte lernen können.«
Johann Wolfgang von Goethe

5.7.1 Grundlagen

Weiter oben wurde die Haut als erste Verteidigungslinie gegen Bedrohungen beschrieben. Eine weitere Barriere sind die Schleimhäute von Nase, Mund, Scheide, Eichel, Magen oder Darm. Auch Speichel, Tränen und Urin schwemmen unerwünschte Substanzen aus dem Körper. Gelangt eine Bedrohung in den Körper, verteidigt das Abwehrsystem, unser Immunsystem. Es dient dem Schutz des Menschen vor krankheitserregenden Stoffen, die im Körper sind. Die Immunabwehr erkennt körperfremde und veränderte körpereigene Stoffe und bekämpft und entsorgt diese mittels spezieller Zellen. Die weißen Blutkörperchen sind die Grundbausteine des Immunsystems und werden im Knochenmark hergestellt. Die Zellen des Immunsystems zirkulieren zwischen Blut und lymphatischem System.

Es gibt ein angeborenes und ein erworbenes Immunsystem. Die angeborene Immunität liegt bereits bei Geburt vor. Es ist unspezifisch, das heißt, dass es Viren und Bakterien mithilfe von Fress- und Killerzellen im Allgemeinen abwehrt. Das erworbene Immunsystem bildet speziell zugeschnittene Antikörper. Das Immunsystem besitzt ein Erinnerungsvermögen: Es kann sich die Oberflächenstruktur von abgewehrten Eindringlingen merken und entsprechende Abwehrzellen und Antikörper bilden. Bei einem erneuten Angriff derselben Eindringlinge ist das Immunsystem in der Lage, schneller und genauer zu reagieren.

Reagiert das Immunsystem zu schwach oder zu stark auf einen krankheitserregenden Stoff, kann es das Probleme nach sich ziehen. Ist die Reaktion zu schwach, kommt es zu Infektionen, wie zum Beispiel Erkältungen oder eine Grippe. Weiter kann eine Krebserkrankung entstehen, da wuchernde körpereigene Zellen nicht abgewehrt werden. Ist die Reaktion des Immunsystems zu stark, können Autoimmunerkrankungen wie multiple Sklerose, rheumatische Erkrankungen, Diabetes mellitus Typ 1 oder auch Allergien entstehen. Der weitere Fokus dieses Kapitels ist auf die erhöhte Anfälligkeit für Infekte gerichtet.

Wie kommt es zu einer Schwächung des Immunsystems, was Infektionskrankheiten begünstigt? Stress ist ein zentraler Faktor: Sowohl akuter wie auch chronischer Stress beeinflussen das Immunsystem. Akuter Stress kurbelt das Immunsystem an, es läuft auf Hochtouren. Dauert der Stress an, ist er also chronisch, nimmt die Immunreaktion allmählich ab. Man spricht von Immunsuppression, also einer Unterdrückung des Immunsystems. Studien zeigen zum Beispiel, dass sich in einer Scheidung befindende Personen eine geringe Immunreaktion und eine erhöhte Mortalitätsrate haben und dass Personen, die einen an Alzheimer erkrankten Angehörigen pflegen, eine verlangsamte Wundheilung haben. Auch Frau Engel ist ein Beispiel dafür, dass das Immunsystem unter chronischem Stress herunterfährt.

Leider gilt das nicht nur für derzeitigen Stress, sondern auch für Stress, der in früheren Lebensphasen wie bspw. in der Kindheit erfahren wurde. Wer in der Kindheit Misshandlungen ausgesetzt war, weist ein erhöhtes Risiko für chronisch erhöhte Entzündungswerte auf. Frühe, negative Erlebnisse fördern also die Wahrscheinlichkeit, im Laufe des Lebens zu erkranken, bspw. an Infekten.

5.7.2 Keine Immunität

Bereits in der Einleitung (▶ Kap. 1.1 und ▶ Kap. 1.2) lernten Sie Frau Engel kennen, auf deren Geschichte wir immer wieder zurückkommen. Sie kennen Frau Engels Geschichte schon gut. Sie erlitt in kurzer zeitlicher Abfolge eine Reihe von kritischen Lebensereignissen und passte sich nur allmählich an ihr neues Leben an. Sie litt mehrere Monate an einer Erkältung, was auf eine Schwächung des Immunsystems hinweist. Wie ging es für sie weiter? Nachfolgend ein Interview mit Frau Engel:

Ich: »Liebe Frau Engel, wie geht es Ihnen heute?«
Frau Engel: »Mir geht es gut. Ich habe einen neuen Partner gefunden, und gemeinsam ziehen wir bald in ein großes Haus. Mein Kind ist schon fünf Jahre alt, es gedeiht prächtig. Mein Partner und ich durften letztes Jahr auch gemeinsam Eltern werden. Dem kleinen Mädchen geht es auch gut.«
Ich: »Das freut mich überaus zu hören. Wie ist Ihnen all das gelungen? Wie haben Sie das geschafft?«
Frau Engel: »Rückblickend denke ich, dass das wichtigste meine Aktivität war: Ich habe die Zügel für mein Leben wieder in die Hände genommen und habe begonnen, zu lenken. Ich habe mir überlegt, was ich brauche und mein Leben so verändert, dass es meinen Bedürfnissen möglichst gerecht wurde. Dazu gehörte der Umzug in die Nähe meiner Eltern und die dadurch erhaltene Unterstützung. Allein wäre ich verloren gewesen. Durch die Unterstützung meiner Eltern konnte ich meine Batterien wieder aufladen. So habe ich auch Abstand zu meinem gewalttätigen Exmann gewonnen, durch den Abstand habe ich seinen Übergriffen einen Riegel vorgeschoben.«
Ich: »Sie sprechen Ihre Batterien an. Wie steht es heute darum?«
Frau Engel: »Naja, ich konnte meine damals lange dauernde Erkältung zwar überwinden, aber ich bin weiterhin nicht über den Berg. Ich habe häufige Infekte und leider dauern diese nicht drei Tage, sondern immer mindestens drei Wochen. Auch meine Wundheilung ist langsam. Ich bin weiterhin oft müde und erschöpft. Ich denke, dass es noch eine Weile dauert, bis das jahrelange Überstrapazieren meiner Kräfte behoben ist. Leider erlebe ich weiterhin viel Stress,

und auch mein Exmann ist bemüht, meinen Stresspegel hochzuhalten. Das kann er auch aus der Ferne noch, da wir ja ein gemeinsames Kind haben. Doch ich gebe mir große Mühe, diese Widrigkeiten zwar als Teil meines Lebens anzuerkennen, aber nicht darauf zu fokussieren – sondern auf das, was gut läuft. Nicht das Negative aus-, sondern das Positive einzublenden. Insgesamt hat sich mein Leben wunderbar entwickelt, ich bin sehr zufrieden. Meine Kinder sind gesund, mein neuer Partner wunderbar, das Haus fantastisch, meine neue Arbeit ist befriedigend, meine wiedergewonnenen Freiheiten sind Balsam. Alles andere akzeptiere ich und nehme es hin, stelle es aber weit vom Zentrum meines Selbst ab.«

Frau Engel hat sich selbst aus ihrer schwierigen Lebenslage herausgearbeitet. Sie hat Selbstverantwortung übernommen. Sie ist von der Opferrolle in die Autorenschaft ihres eigenen Lebens übergegangen. Leider ist das Immunsystem durch langen Stress beeinträchtigt, und es ist zum derzeitigen Augenblick offen, ob und inwieweit es regeneriert.

5.7.3 Resümee

Akuter Stress kurbelt das Immunsystem zunächst an, doch hält der Stress lange an, fährt es herunter, es ist unterdrückt. Das kann dazu führen, dass sich vermehrt Infekte einstellen, die lange dauern können, auch die Wundheilung ist betroffen. Wenn Sie dies bei sich selbst wahrnehmen, achten Sie auf ausreichende Erholungsphasen, auf die Reduktion von Stress, beschaffen Sie sich Entlastung. Es gibt immer einen anderen Weg.

5.8 Essstörungen

»Man soll dem Leib etwas Gutes bieten, damit die Seele Lust hat, darin zu wohnen.«
Winston Churchill

5.8.1 Grundlagen

Aller Wahrscheinlichkeit nach haben Sie bereits herausgefunden, wozu Essen gut ist. Natürlich: Um unser Körpersystem am Leben zu erhalten, benötigen wir ständig neue Rohstoffe. Mir gefällt der Vergleich mit einem Haus. Sowohl um es zu bauen als auch um es instand zu halten, brauchen wir eine bestimmte Anzahl an Baumaterialien alias Lebensmittel.

Doch Essen ist für den Menschen weit mehr als bloße Lebenserhaltung. Auf die Frage, was der Weg zum Glück sei, antwortete der Dalai Lama, dass es nebst gutem Schlaf auch gutes Essen sei. Gutes Essen wird oft als die Lebensqualität steigernd beschrieben, wie im eingangs aufgeführten Zitat Winston Churchills. Liebschaften nehmen ihren Anfang in der Pizzeria um die Ecke, zu Geburtstagspartys gehört immer ein Geburtstagskuchen, das gemeinsame Abendessen im Familienkreis ist beinahe Pflicht, Ehepartner feiern ihre Liebe mit einem Restaurantbesuch. Es gibt sogar einen Totenschmaus – zum gemeinsamen Abschied wird gemeinsam gegessen. Essen ist mehr als Essen.

Mein Sohn meinte kürzlich beim gemeinsamen Pizzaessen, dass Pizza ungesund sei. Ich korrigierte: Essen an sich ist nur ungesund, wenn es für den Organismus giftig ist, bspw. ein Fliegenpilz. Ansonsten ist es einfach nur Essen, das uns mehr oder weniger von dem gibt, was wir brauchen. Das Essverhalten – also wann wir wieviel von was und warum essen – kann gestört und ungesund sein. Darum gehören Essstörungen in diesen Ratgeber: Das Essverhalten wird durch die Psyche gesteuert.

Zunächst werfen wir einen Blick in die Vergangenheit, nämlich zu den ersten Begegnungen mit der Materie Essen, die bereits vor der Geburt stattfinden. Während der Zeit im Mutterleib geschieht die Versorgung mit Nahrung über die Nabelschnur. Diese verbindet den Mutterkuchen (Plazenta) mit dem Kind. Die Nabelschnur ist lebenswichtig, sie versorgt das Ungeborene mit Nährstoffen und Sauerstoff und leitet Abfallstoffe weg. Darüber hinaus werden weitere Stoffe wie bspw. Hormone zum Ungeborenen transportiert. Daher sind während einer Schwangerschaft gewisse Stoffe zu vermeiden, dazu gehören Nikotin und Alkohol, auch Infektionen sollten vermieden werden, da auch diese über die Nabelschnur zum Ungeborenen gelangen und es belasten können. Im Anschluss an die Geburt wird der neue Mensch entweder an der Brust oder mit der Flasche gestillt. Das erfolgt etwa alle zwei Stunden, da das Neugeborene einen kleinen Magen hat und daher häufige und kleine Mahlzeiten benötigt. Das Stillen hat für den Säugling viele Vorteile; Muttermilch ist fettreich und wasserhaltig und versorgt das Baby passgenau. Darüber hinaus haben gestillte Kinder ein geringeres Risiko für Infektionen und Allergien, da die in der Muttermilch enthaltenen Stoffe das Immunsystem des Babys unterstützen. Zudem passiert bei diesem Prozess etwas Zentrales: Während das Un- und später Neugeborene ernährt wird, entwickelt sich Bindung. Mit viel Nähe zunächst zur Mama und später eventuell zum Papa erhält das Kleine Nahrung. Das Kleine bindet sich an seine Eltern, die es halten und nähren. Selbstverständlich geschieht dies ebenfalls beim Füttern mit der Flasche, doch weniger intensiv. All das führt zu einer Verknüpfung von Nahrungsaufnahme und Zuwendung, ein Prozess, welcher der Volksmund mit »Liebe geht durch den Magen« zum Ausdruck bringt.

In diesem Zusammenhang möchte ich Ihnen vom Psychologen Harry Harlow berichten. Dieser führte in den 1950er Jahren Studien über Bindung durch in einer Zeit, in der man glaubte, dass Kinder abgehärtet und nicht liebevoll umsorgt werden sollten. Harlow sah das damals schon anders. Er setzte Affenbabys in einen Käfig, in dem zwei künstliche Mütter auf sie warteten. Die eine war komplett aus Draht (die Drahtmutter), hielt aber eine volle Milchflasche, die andere war kuschelig und weich (die Stoffmutter), sie hatte keine Milchflasche. Harlow beobachtete, dass die Äffchen immer bei der Stoffmutter lebten und lieber auf die Nahrung aus der Milchflasche verzichteten, als die Nähe zur Stoffmutter aufzugeben. Harlow zeigte, dass die Nähe zur Mutter für die Affenbabys wichtiger war als die Nahrung und dass die Ernährung viel mehr ist als das bloße Füttern. Ernährung wird mit Bindung gleichgesetzt – und was für unsere nächsten Verwandten, die Affen gilt, stimmt für den Menschen ebenso.

Besonderheiten im Essverhalten kommen selten aus heiterem Himmel. Oftmals nehmen Essstörungen ihren Anfang in der Kindheit und Jugend. Von besonderer Bedeutung für die Entwicklung von ungesundem Essverhalten sind zwei Phasen:

- Die Phase, in welcher der Säugling bzw. das Kleinkind gefüttert wird: In dieser Phase wird Essen mit Bindung verknüpft, und Essmuster werden entwickelt. Wird das Kleine bedürfnisgerecht gefüttert und erfährt es die notwendige Zuwendung, ist in der Regel wenig Gefahr im Verzug.
- Die Phase, in der die Autonomieentwicklung stattfindet: Kinder und Jugendliche müssen ab einem bestimmten Zeitpunkt gegen ihre Eltern rebellieren, die einen etwas mehr, die anderen etwas weniger. Dieses Teenager-Verhalten ist auf der einen Seite für den Erwachsenen eine Herausforderung (für den Teenager selbst auch), auf der anderen Seite von zentraler Wichtigkeit, zumindest solange es nicht überbordet. Durch die Rebellion grenzt sich der Nachwuchs von seinen Eltern ab und entwickelt Autonomie. Kann die oder der Heranwachsende das nicht, wird ihm die Rebellion nicht gestattet, kann die Rebellion auf das Essen verlagert werden. Das Essen wird als etwas erlebt, das kontrolliert werden kann.

Sich vor Augen führend, dass Symptome im Bereich der Psychosomatik meist eine Funktion haben: Welche Funktion könnte das Essen bei einer übergewichtigen Person haben? Warum wird diese Person nie satt? Welche Leere wird gefüllt? Bindet die Person Lebensmittel an sich, da es nicht möglich war, Menschen an sich zu binden? Weil die Bindung zu den primären Bezugspersonen nicht oder eingeschränkt möglich war? Welche Funktion könnte das sehr kontrollierte und restriktive Essen bei einer untergewichtigen, vielleicht magersüchtigen Person haben? Von was muss sich die Person abgrenzen? Kontrolliert sie das Essen stellvertretend dafür, dass vieles andere in ihrem Leben unkontrollierbar ist? Rebelliert sie gegen Kontrolle von außen, für Selbstbestimmung? Vor was hat die untergewichtige Person Angst? Findet die bulimische Person noch etwas anderes als nur das Essen zum Kotzen? Hat die Bulimikerin keinen guten Umgang mit intensiven Gefühlen gelernt?

Der Body-Mass-Index (BMI) ermöglicht die Einschätzung von Unter-, Normal- oder Übergewicht. Die Formel dafür lautet: Körpergewicht in Kilogramm geteilt durch Körpergröße in Meter mal Körpergröße in Meter. Nehmen wir mich als Beispiel: Ich bin 1,74 m groß und schätze

mein Gewicht auf 60 kg. Also rechne ich:
1,74 m × 1,74 m = 3,03
60 kg / 3,03 = 19,8
Mein BMI beträgt also 19,8.

Die Weltgesundheitsorganisation sagt, dass ein BMI-Wert von 18,5 bis 24,9 Normalgewicht bedeutet. Mit einem BMI-Wert von 19,8 bin ich also normalgewichtig. Ein BMI-Wert von 25,0 bis 29,9 bedeutet beginnendes Übergewicht (Präadipositas), ein BMI-Wert ab 30 weist auf Adipositas hin. Ein BMI-Wert von 17,0 bis 18,4 bedeutet leichtes Untergewicht, einer unter 17,5 wird zudem als anorektisches Gewicht interpretiert. Ein BMI-Wert unter 13,0 ist lebensbedrohlich, bei einem Wert unter 10,0 ist ein Überleben nicht möglich.

Wussten Sie, dass der BMI-Wert fast perfekt mit dem Körperfett zusammenhängt? Somit kann vom BMI-Wert auf das Körperfett geschlossen werden, das aufwändiger zu messen ist. Aber Achtung: der BMI-Wert von Sportlern, Schwerstarbeitern, schwangeren und stillenden Frauen sollte mit Vorsicht genossen werden. Kinder haben gar eigene Normwerte bzw. eine eigene Formel. In diesen Personengruppen sind die BMI-Werte meist nicht korrekt und dürfen nicht als Maß für das zugrundeliegende Körperfett verwendet werden.

5.8.2 Aus dem Gleichgewicht

Adipositas

Der Begriff Adipositas stammt vom lateinischen Wort adeps ab und bedeutet übersetzt Fett. Nomen est omen: Adipositas beschreibt eine exzessive Ansammlung von Körperfett. Der BMI-Wert liegt bei 30 oder mehr. Adipositas wird auf Basis des BMI-Werts in drei Schweregrade eingeteilt. Grad I bedeutet ein Wert im Bereich von 30,0 bis 34,9, Grad II 35,0 bis 39,9, Grad III 40 oder mehr.

Adipositas ist kein neues Phänomen. Bereits Celsus, der um die Geburt Christi herum lebte, berichtete von adipösen Personen, die häufiger Atemschwierigkeiten oder Herzprobleme hatten. Doch wie adipöse Personen gesellschaftlich wahrgenommen werden, wandelt sich kontinuierlich: Im Laufe der Jahrhunderte wandelte sich das Schönheitsideal mehrfach, man kann sagen, die gesellschaftliche Wertung des Körpers ging durch dick und dünn. Während der Römer Körperfülle als begehrtes Wohlstandszeichen erachtete, wurde der Grieche dazu angehalten, einen dicken Bauch abzutrainieren. Anfang des Mittelalters sollte die Frau kindlich schlank sein, am Ende des Mittelalters war ein adipöser Körperbau erstrebenswert. Während des und im Anschluss an den zweiten Weltkrieg herrschte eine Hungersnot, viele Personen waren untergewichtig. Die Not wich in den 1950er-Jahren, als es wieder genügend Lebensmittel gab. Der »Wohlstandsbauch« war etwas Erwünschtes. Dicke Menschen wurden mit positiven Zuschreibungen belegt, was sich in den 1960ern wieder änderte. Das spindeldürre Modell Twiggy war en vogue und dünn sein blieb lange Zeit der vorherrschende Körpertrend. Supermodels aus Haut und Knochen galten als Idole. Aktuell glaube ich zu beobachten, dass sich endlich ein gesünderes Körperbild durchzusetzen vermag, eines, in dem es um gesunde Körper geht, wie auch immer sie daherkommen.

Attraktivitätsforscher erklären diese »Ups and Downs« über die Zeit hinweg mit den unterschiedlichen Nahrungsangeboten der jeweiligen Epochen. Quasi ein kultureller »Jojo-Effekt«. In Zeiten von Nahrungsknappheit galt Fett als Statussymbol, und nur die Wohlhabenden konnten es sich leisten, sich satt zu essen. Noch heute werden in Ländern, in denen Hunger herrscht, junge Frauen angehalten, möglichst viel zu essen, um einem möglichen Verlobten zu signalisieren, dass sie eine gute Partie seien. Mittlerweile wird der »Wohlstandsbauch« mehrheitlich kritisch bewertet, gesundheitlich betrachtet zu Recht. Adipositas sollte sprichwörtlich nicht auf die leichte Schulter genommen werden, denn sie geht mit einer Reihe gesundheitlicher Risiken einher. Dazu gehört ein erhöhtes Risiko für Diabetes, Herzerkrankungen, Schlaganfall, Demenz und Krebs. Hat die Fettleibigkeit schon im Jugendalter begonnen und blieb sie unbehandelt, dann ist das Risiko, vor dem 45. Lebensjahr zu versterben so hoch wie beim Rauchen von zehn Zigaretten pro Tag über 30 Jahre hinweg. Adipöse Männer haben ein doppelt so hohes Risiko, früh zu versterben wie normalgewichtige Männer.

Die Gründe für Adipositas sind vielfältig. Es gibt angeborene Gründe für ein erhöhtes Gewicht: Dass es eine genetische Komponente für die Entstehung und Aufrechterhaltung von Adipositas gibt, ist erwiesen.

Sehr viel häufiger jedoch liegen keine angeborenen Gründe vor. Der genetische Einfluss allein kann nicht erklären, warum in der Allgemeinbevölkerung eine starke Gewichtszunahme verzeichnet wird. Die starke Zunahme von Adipositas ist keine Folge von Genetik.

Zu krankhaftem Übergewicht kommt es in der Regel durch übermäßiges Essen bei zu wenig Bewegung. Zum einen kann es in den ersten Lebensjahren zur Angewöhnung eines ungesunden Essverhaltens kommen. Das kleine Kind wird bspw. übermäßig oder hochkalorisch ernährt. Dieses Muster wird beibehalten, es zu brechen ist oft nicht leicht. Zum anderen kann das ungesunde Verhalten auf einen wenig funktionalen Umgang mit den eigenen Gefühlen hindeuten. Bekommt man nicht, was man eigentlich braucht, vielleicht Zuwendung und Zuneigung (Bindung), entsteht eine Leere. Diese Leere wird gefüllt. Die Einen füllen mit Drogen, die Anderen mit Alkohol, nochmals Andere mit Essen. Das Essen wird eine Art Ersatzobjekt für das, was eigentlich gebraucht wird. Die Gefühle werden nicht ausgehalten, sie werden mit dem Essen runtergeschluckt. Kummer und Sorgen werden weich gepolstert. Das übermäßige Essen beruhigt, es ist Liebesersatz.

Der Haken an der Sache ist, dass das eigentliche Problem nicht bewältigt wird. Indem die eigentlichen Gefühle vermieden werden, kann das damit einhergehende Bedürfnis nicht befriedigt werden. Betroffene Personen leben dauerhaft an sich vorbei, sind wie betäubt. Das Übergewicht führt nicht selten zu sozialer Ausgrenzung, adipöse Personen sind oftmals einsam. Das steht in Gegensatz zum Bedürfnis nach Bindung, um das es eigentlich gehen kann.

Mehr als das: Adipöse Personen neigen dazu, häufiger an Ängstlichkeit oder einer Depression zu leiden als normalgewichtige Personen. Dabei ist unklar, was zuerst da war, das eine kann Folge des anderen und umgekehrt sein.

Ich stelle Ihnen das Fallbeispiel vom 37-jährigen Herrn Keller vor. Er hat angeboten, selbst über sich zu schreiben:

Fallbeispiel

»Mein Leben mit Adipositas:
Bis auf wenige Monate meines Lebens hatte ich immer mit Adiposi-

tas zu tun. Die Adipositas-Problematik wurde mir erst im Alter von 32 Jahren wirklich bewusst. Vorher war mir das egal. Das Ganze begann schon als Kleinkind, was ich der Vernachlässigung durch meine Eltern zuschreibe. So gab es bei uns nie Wasser, sondern immer Süßgetränke, dazu viel Fettiges und Süßes zu essen. Auch waren zwei bis drei Teller pro Mahlzeit normal. Salat, Gemüse oder Früchte gab es selten. Ich wuchs so auf und kannte keine gesunde Ernährung. So habe ich es später weitergemacht. Für mich wurde das Essen zudem zu einer Form der Frustbewältigung, die sich bis heute durchzieht. Andere Menschen verletzen sich, wie zum Beispiel Ritzen, um etwas zu spüren. Ich verletze und schädige meinen Körper langfristig durch übermäßiges Essen. Als Kind wurde ich wegen meines Übergewichtes zum Mobbing-Opfer. Das hat leider nie wirklich aufgehört. Noch heute werde ich schräg angeschaut, ausgelacht, beschimpft, ich wurde sogar schon bespuckt – das war und ist weiterhin psychisch schwer zu ertragen. Mir wurde von klein auf immer wieder nahegelegt, abzunehmen. Doch es gelang nie. Später wurde ich arbeitslos, eine Ausbildung hatte ich nicht. Schließlich landete ich auf dem Sozialamt, wo ich heute noch bin. Dort wurde mir eine Magenbypass Operation schmackhaft gemacht. Ich ließ mich anfangs darauf ein, obwohl ich mich vor den Ärzten und den Krankenhäusern fürchtete. Damals betrug mein BMI 58,5, und eine Magenverkleinerung schien unbedingt notwendig. Mein Höchstgewicht lag bei etwa 200 kg. Ich ging zur Ernährungsberatung, und dort arbeitete eine sehr freundliche Dame. Es gelang ihr, mich zu motivieren und zusammen stellten wir schrittweise meine Ernährung um. Und ich zog es durch. Zunächst stellte ich von Süßgetränken auf Wasser um, dann ersetzte ich mehr und mehr süße und fettige Nahrungsmittel. Nach drei Monaten und etwa 15 kg weniger begann bei mir das Umdenken und ich entschied mich schließlich, die Magenverkleinerung machen zu lassen. Doch bei den Voruntersuchungen fand sich eine Reihe von Erkrankungen, die eine Magenverkleinerung unmöglich machten. Mir gelang der weitere Gewichtsverlust ohne diese Operation. Ich begann, mich viel zu bewegen. Mittlerweile habe ich mein Gewicht mehr als halbiert, ich wiege noch knapp 90 kg. Ich weiß heute noch nicht, wie genau ich das geschafft habe. Einerseits mein damaliger starker Wille und eine »meiner« Erkrankungen, die wahrscheinlich die Abnahme begünstigt haben. Leider plagen mich psychische Probleme, die ich nun nicht mehr, wie früher, »wegessen« kann. Ich leide sehr unter der überschüssigen Haut. Sie nervt mich und belastet. Ich möchte sie gerne entfernen lassen, doch wegen meiner weiteren Erkrankungen sehen die Ärzte davon ab. Mittlerweile wurde zumindest die Bauchschürze entfernt. Dadurch verlor ich fünf Kilogramm Gewicht. Nun hoffe ich, dass auch die Brüste wegoperiert werden könnten. Ich merke, wie mir jeder dahinstarrt. Ich realisiere, dass abzunehmen eine lebenslange Aufgabe ist. Ich muss immer dranbleiben, mich weiter gesund ernähren und mich weiter genügend bewegen. Nur so kann ich ein stabiles Körpergewicht halten. Wenn ich das kann, dann auch jeder andere. Mit Glauben an sich selbst und einem starken Willen.«

Binge Eating Störung

Betroffene erleiden wiederholte Episoden unkontrollierten Essens, während derer in kurzer Zeit eine hohe Anzahl Kalorien verschlungen wird. Es handelt sich dabei um eine Nahrungsmenge, die weit über das hinausgeht, was normalerweise in einem vergleichbaren Zeitraum und unter vergleichbaren Bedingungen verzehrt werden würde. Betroffene essen nicht nur mehr, sondern meist auch schneller als normal, bis zu einem unangenehmen Völlegefühl, speisen ohne Hunger oder über diesen hinaus und alleine. Betroffene erleben währenddessen ein Gefühl des Kontrollverlusts, sodass es ihnen unmöglich erscheint, aufzuhören. Das Verhalten ist oft schambesetzt. Ein solcher Essanfall geschieht mindestens einmal pro Woche über mindestens drei Monate hinweg.

Im Gegensatz zu Personen mit Bulimie, führen von Binge Eating Betroffene keine gegenregulierenden Maßnahmen wie z. B. Erbrechen durch, sodass dieses Essverhalten häufig (aber nicht immer) in einer Adipositas mündet. So sind manche von Binge Eating Betroffene nicht adipös. Der Adipositas kann eine Binge Eating Störung zugrundliegen, jedoch nicht zwingend. Adipositas kann auch genetisch begründet sein, was nichts mit einer Binge Eating Störung zu tun hat.

Binge Eating bringt eine beträchtliche Anzahl von Risiken mit sich. Auf der körperlichen Seite sind dies akute Magenerweiterungen und damit einhergehend eine Magenruptur sowie als Folge des möglichen Übergewichts Bluthochdruck, Herz- und Kreislauferkrankungen, Diabetes mellitus und weiteres. Auf der psychischen Seite kann es unter anderem zu depressiven Stimmungen und Angststörungen kommen.

In der Regel sind unangenehme Stimmungen, innere Anspannung und zwischenmenschliche Probleme auslösend für diese Phasen. Durch das übermäßige Essen kommt es kurzfristig zu einer Erleichterung, danach treten Schuldgefühle, Ekel, Scham und auch Traurigkeit ein. Dies ist der Ansatzpunkt in der Psychotherapie. Es gilt, einen neuen Umgang mit unangenehmen Gefühlen zu finden, die Lebenssituation so zu verändern, dass sich die Betroffenen wohl fühlen, die Lebensqualität zu steigern und das Ausmaß an Bewegung zu erhöhen. Damit einhergehend wird an Verhaltensmustern gearbeitet, bspw. an der Mahlzeitenstruktur. Es gilt, möglicherweise eingefahrene Verhaltensmuster, die in das Binge Eating Verhalten münden, zu brechen.

Bulimie

Die Bulimie ähnelt der Binge Eating Störung insofern, als dass es auch hier zu unkontrollierten Essanfällen kommt, so wie oben beschrieben. Weiter werden ebenfalls Gefühle damit kurzfristig unterdrückt und es kommt zu einer Erleichterung, dicht gefolgt von anschließenden unangenehmen Gefühlen. Anders jedoch ist, dass im Anschluss gegenregulierende Maßnahmen eingeleitet werden, um eine Gewichtszunahme durch die Essanfälle zu verhindern. Dies erfolgt über selbst herbeigeführtes Erbrechen, Missbrauch von Abführmitteln, zeitweilige Hungerperioden, Einnahme von Appetitzüglern und weiteren Medikamenten sowie übermäßige Bewegung und Sport. Betroffene Personen haben gegenüber dem Dicksein eine große Abscheu, kombiniert mit einer klar definierten Gewichtsgrenze, die oftmals unter dem medizinisch gesunden Gewicht liegt. Es ist gut möglich, dass eine von Bulimie betroffene Person zuvor anorektisch war oder an Binge Eating gelitten hat. Die Art der Essstörung kann im Zeitverlauf wechseln.

Bulimische Personen haben nicht selten ein Selbstwertproblem und erleben sich selbst als minderwertig. Es besteht eine hohe Unzufriedenheit mit dem eigenen Körper und das Wohlbefinden wird eng mit einem bestimmten Schlankheitsideal verknüpft. Häufig liegen konfliktreiche Beziehungen vor und ein kompliziertes Verhältnis zu den Eltern. Nicht selten waren die Betroffenen auch traumatischen Ereignissen ausgesetzt und das bulimische Verhalten dient der Emotionsregulation. Die Bulimie kann einige negative Folgen nach sich ziehen. Das oftmalige Erbrechen bewirkt erheblichen und andauernden Schaden des Zahnschmelzes und Karies. Das Auslösen des Erbrechens mit den Händen hinterlässt Schwielen und Narben an den Händen. Die Speicheldrüsen vergrößern sich. Der ständige Wechsel von Essen und Erbrechen stört den Flüssigkeits- und Elektrolythaushalt und kann zu Nierenschädigungen, Ödemen und Herzrhythmusstörungen führen. Weitere typische Folgen sind Magenüberdehnung, Entzündungen von Magen und Speiseröhre, Verstopfung und Nährstoffmangelerscheinungen. Auf der psychischen Seite können sich Depressionen und Angststörungen einstellen, Betroffene haben auch häufig Erfahrungen mit Alkohol- oder anderweitigem Substanzmissbrauch. Dieses Essverhalten trägt meist nicht zur gewünschten Gewichtsabnahme bei und bulimische Personen sind für gewöhnlich normal- oder auch leicht übergewichtig. Dies führt dazu, dass die Störung leicht verheimlicht werden kann.

Fallbeispiel

So auch bei der 25-jährigen Frau Richter. Sie schilderte mir, dass niemand von ihrer Bulimie wisse und man ihr von außen auch nichts ansähe. Sie erbreche seit einigen Jahren regelmäßig. Zuerst beschaffe sie sich eine große Menge hochkalorischer Nahrungsmittel, abends allein daheim schlinge sie diese herunter und erbreche anschließend. Sie habe festgestellt, dass das oftmals dann vorkomme, wenn sie gestresst sei, der Tag zu lange sei und sie zu wenig Erholungsmomente eingebaut habe. Sie merke, dass das Essen und anschließende Erbrechen ihr Mittel zur Regulierung intensiver Spannungszustände seien. Mittlerweile gelinge es ihr gut, ihren Tag anders zu strukturieren, sodass sie weniger in diese Spannungszustände gerate.

Die Behandlung der Bulimie erfolgt ähnlich wie bei der Binge Eating Störung. Es geht auch hier regelmäßig um die Steigerung der Lebensqualität sowie um den Umgang mit unangenehmen Gefühlen. Eine regelmäßige Mahlzeitenstruktur ist wichtig. Häufig haben Betroffene eine Liste von Lebensmitteln, die sie (eigentlich) nicht essen wollen. Es gilt, diese sukzessive wieder zuzulassen im Sinne einer ausgewogenen Ernährung. Denn was verboten ist, erhält besonderen Anreiz.

Anorexie

Die auch als Magersucht bekannte Anorexie bedeutet wörtlich Appetitverlust. Sie wurde erstmalig im 19. Jahrhundert beschrieben. Sie besteht dann, wenn der BMI-Wert unter 17,5 fällt und das Körpergewicht mindestens 15 % unter dem zu erwartenden Gewicht liegt. Der Gewichtsverlust wird von den Betroffenen selbst durch eine Verweigerung von Nahrungsaufnahme herbeigeführt. Auch werden gegenregulierende Maßnahmen eingesetzt wie übermäßige körperliche Aktivität oder die Verwendung von Abführmitteln und weiteren Medikamenten. Die Betroffenen haben eine verzerrte Wahrnehmung ihrer selbst, sie können sich selbst nicht realitätsgetreu einschätzen, was als Körperschemastörung bezeichnet wird. Zusätzliche psychische Störungen liegen oft vor, dabei insbesondere Depressionen und Angststörungen. Oftmalig kommt es zum »body checking« durch Wiegen, Messen der Dicke von Hautfalten oder Ertasten der hervorstehenden Knochen. Die Störung beginnt meist im Jugendalter. Mädchen und Frauen sind häufiger betroffen.

Folgeerscheinungen sind beträchtlich und zahlreich. Es kann zu Herzrhythmusstörungen, Schwindel, Magen-Darm-Störungen, Knochenmarkssuppression mit Anämie und erhöhter Infektanfälligkeit kommen. Es treten hormonelle Veränderungen auf, was zu Osteoporose, Amenorrhö (Ausbleiben der Menstruation), Libido- und Potenzverlust führen kann. Weitere Folgen sind Hypothermie (niedrige Körpertemperatur), Haarausfall, brüchige Haare und Nägel sowie Hypotonie (niedriger Blutdruck). Hat die Anorexie früh eingesetzt, kann die pubertäre Entwicklung beeinträchtigt werden, dazu gehören Wachstumsstopp und fehlende Brustentwicklung.

Es ist bekannt, dass vererbte sowie neurobiologische Merkmale eine Rolle für die Entstehung einer Anorexie spielen. Dieser Einfluss genügt jedoch nicht, um die Entstehung gänzlich zu erklären. Anorektische Personen haben häufig Selbstwertprobleme, neigen zu Perfektionismus und Zwanghaftigkeit, tendieren zu emotionaler Vermeidung, sind sozial unsicher und haben einen unsicheren Bindungsstil.

Die insbesondere im Bereich der Anorexie bekannten Psychotherapeuten Jürg Liechti und Monique Liechti-Darbellay betitelten eines ihrer Bücher mit »Anorexia nervosa – verzehrende Suche nach Sicherheit«. Wo Sicherheit gesucht wird, ist Angst nie weit entfernt. Tatsächlich liegen der Anorexie überzufällig häufig Ängste zugrunde. Man könnte die Anorexie auch als eine Art Phobie bezeichnen, wobei der Gewichtsverlust die Vermeidung darstellt.

Wichtig bei der Behandlung der Anorexie ist zunächst die Normalisierung und Stabilisierung des Gewichts. Ohne Gewichtszunahme ist keine Therapie möglich. Das Hungern ist Vermeidung und diese gilt es, zu durchbrechen, um an die dahinterliegenden Probleme zu gelangen. Eine geregelte Mahlzeitenstruktur ist wichtig. Typisch für Betroffene ist, dass sie der Behandlung ambivalent gegenüberstehen und zunächst motiviert werden müssen. Danach geht es um die Bearbeitung der (emotionalen) Herausforderungen dieser Personen. Da Essstörungen regelmäßig mit familiären Problemen zusammenhängen, werden wenn möglich die Eltern der Betroffenen idealerweise in die Behandlung miteinbezogen (auch bei schon erwachsenen Betroffenen).

Fallbeispiel

Frau Brugger ist eine 52-jährige Sozialarbeiterin, die seit ihrer Jugend anorektisch ist. Frau Brugger hat schütteres, graues Haar und ledriggelbe Haut. Ihre Kleider hängen lose an ihr herunter und auch im Sommer trägt sie lange Hosen und Pullover, da sie oft friert. Sie hat einen BMI-Wert von 15,5. Sie arbeitet meist sieben Tage pro Woche, auch an Feiertagen. Sie schreibt Überstunden nicht auf, da sie dann angehalten werden würde, diese zu kompensieren. Ihre Urlaubstage braucht sie nie ganz auf. Die Kollegen stehen ihr ambivalent gegenüber: Zum einen ist es praktisch, sie zu haben, denn sie vertritt immer bei krankheits- oder ferienhalber Abwesenheit. Zum anderen flucht sie viel und ihre Hektik färbt unangenehm ab. Ihre Neigung zum Perfektionismus und ihr Leistungsstreben sind anstrengend. Sie lacht selten, zeigt kaum Humor und interessiert sich nur für arbeitsrelevante Themen. Sie scheint immer in Bewegung zu sein, auch in Besprechungen steht sie meistens.

Frau Brugger gefährdet die eigene Gesundheit durch ihr übermäßiges Leistungsverhalten am Arbeitsplatz. Der Arbeitgeber ist von Gesetzes wegen verantwortlich für die Arbeitssicherheit. Er hat dafür zu sorgen, dass seine Arbeitnehmenden nicht gefährdet sind und die Arbeitnehmenden haben ihrerseits die Pflicht, sich nach den Weisungen des Arbeitgebers zu verhalten. Der Arbeitgeber von Frau Brugger verpasst es, seine gesetzlich verankerte Fürsorge ihr gegenüber wahrzunehmen, wodurch er die Aufrechterhaltung von Frau Bruggers Anorexie ein Stück weit unterstützt.

5.8.3 Resümee

Neben genetischen und neurobiologischen Einflüssen für die Entstehung und Aufrechterhaltung von Essstörungen sind psychische Merkmale von großer Wichtigkeit. Aufgrund der diversen körperlichen und psychischen Beeinträchtigungen durch Essstörungen gilt es, diese möglichst früh zu erkennen und zu behandeln.

5.9 Unklare Fälle

Bislang handelte dieser Ratgeber von relativ klaren Fällen. Diese Fälle waren den jeweiligen Problemfeldern der Psychosomatik gut zuzuordnen. Was aber, wenn dem nicht so ist? Im Folgenden berichtet die 41-jährige Melissa Hermann von ihrer medizinischen Odyssee.

Fallbeispiel

»Schon immer hatte ich Probleme mit meiner Gesundheit. Als kleines Kind reagierte ich in stressigen Phasen oder bei reduziertem Schlaf mit Fieber und ähnlichem. In meinen Teenagerjahren entwickelte ich eine Psoriasis sowie Gelenkschwellungen. Da ich zum damaligen Zeitpunkt eine ambitionierte Sportlerin war, wurde letztere auf Sportverletzungen zurückgeführt. Die Psoriasis wurde als »nichts Ernstes« abgetan. Die Rückenschmerzen begannen kurz darauf und alsbald wurde mir abgeraten, mich weiter sportlich zu betätigen. Mitte zwanzig wurde meine erste Autoimmunerkrankung diagnostiziert: Otosklerose. Meine erste Rückenoperation, um eine Bandscheibenvorwölbung zu lindern, erfolgte bald danach. Seither fühlt es sich an wie ein Dammbruch an Diagnosen: Krankheit durch Schimmelpilzbefall, Bandscheibenersatz, Spondylarthritis, Schilddrüsenwachstum, chronischer Ferritinmangel, Ausbauchungsscheiben, chronisch entzündliche Darmerkrankung, De-novo-Skoliose, Osteochondrose, Iritis, Histaminintoleranz und Urtikaria. Währenddessen wird mein Tinnitus immer lauter und mein Gehirnnebel löscht zunehmend meine Erinnerungen. Zuletzt erfolgte die Diagnose Chronisches Erschöpfungssyndrom. Eigentlich sehr spät, denn müde fühle ich mich seit zwanzig Jahren.

Meine berufliche Karriere, die steil bergauf gegangen war, musste ich für meine Gesundheit aufgeben; seit einem Jahr bin ich krankgeschrieben. Das Leben mit meinen verschiedenen gesundheitlichen Problemen ist ein Vollzeitjob. Ich verbringe 14 Stunden pro Woche in irgendeiner Art von Therapie. Damit ich abends genug Energie für meine Kinder habe, achte ich auf meinen Energiehaushalt. Ich nehme eine Fülle von Medikamenten. Ich kann nicht längere Zeit sitzen, ohne danach tagelang Rückenschmerzen zu haben. Mein soziales Leben besteht hauptsächlich aus den Eltern der Freunde meiner Kinder. Ich kämpfe darum, Freude am Leben zu finden. Psychotherapie hilft mir, geistig gesund zu bleiben, zusammen mit der überwältigenden Unterstützung und Liebe meines Mannes.«

Frau Hermanns Fall ist besonders komplex. Die Ursache ihrer medizinischen Odyssee ist weiterhin unklar. Mittlerweile wurde ein Chronisches

Erschöpfungssyndrom diagnostiziert. Dabei handelt es sich um eine schwere neuroimmunologische Erkrankung, die sich durch andauernde, enorme körperliche und psychische Erschöpfung und Müdigkeit auszeichnet. Darüber hinaus stellen sich weitere Symptome ein. Üblicherweise werden diese Symptome durch körperliche oder psychische Anstrengung verstärkt und Schonung bringt meist keine nachhaltige Verbesserung. Die genauen Ursachen sind bis dato ungeklärt. In der Regel beginnt das Syndrom nach einer Virusinfektion, doch gibt es auch schleichende Verläufe. Stellenweise entwickelt es sich nach Stresserfahrungen.

Das chronische Erschöpfungssyndrom ist in Frau Hermanns Fall mehr Folge als Ursache. Der genaue Hergang der Odyssee bleibt weiterhin unklar. Wäre ich ihre Psychotherapeutin, würde ich raten, den nun kommenden Selbsthilfe-Teil zu bearbeiten und zunächst das Verständnis für die Situation zu fördern.

Literaturempfehlungen zur Vertiefung

Blum D (2010) Die Entdeckung der Mutterliebe: Die legendären Affenexperimente des Harry Harlow. Beltz: Weinheim.
Dalai Lama (2014) Kleines Buch der inneren Ruhe. Herder: Freiburg im Breisgau.
Egle, U T, Heim C, Strauss B & von Känel R (2020. Psychosomatik. Neurobiologisch fundiert und evidenzbasiert. Kohlhammer: Stuttgart.
Ehlert U (2016) Verhaltensmedizin. Springer: Heidelberg.
Enders G (2017) Darm mit Charme: Alles über ein unterschätztes Organ. Ullstein: Berlin.
Fiedler P (2013) Dissoziative Störungen. Hogrefe: Bern.
Grabe H-J & Rufer M (2009) Alexithymie: Eine Störung der Affektregulation. Konzepte, Klinik und Therapie. Huber: Mannheim
Gruen A (2012) Der Fremde in uns. Dtv: München.
Hopf H (2019) Wenn Kinder krank werden. Eine kleine Psychosomatik von Husten, Schnupfen, Heiserkeit. Mabuse Verlag.
Knoll N, Scholz U & Rieckmann N (2017) Einführung Gesundheitspsychologie. UTB: Stuttgart.

Köhler T (2017) Psychische Störungen. Symptomatologie, Erklärungsansätze, Therapie. Kohlhammer: Stuttgart.
Reddemann L. & Dehner-Rau C (2018) Trauma heilen. Ein Übungsbuch für Körper und Seele. Trias: Stuttgart.
Retzlaff R (2013) Einführung in die systemische Therapie mit Kindern und Jugendlichen. Carl-Auer: Heidelberg.
Schwegler J & Lucius R (2021) Der Mensch. Anatomie und Physiologie. Thieme: Stuttgart.
Seidler GH, Freyberger HJ, Glaesmer H & Gahleitner SB (2019) Handbuch der Psychotraumatologie. Klett-Cotta: Stuttgart.
Wiegand-Grefe S, Mattejat, F & Lenz A (2011) Kinder mit psychisch kranken Eltern. Vandenhoeck & Ruprecht: Göttingen.
Winch G (2018) How to fix a broken heart. Simon & Schuster: New York.

Teil II Selbsthilfe

6 Ist Selbsthilfe möglich?

6.1 Feuermelder

Stellen Sie sich vor, bei Ihnen zuhause geht der Feuermelder los und ein unangenehmes Alarmsignal ertönt. Was tun Sie? Wenden Sie sich dem Feuermelder zu und tun alles, damit er aufhört? Sie drücken alle Knöpfe, schrauben ihn auf, zeigen ihn Fachpersonen für Feuermelder, senden ihn zur Reparatur ein, ignorieren ihn, weichen ihm aus, verlassen das Haus zeitweise oder wohnen gar nicht mehr darin? Vielleicht verstummt er von allein und bleibt ruhig. Oder vielleicht schlägt er in bestimmten Abständen immer wieder Alarm. Möglicherweise verstummt er nie. Sie strengen sich an, ihn auf jede erdenkliche Art und Weise abzuschalten. Doch während all Ihrer Anstrengungen, den Feuermelder zu deaktivieren, brennt Ihr Haus ab. Denn wenden Sie sich ausschließlich dem Feuermelder zu, verpassen Sie das Feuer.

So ähnlich verhält es sich mit psychosomatischen Störungen: Der Feuermelder (alias körperliche Symptomatik; ▶ Kap. 5) geht an, und zwar da, wo er aus irgendeinem Grund hängt (alias Schwachstelle und/oder Prägung; ▶ Kap. 4.3) als Resultat einer Reihe von Eigenschaften Ihres Hauses (unter anderem Schutz- und Risikomerkmale; ▶ Kap. 2.3 und 2.4). Bei den einen hängt der Feuermelder im Keller (bspw. Magen-Darm-Probleme), bei den anderen im Erdgeschoss (alias Probleme mit der Atmung), bei den anderen im Estrich (alias Kopfschmerzen) oder ganz woanders. Solange Sie Ihr Augenmerk auf den Feuermelder und die Symptome legen, ignorieren Sie das Feuer und das eigentliche Problem. Verzweifelt versuchen Sie, den Feuermelder zu reparieren, der immer wieder abgeht und kümmern sich nicht um das, was ihn auslösen lässt: Ihr Feuer.

Ausschließlich der körperlichen Symptome Sorge zu tragen, entspricht »Pflaster-Politik«, aber um diese geht es im Rahmen von psychosomatischen Störungen nur sekundär. Primär wurde der Feuermelder durch irgendetwas aktiviert – und diese eigentliche Ursache sollte versorgt werden. Ein Zitat von Platon passt: »Willst du den Körper heilen, musst du zuerst die Seele heilen.«

Deswegen ist der Selbsthilfe-Teil dieses Ratgebers losgelöst von den »Feuermeldern«, die oben im Abschnitt über die zentralen Problemfelder der Psychosomatik beschrieben wurden. Sie können den Selbsthilfe-Teil ist unabhängig davon nutzen, an welcher körperlichen Symptomatik Sie leiden. Wir wenden uns vom Feuermelder ab und dem Feuer zu. Doch wo ist das Feuer?

6.2 Wie verwenden Sie den Selbsthilfe-Teil?

Es gibt drei Wege, über die Sie sich durch den Selbsthilfe-Teil arbeiten können:

1. Sie kennen Ihr eigenes »Feuer« bzw. Problembereiche bereits und blättern direkt zu denjenigen Kapiteln, die dafür vorgesehen sind:
   - Wenn Ihnen ein Ziel fehlt, dann lesen Sie ▶ Kap. 8: »Was ist Ihr Ziel?«
   - Wenn die Vergangenheit Sie plagt, dann schauen Sie in ▶ Kap. 9: »Ist die Vergangenheit vergangen?«
   - Wenn Sie die Schwierigkeiten in Ihrem Verhalten verorten, dann ▶ Kap. 10: »Verhalten Sie sich förderlich?«
   - Wenn es Ihnen schwerfällt, sich selbst zu beruhigen, dann ▶ Kap. 11: »Wie beruhigen Sie sich selbst?«
   - Wenn Ihnen der Umgang mit Ihren Emotionen Mühe bereitet, dann ▶ Kap. 12: »Was wissen Sie über Emotionen?«
   - Wenn Sie dazu tendieren, gedanklich Karussell zu fahren und Dinge fehl zu bewerten, dann ▶ Kap. 13: »Wie denken Sie?«

- Wenn Sie Ihre Probleme im Bereich der Arbeit verorten, dann ▶ Kap. 14: »Welchen Stellenwert hat Ihre Arbeit?«
- Wenn es in Ihrem sozialen Leben harzt, dann ▶ Kap. 15: »Wie sieht es mit Ihrem sozialen Netzwerk aus?«
- Wenn mangelnde Selbstfürsorge, fehlende Wahrung der Körpergrenzen oder Schlaf und Müdigkeit ein Thema sind, dann ▶ Kap. 16: »Wie geht es Ihrem Körper?«
- Lesen Sie sowieso das ▶ Kap. 17: »Zu guter Letzt«. Es enthält wertvolle Inputs für Jedermann und -frau.
2. Sie arbeiten sich zunächst durch die ersten beiden Kapitel des Selbsthilfe-Teils (»6. Ist Selbsthilfe möglich?« und »7. Verstehen Sie sich?«). Am Ende von ▶ Kap. 7 erstellen Sie Ihr eigenes biopsychosoziales Verstehensmodell und finden eventuell den Sinn Ihrer psychosomatischen Störung. Dabei erkennen Sie, welche Bereiche in Ihrem Leben Zuwendung benötigen. Entsprechend konsultieren Sie spezifisch diese Kapitel. Unter Punkt 1 in dieser Aufzählung sind die Kapitel aufgelistet.
3. Sie setzen sich von A bis Z mit dem gesamten Selbsthilfe-Teil auseinander. Grundsätzlich enthält jedes Kapitel zentrale Themen, die Ihrer Gesundheit förderlich sein könnten.

Auf alle Fälle ignorieren Sie, was Ihnen missfällt. Ignorieren Sie aber etwas nicht, weil ein Thema oder eine Übung unangenehm ist. Manchmal sind es die unangenehmsten Übungen, in denen das meiste Potenzial steckt. Entscheiden Sie immer selbst, ob ein Inhalt zu Ihnen passt. Bleiben Sie kritisch, prüfen Sie. Überfordern Sie sich nicht, tun Sie nur, was Ihnen guttut, und auf keinen Fall, was Ihnen nicht guttut. Wenden Sie sich im Zweifelsfall lieber an eine Psychotherapeutin.

Eingangs in ▶ Kap. 1.4 empfahl ich das Führen eines Notizbuches. Ich wiederhole den Rat: Schreiben Sie in Ihr Notizbuch die Dinge, die Sie bei der Lektüre des Selbsthilfe-Teils für bedeutsam erachten.

6.3 Professionelle Hilfe

Lassen Sie sich bei körperlichen Problemen immer erst vom Hausarzt untersuchen. Es führt kein Weg an einer klaren Diagnosestellung vorbei. Keine Behandlung ohne Diagnose! Alles andere ist »Fischen im Trüben«. Vielleicht ist doch der Feuermelder defekt, vielleicht brennt es gar nicht oder vielleicht ist irgendetwas Anderes im Gange, an das noch niemand gedacht hat.

Auch wenn keine organmedizinische Diagnose gestellt werden konnte, bedeutet das nicht, dass es sich nicht doch um eine körperliche Krankheit handelt, vielleicht eine, für die es noch kein Messverfahren gibt, oder eine, die noch unbekannt ist. Eine körperliche Krankheit kann einem blanden Befund zum Trotz die Ursache sein. Diesbezüglich gibt es keine Sicherheit. Nichtsdestotrotz ist der folgende Punkt sicher: Dass Psychotherapie bei unerklärbaren körperlichen Symptomen insofern wirksam ist, was die Forschung klar zeigt, weil sie das Wohlbefinden der Betroffenen steigert. Dies auch vor dem Hintergrund, dass jede psychosomatische Beschwerde stets durch ein Zusammenspiel verschiedener Komponenten entsteht, von denen eine die Psyche ist. Die Arbeit an der Psyche verändert deren Einfluss auf das psychosomatische Geschehen und verbessert es in der Regel merklich.

Ausschließlich dann, wenn es sich nach entsprechenden fachmännischen Abklärungen um eine psychosomatische Störung handelt, darf und soll das »medizinische Pony« verlassen und auf ein »psychisches Pony« umgesattelt werden. Denn mit dem medizinischen Pony reiten Sie weiterhin im Kreis herum, während das psychische Pony Sie hinauszutragen vermag – zumindest sind die Chancen höher.

Ihren Ausritt mit dem psychischen Pony können Sie entweder allein bzw. mit Ihren Angehörigen wagen, oder Sie holen sich einen erfahrenen Ranger alias Fachperson für psychosomatische Störungen dazu. Das kann sein ein psychologischer Psychotherapeut oder eine Fachärztin für psychosomatische Medizin und Psychotherapie. Ob Sie jemanden dazu holen, ist allein Ihre Entscheidung. Der Vorteil eines Rangers ist, dass dieser oft Pfade kennt, die einem selbst unbekannt sind. Ausgeprägter Leidensdruck und Einschränkungen bei Ihnen und/oder Ihren Angehörigen sprechen für die Hinzunahme einer Fachperson. Dies auch dann, wenn es innerhalb einer für Sie akzeptablen Frist bei selbständigem Behandlungsversuch zu keiner oder zu geringen Verbesserung kommt.

Im Zweifelsfall kann meines Erachtens immer zunächst auf die eigenen Selbstheilungskräfte vertraut werden. In jedem von uns steckt viel Wissen und eine Menge Fähigkeiten. Gleichzeitig gilt es, ehrlich sich selbst gegenüber zu sein und den Mut zu haben, andere, neue, unbekannte Wege einzuschlagen, wenn sich herausstellt, dass man im Kreis reitet. Entscheiden Sie selbst, was Sie brauchen und was nicht.

Dieser Ratgeber ist eine Art »Psychotherapeut in Buchformat« für das Sofa daheim. Der Ratgeber ist aber weder ein Psychotherapeut noch ein Ersatz dafür. Ein Psychotherapeut kann selbstverständlich passgenauer auf Sie und Ihre Bedürfnisse eingehen und Ihre Behandlung individueller durchführen.

6.4 Johari-Fenster

Der Name »Johari« ist ein Wortkonglomerat: Die Erfinder »Jo«seph Luft und »Harry« Ingham kreierten es mittels ihrer Vornamen. Die Idee des Fensters ist, dass jede Person Diskrepanzen zwischen Selbst- und Fremdwahrnehmung hat. Es werden vier Fenster unterschieden:

1. Das öffentliche Fenster: Alles, was man von außen von einem Menschen mitbekommt und er oder sie auch von sich selbst weiß.
2. Das geheime Fenster: Alles, was eine Person von sich selbst weiß, doch Anderen gegenüber verbirgt.
3. Das blinde Fenster: Alles, was von einer Person ausgestrahlt wird, doch von ihr selbst nicht wahrgenommen wird. Das Umfeld nimmt diese Dinge wahr.
4. Das unbekannte Fenster: Alles, was weder einer Person noch ihrem Umfeld bekannt ist.

Diese vier Fenster sind bei jeder Person unterschiedlich groß: Manche haben eine größere Diskrepanz zwischen der Selbst- und der Fremdwahrnehmung, manche eine geringere. Typischerweise liegt bei einer psychosomatischen Störung einiges im Verborgenen, das blinde und das unbekannte Fenster sind groß. Ein wesentlicher Therapieschritt ist die Vergrößerung dieser Fenster, also die Schaffung neuer Informationen.

Verständnis für sich selbst zu schaffen, blinde Flecken zu erkennen und neue Perspektiven zu generieren, gehört zu jeder Psychotherapie. Und wer kann das? Es gibt ein altes Sprichwort: »Die hilfreichste Hand hängt am eigenen Arm«. Ein Psychotherapeut kann Sie begleiten und durch wohl überlegte Fragen gute Antworten aus Ihnen heraus kitzeln, die zu neuen Erkenntnissen führen. Doch am Ende des Tages (und zu jeder anderen Tageszeit) sind nur Sie die Expertin oder der Experte und können nur Sie etwas bei sich selbst bewirken.

Wer sich Neuem zuwenden möchte, benötigt eine gute Portion Mut. Haben Sie Mut? Vielleicht noch nicht genügend? Schauen Sie sich um: Wer in Ihrer Umgebung hat richtig viel Mut? Ein Freund? Ein Arbeitskollege? Das Meerschweinchen von den Nachbarn? Es ist egal, wer als Vorbild dient. Fragen Sie sich: Wie macht diese Person(/dieses Meerschweinchen) das? Wenn möglich, fragen Sie diese Person direkt – nicht das Meerschweinchen, das wäre sonderbar. Recherchieren Sie. Kopieren Sie das mutige Verhalten.

Literaturempfehlungen zur Vertiefung

Luft J & Ingham H (1955) The Johari window, a graphic model of interpersonal awareness. In: Proceedings of the western training laboratory in group development, Los Angeles: UCLA.

7 Verstehen Sie sich?

Der Mensch strebt nach Lustgewinn und Unlustvermeidung, entsprechend sind unerklärbare körperliche Probleme nicht erwünscht. Selbstverständlich möchten Betroffene Erklärungen finden. Diese werden in der Regel zunächst im Bereich des Körpers gesucht, ehe man sich der Psyche zuwendet. Diese Wendung erfordert Mut. Vielfach ist es für Betroffene schwer vorstellbar, dass die Arbeit an der Psyche zu erwünschten Ergebnissen auf Körperebene führen kann.

Ein erster Schritt kann sein, das Selbstverständnis zu fördern. Zwar bekommt man Probleme selten nur deshalb in den Griff, weil man deren Ursache kennt. Doch ist es nützlich, die aktuelle Situation besser zu verstehen, denn was einen Sinn ergibt, wird greifbarer. Dieses Kapitel richtet seinen Fokus auf den Erwerb und die Zusammenstellung von Informationen und somit auf den Aufbau von Selbstverständnis.

7.1 Lebenslinie

Der französische Philosoph Lukrez sagte: »Von Nichts kommt nichts«. Zu diesem Thema wurden insbesondere in der Physik spannende Experimente durchgeführt, welche die Aussage Lukrez' zumindest nicht widerlegten. Wie im Weltall des Physikers, so im Körper des Menschen: Auch in ihm passiert nichts wegen »nichts«. Doch was ist bei Ihnen passiert?

Die folgende Übung heißt »Lebenslinie«. Da sie zum einen stressreduzierend wirken kann, zum anderen dabei unterstützt, schwierige Ereignisse im eigenen Leben zu identifizieren, stelle ich sie hier vor. Wenn Sie viele schlimme und vielleicht sogar traumatische Ereignisse erlebt haben (vgl. ▶ Kap. xx), sollten Sie von dieser Übung absehen. Führen Sie diese Übung nur dann durch, wenn Sie sich dazu imstande fühlen. Wenn Sie merken, dass es zu viel auslöst, lassen Sie es sein und wenden sich an einen Psychotherapeuten. Wenn es nämlich viel auslöst, kann es sinnvoll sein, dies professionell begleitet anzusehen.

Übung: Lebenslinie

Sie brauchen eine lange Schnur, Post-Its und mehrere Steine. Bilden Sie mit der Schnur auf einem größeren Tisch oder auf dem Boden eine lange Gerade. Wenn ein gekringelter Verlauf der Schnur besser zu Ihnen passt, dann machen Sie Kringel – machen Sie es auf Ihre eigene, persönliche Art. Dabei stellt ein Meter der Schnur etwa zehn Jahre Ihres Lebens dar. Schneiden Sie übrige Schnur keinesfalls ab – es wäre ein fatales Signal –, sondern lassen Sie sie gekringelt liegen. Es symbolisiert Ihr weiteres Leben, das noch im Verborgenen liegt. Nehmen Sie die Post-Its hervor. Markieren Sie den Anfang der Schnur mit einem solchen und schreiben Sie darauf: »Geburt«, ergänzen Sie Ihr Geburtsdatum und die Stadt, in der Sie geboren wurden. Suchen Sie einen Stein aus, der Ihre Geburt repräsentiert und legen Sie ihn zum Post-It. Anschließend führen Sie weitere bedeutsame Ereignisse Ihres Lebens entlang der Schnur auf und markieren diese jeweils mit einem Post-It. Darauf schreiben Sie, worum es sich handelt (Art), wann (Datum) und wo es passiert ist (Ort). Legen Sie jeweils einen passenden Stein dazu. Listen Sie auf diese Weise sämtliche bedeutsamen Ereignisse bis zum heutigen Tag. Tun Sie dies chronologisch, hüpfen Sie nach Möglichkeit nicht auf der Lebenslinie herum. Eines ums andere, von der Geburt bis zum heutigen Tag.

Vielleicht sind Sie unsicher, welche Ereignisse genannt werden sollen? Es sind diejenigen, die für Sie wichtig sind – egal, ob angenehm oder nicht. Es geht um persönliche Bedeutsamkeit. Gehört der erste Schultag dazu? Die schlechte Note in der fünften Klasse? Die erste Liebe? Die Fehlgeburt? Die Heirat? Die Scheidung? Die neue Arbeitsstelle? Der Konflikt mit dem Vorgesetzten? Der Tod der Eltern? Die Pensionierung? Sie allein wissen, was für Sie bedeutsam war und/oder ist.

Ist die Lebenslinie gelegt, betrachten Sie sie. Wie fühlt sich die Linie an? Was sticht heraus? Gibt es einen Verlauf? Können Sie Zusammenhänge mit Ihrer Symptomatik erkennen? Spekulieren Sie. Schreiben Sie Ihre Gedanken auf. Wenn Sie mögen, zeigen Sie die Linie einer nahestehenden und wohlgesinnten Person und fragen Sie sie, was sie darüber denkt. Wenn Sie viele unschöne Steine verbuchen müssen, denken Sie an die folgenden Worte von Nelson Mandela: »Der größte Ruhm im Leben liegt nicht darin, nie zu fallen, sondern jedes Mal wieder aufzustehen.« Dass Sie trotz Stolpersteine immer wieder aufgestanden sind, zeigt sich bereits darin, dass Sie dieses Buch in Ihren Händen halten. Denn vielleicht halten Sie dieses Buch in Ihren Händen, weil Sie aufstehen und weitergehen wollen.

7.2 Familiengeschichte

Den Fokus auf die eigene Familie und deren Geschichte zu richten, bietet eine weitere Möglichkeit, sich selbst besser zu verstehen. Kein Mensch existiert in einem Vakuum. Wir alle sind Teil eines Systems und um uns herum sind immer andere Menschen. Auch der einsamste Mensch entstammt einer Familie, die ihn auf irgendeine Weise geprägt hat.

Nachfolgend ist eine Reihe von Fragen über die Familie gelistet. Auch hier gilt: Beantworten Sie diese nur, wenn es für Sie stimmt. Wenn Sie merken, dass es zu viel auslöst, könnte es besser sein, die Fragen im Beisein eines Professionisten zu klären. Hören Sie auf sich, passen Sie auf sich auf.

Übung: Familienfragen

Stellen Sie sich die folgenden Fragen über Ihre Familie und antworten Sie schriftlich in Ihrem Notizbuch:

- Was fühlen Sie, wenn Sie über Ihre Familie nachdenken? Schreiben Sie Ihre Gefühle auf. Erkennen Sie die dahinter liegenden Bedürfnisse?
- Sind Sie zufrieden mit Ihrem Platz in Ihrer Familie?
- Wenn Ihre Familie ein Film wäre, welchen Titel hätte sie? Wer wären die Hauptdarsteller, wer die Nebendarsteller? Was würde das Publikum über die einzelnen Protagonisten denken?
- Gibt es sich wiederholende Muster?
- Welche Personen sind eher dominant, selbstsicher, egoistisch? Welche Personen sind eher unterwürfig, selbstunsicher, hilfsbereit?
- Existieren körperliche oder psychische Krankheiten in der Familie? Welche? Gibt es welche, die gehäuft vorkommen?
- Was haben Sie in dieser Familie gelernt? Was wurde Ihnen in die Wiege gelegt?
- Was haben Sie von Ihrem Vater und Ihrer Mutter übernommen? Was von anderen Familienmitgliedern?
- Gibt es Abtreibungen, Fehlgeburten, Todesfälle, Straftaten oder andere schwierige Themen? Darf darüber gesprochen werden? Gibt es Tabuthemen?
- Wie wird in der Familie mit schwierigen Ereignissen umgegangen?
- Gibt es irgendwelche zwischenmenschlichen Auffälligkeiten in Ihrer Familie? Kommen bspw. Scheidungen häufig vor oder gibt es viele Konflikte oder Kontaktabbrüche?
- Sind die Familienmitglieder einander nahe oder eher distanziert?
- Tragen Sie einen Konflikt aus, der eigentlich nicht der Ihrige ist?
- Keimt Beim Nachdenken über Ihre Familie in Ihnen irgendein Wunsch auf? Oder mehrere? Welche? Wünschten Sie, etwas in Ihrer Familie wäre anders? Was?

Vertiefen Sie sich in Ihre Familiengeschichte. Sie sind, ob Sie wollen oder vielleicht auch nicht, Teil davon. Von hier stammen Ihre Gene, hier haben Sie Modell gelernt.
Was können Sie aus diesen Überlegungen herausnehmen? Lässt sich Ihre psychosomatische Symptomatik irgendwie in die Familiengeschichte einbetten?

7.3 Biopsychosoziales Verstehensmodell

Die Lebenslinie und die Familiengeschichte sind wertvolle Übungen, die in diesem Ratgeber absichtlich vor das biopsychosoziale Verstehensmodell gestellt sind. Denn für dessen Erstellung kann es hilfreich sein, diese Vorinformationen verfügbar zu haben.

Sie haben das biopsychosoziale Modell schon kennengelernt: Im ersten Teil des Ratgebers wurde es erklärt, schauen Sie sich ▶ Kap. 4.1 allenfalls nochmals an. Nun entwerfen Sie eins für sich – aber nur, wenn Sie spüren, dass es Sie nicht überfordert. Ansonsten abermals der Rat, sich an eine Psychotherapeutin zu wenden.

Übung: Biopsychosoziales Verstehensmodell

Nehmen Sie ein großes Blatt hervor und zeichnen Sie ein Dreieck. Die drei Ecken repräsentieren jeweils die Biologie, die Psyche und das soziale Leben, beschriften Sie die Ecken entsprechend. Die drei Kanten zeigen die Schnittstellen zwischen diesen drei Bereichen. Füllen Sie die Ecken mit Ihren eigenen Angaben (▶ Kap. 4.1).

Die Zuordnung zu den Ecken ist nicht immer einfach. Nutzen Sie die Kanten des Dreiecks, wenn etwas mehreren Bereichen zugeordnet werden kann. Das dürfte häufig der Fall sein, handelt es sich doch um die drei Seiten derselben Medaille.

Informationen, die wichtiger oder aktueller sind, platzieren Sie näher an die Linien des Dreiecks, weniger wichtige oder nicht aktuelle Informationen platzieren Sie weiter weg. Wenn Sie mögen, unterteilen Sie in aktuell und in früher. Wenn Sie zu Schulzeiten Legastheniker waren, jetzt aber 50 Jahre später nur noch eine vage Erinnerung daran haben, dann dürfte das unter früher notiert oder weiter weg vom Dreieck platziert werden. Wenn Sie hingegen noch heute eine Panikattacke bei der schieren Erinnerung daran durchlaufen, dann darf es unter aktuell gelistet werden. Schließlich scheint es heute noch bedeutsam zu sein.

Nehmen Sie sich Zeit, hetzen Sie nicht. Es rennt Ihnen nichts davon. Ich will fast sagen: Genießen Sie den Prozess. Psychische Prozesse sind langsame Prozesse, das Gras wächst nicht schneller, wenn Sie es aus der Erde herausziehen. Genießen Sie die Selbstzuwendung, die Fürsorge, die Sie sich selbst zuteil kommen lassen, indem Sie diese Übung mit Geduld und Sorgfalt ausüben.

Prüfen Sie im Anschluss an die Erstellung des Modells, ob sich Stressquellen identifizieren lassen, die sich einfach beheben lassen. Ist dem so, dann ... beheben Sie diese Stressquellen. Weniger Stress ist weniger Stress.

Besteht Ihr biopsychosoziales Verstehensmodell aus einem einzigen Faktor? Wahrscheinlich nicht. Monismus (der Fokus auf nur einer Erklärung) ist selten der Schlüssel zum Verständnis psychosomatischer Störungen. Die Beschwerden resultieren für gewöhnlich aus einer Reihe von Faktoren, nicht bloß aus einem.

7.4 Befragung des Symptoms

Johann Wolfgang von Goethe sagte:»Willst du ein Problem lösen, so löse dich vom Problem.« In der Psychologie wird dieses Vorgehen Externalisierung genannt und darum geht es nun.

Wenn Sie bisher schon dachten, dass die Übungen sonderbar sind, wird dieser Eindruck hier gesteigert. Ich möchte Sie bitten, ein Interview mit Ihrem psychosomatischen Symptom zu führen. Im Grunde genommen ein Selbstgespräch.

Selbstgespräche sind völlig normal. Bei Kindern beobachten wir diese ständig; es instruiert sich selbst (… oder uns Erwachsene), um dieses oder jenes zu tun (… getan zu bekommen). Im Erwachsenenalter sprechen wir ebenfalls mit uns selbst, auch wenn uns das meist selten bewusst ist. Ich gebe Ihnen ein Beispiel: Verlässt Ihr Körper morgens um sechs Uhr selbständig das Bett? Bewegt Ihre Hand beim Autofahren von selbst den Schaltknüppel? Bewegen sich Ihre Lippen im Restaurant bei der Essensauswahl von allein und geben die Bestellung durch? Nein. Sie lenken das Verhalten mittels kleiner Befehle. Und die Befehle sind in Form von Gedanken (▶ Kap. 13). Oft ist es Ihnen kaum bewusst, aber Sie führen so quasi ständig Selbstgespräche! Der Körper kann allerlei Dinge von allein ausführen, viele Prozesse laufen ohne unser Zutun ab. Doch bei manchen haben wir sprichwörtlich ein Wörtchen mitzureden. So betrachtet sprechen wir ständig mit uns selbst. Und nun nutzen wir das, um an mehr Informationen über das Symptom zu gelangen.

Übung: Interview mit einem Vampir

In Ermangelung eines Vampirs, gespielt von Brad Pitt, führen wir das Interview stattdessen mit Ihrem Symptom. Stellen Sie zwei Stühle einander gegenüber. Bitten Sie Ihr Symptom, auf einem der Stühle Platz zu nehmen, setzen Sie sich auf den anderen. Blicken Sie zum Stuhl, auf dem Ihr Symptom sitzt. Was sehen Sie? Wie sieht Ihr Symptom aus? Beschreiben Sie es. Sieht es vielleicht wie Shrek aus dem gleichnamigen Film aus? Drucken Sie ein Bild von Shrek aus und stellen Sie es auf den Stuhl. Oder könnte es eine große, graue Wolke sein? Ein Männchen in der Form eines Herzens? Ein fusseliges Krümelmonster mit blutunterlaufenen Augen? Zeichnen Sie die Gestalt, wenn Sie mögen. Wie begrüßen Sie normalerweise Gäste in Ihrem Haus? Tun Sie es ebenso mit dem Symptom. Seien Sie freundlich. Laden Sie Ihren Gast – im übertragenen Sinn – zu Kaffee und

Kuchen ein. Fragen Sie sich: Was nehmen Sie beim Betrachten wahr? Verkrampft sich Ihr Bauch? Beginnt der Kopf zu schmerzen? Spüren Sie etwas Körperliches? Welche Gefühle stellen sich ein? Unwohlsein? Beklemmung? Oder Wut? Beobachten Sie, urteilen Sie nicht. Jede Beobachtung und jedes Gefühl sind nur Informationen, jede Information ist nur eine Information. Stellen Sie dem Symptom Fragen. Bringen Sie in Erfahrung, was Sie wissen wollen. Woher es kam, ob es wieder gehen wird, was es zum Verschwinden bringt. Warum es wie Shrek aus dem Sumpf ausschaut. Warum die Augen blutunterlaufen sind. Da das Symptom in Wahrheit nur vorgestellt ist, kann es nicht selbst antworten (wenn es das tut, ist das der falsche Ratgeber). Sie sind als freundliche Gastgeberin des Symptoms in der Pflicht, dem Symptom eine Stimme zu verleihen. Denken Sie nicht zu viel nach. Antworten Sie »frei von der Leber weg«. Es gibt kein richtig und kein falsch. Wenn Sie in eine Sackgasse gelangen, beginnen Sie das Interview von vorne. Fiktive Gespräche können problemlos immer wieder von vorne begonnen werden.

Als Beispiel ein Gespräch zwischen Frau Engel und ihrer Erkältung:
Frau Engel: »Hallo Erkältung.«
Erkältung: »Hallo Engelchen.«
Frau Engel: »Gut, bist du da, ich möchte mit dir reden.«
Erkältung: »Ah ja? Normalerweise kümmerst du dich nicht um mich und ignorierst mich.«
Frau Engel: »Ja, zurecht, ich habe kein Interesse an dir.«
Erkältung: »Eben. Woher der Sinneswandel?«
Frau Engel: »Kein Sinneswandel. Ich mag dich weiterhin nicht. Aber ich habe Fragen.«
Erkältung: »Schieß los.«
Frau Engel: »Warum belästigst du mich?«
Erkältung. »Du meine Güte. Ich belästige dich doch nicht.«
Frau Engel: »Doch, tust du. Aber ich formuliere es um: Wieso bist du da?«
Erkältung: »Ich habe da meine Gründe.«

Frau Engel: »Die da wären?«
Erkältung: »Ich bleibe ein Geheimnis. Ein Rätsel.«
Frau Engel: »Ich will es lösen. Wann gehst du wieder?
Erkältung: »Ist die Frage nicht eher, wann gehst DU?«
Frau Engel: »Wie meinst du das? Wohin soll ich gehen?«
Erkältung: »Merkst du denn nicht, was mit dir passiert?«
Frau Engel: »Ich wünschte, ich würde es merken.«
Erkältung: »Du steckst fest.«
Frau Engel: »Und du steckst in meiner Nase fest.«
Erkältung: »Na dann passe ich zu dir. Überleg dir mal, warum du feststeckst.«
Frau Engel: »Naja, ich bin alleinerziehend und habe mein früheres, sehr autonomes Leben, das ich so geliebt habe, an den Nagel hängen müssen, damit es meinem Baby gut geht.«
Erkältung: »Korrekt. Du kannst dein neues Leben nicht riechen.«
Frau Engel: »Nein, nein ... So würde ich das nicht sagen. Vielleicht ein Stück weit. Ich wollte das alles nicht.«
Erkältung: »Und jetzt ist dein Feuer erloschen. Du hast kaum noch Freude an etwas. Du lebst nicht mehr.«
Frau Engel: »Naja, ich habe schon Freude an meinem Baby. Aber mein Leben ist sehr anstrengend. Ich habe vieles aufgeben müssen.«
Erkältung: »Dein Herz ist kalt geworden.«
Frau Engel: »Kalt ... das erinnert mich an Er-kält-ung ...«
Erkältung: »Du brauchst wieder Freude. Finde heraus, was du brauchst. Lebe wieder. Jetzt steckst du fest. Nutze deinen Riecher, um eine neue Ri(e)chtung zu finden.«

Manchmal sind diese Gespräche bizarr. Und manchmal sind mehrere Anläufe notwendig, um an brauchbare Informationen zu kommen. Es geht darum, Informationen freizulegen, die sowieso in Ihnen vorhanden sind. Probieren Sie es aus – allein daheim und mit zugezogenen Vorhängen kriegt niemand diese besondere »Psycho-Übung« mit.

7.5 Persönlicher Sinn

Der berühmte Psychiater Irvin D. Yalom, den ich bereits im Rahmen der zentralen Problemfelder der psychosomatischen Störungen erwähnt hatte, sagt in seinem Film »Yaloms Anleitung zum Glücklichsein«, dass es sehr wichtig sei, den Sinn der eigenen Symptome zu verstehen. Darum geht es als Nächstes: Wir resümieren das bislang Geschaffene und suchen nach einem persönlichen Sinn für Ihre psychosomatische Symptomatik. Ich bitte Sie, sich der folgenden Übung anzunehmen.

Übung: Persönlicher Sinn

Sehen Sie sich Ihre Lebenslinie, Ihre Familiengeschichte, Ihr biopsychosoziales Verstehensmodell und Ihr Interview mit dem Vampir – excusez moi – mit Ihrem Symptom an. Begeben Sie sich mitten hinein. Vielleicht mögen Sie die Blätter, auf denen Sie die Übungen schriftlich festgehalten haben, aus dem Notizbuch heraustrennen und vor sich ausbreiten. Wenn Sie mögen, nehmen Sie sich eine vertraute Person dazu. Werden Sie zum Geschichtenerzähler. Vor Ihnen liegt das der Geschichte zugrundeliegende Material. Verknüpfen Sie die verschiedenen Fäden zu Strängen und mit Ihrer psychosomatischen Störung. Fragen Sie sich: »Wie kam es vom Einen zum Anderen?« Wo läuft der rote Faden lang? Warum hat es sich so entwickeln müssen? Wieso ergibt die Geschichte Sinn? Warum ausgerechnet jetzt? Wo sind Schwachstelle und Prägung? Nehmen Sie Stift und Papier hervor und schreiben Sie Ihre Geschichte. Füllen Sie die Lücken, die sich vielleicht auftun, mit dem, was Ihre Intuition sagt. Wenn Sie eine Geschichte entworfen haben, die Ihnen nicht gefällt, schreiben Sie eine andere. Schreiben Sie, bis Sie eine Geschichte haben, die in sich stimmig ist, auf das zugrundeliegende Material abstellt und Ihre Symptome erklärt. Eine psychosomatische Geschichte, die sich für Sie richtig anfühlt und für die vertraute Person, die Sie vielleicht dazu genommen haben, ebenso.

Jedes Leiden hat einen Sinn. Es ist ein Hinweisschild, das nicht aus heiterem Himmel gefallen ist. Albert Camus schreibt in seinem mit »Die Pest« betitelten Buch: »Wer hat Sie das alles gelehrt, Doktor?« Die Antwort kam umgehend: »Das Leiden.« Lernen Sie aus dem Leiden, finden Sie den Sinn.

Verzagen Sie nicht, sollte es trotz allem nicht gelingen, einen Sinn herauszuarbeiten. Wenn es einfach wäre, hätten Sie es schon längst getan. Haben Sie Geduld – Rom wurde nicht an einem Tag erbaut – oder wenden Sie sich an eine Fachperson.

Literaturempfehlungen zur Vertiefung

Egle UT., Heim C, Strauss B & von Känel R (2020) Psychosomatik. Neurobiologisch fundiert und evidenzbasiert. Kohlhammer: Stuttgart.
Schauer M, Neuner F & Elbert T (2011) Narrative Exposure Therapy: A short-term treatment for traumatic stress disorders. Hogrefe: Bern.

8 Was ist Ihr Ziel?

8.1 Wie geht es Ihnen?

An beliebten Wanderwegen steht häufig eine große Tafel, auf der die Wanderwege der Region aufgeführt sind. Doch ehe der eigene Wanderweg gesucht werden kann, ist es notwendig, zunächst den kleinen roten Punkt ausfindig zu machen, der Ihnen zeigt, wo Sie sind. Denn ehe Sie den Weg zu einem Ziel finden können, brauchen Sie eine Standortbestimmung.

Dazu möchte ich Sie bitten, sich zu fragen: »Wie geht es mir?« Fühlt es sich sonderbar an, sich das selbst zu fragen? Wahrscheinlich stellen Sie Personen, denen Sie im Alltag begegnen, diese Frage routinemäßig. Es ist eine soziale Floskel, die selten ehrlich beantwortet wird, doch sie gehört dazu. Sie zeigt Freundlichkeit und Interesse. Wann haben Sie sich das letzte Mal selbst diese Freundlichkeit und dieses Interesse mittels dieser Frage zukommen lassen? Vielleicht noch nie? Sich das selbst zu fragen, ist eine Möglichkeit, mit sich in Kontakt zu kommen. Bestenfalls gelangen Sie an Informationen, die den weiteren Weg erkennbar machen, jedenfalls verhalten Sie sich fürsorglich sich selbst gegenüber.

Wie es einem geht, ist relativ und meistens ist es möglich, Einfluss zu nehmen. Diese Möglichkeit zur Einflussnahme veranschauliche ich gelegentlich mithilfe einer Linie. Linien haben zwei Endpunkte: Hier signalisiert der eine 0 % Gesundheit (sprich komplettes Kranksein), der andere 100 % Gesundheit (sprich komplettes Gesundsein).

Übung: Gesundheitslinie

Ziehen Sie in Ihrem Notizbuch eine Linie. Kennzeichnen Sie die Endpunkte mit 0 % bzw. 100 % Gesundheit. Überlegen Sie: Wo auf der Linie der Gesundheit befinden Sie sich momentan? Machen Sie ein Kreuz. Bei wie viel Prozent ist Ihr Kreuz? Wie begründen Sie Ihre aktuelle Position auf dieser Dimension? Woran würden Sie merken, dass sich Ihre Gesundheit um 1 % verbessert hat? Was wäre anders? Finden Sie bei der Beantwortung dieser Frage konkrete Veränderungen in Ihrem Verhalten. Inwiefern würden Sie sich anders verhalten? Wem würde was auffallen? Wenn Ihnen soeben eigene Verhaltensweisen eingefallen sind, die anders wären bei 1 % mehr Gesundheit, dann ist Ihnen gerade ein Gutschein zur Verbesserung Ihrer Gesundheit in den Schoß gefallen. Sie können den Gutschein bei sich selbst einlösen, indem Sie Ihr Verhalten entsprechend ändern.

Im ersten Teil des Ratgebers haben Sie etwas über die Widerstandskraft und dass dabei Schutz- und Risikomerkmale eine Rolle spielen gelesen – dazu nun eine Übung.

Übung: Schutz- und Risikomerkmale

Welche Schutzmerkmale haben Sie? Was in Ihrem Leben macht, dass es Ihnen gutgeht? Wie laden Ihre Batterien auf? Was würden Freunde über Ihre Schutzmerkmale sagen? Zeichnen Sie eine Waage und schreiben Sie die Antworten in eine der Waagschalen. Beschriften Sie diese Waagschale mit »Das tut mir gut«.

Welche Risikomerkmale haben Sie? Was in Ihrem Leben macht, dass es Ihnen nicht gutgeht? Wie entladen sich Ihre Batterien? Was würden Freunde sagen, welche Risikomerkmale Sie haben? Schreiben Sie die Antworten in die andere Waagschale und benennen Sie diese mit »Das tut mir nicht gut«.

Nun betrachten Sie Ihre Waage mit den beiden Waagschalen. Wie sieht die Bilanz aus? Können die Schutz- die Risikomerkmale aushebeln, sodass Ihr Schutzschild funktioniert? Gibt es ein Merkmal, das sich einfach verändern ließe? Dann verändern Sie es, in dem Sie mehr davon machen oder eben weniger. Auch wenn Sie es nur wenig verändern, ist das in Ordnung. Auch kleine Veränderungen können große Wirkungen haben. Die sogenannte Chaos-Theorie besagt, dass das Flattern eines Schmetterlings in Brasilien zu einem Wirbelsturm in Texas beitragen kann. Sobald Ihnen eine Veränderung gelungen ist, nehmen Sie sich das nächste Merkmal vor, das auch relativ einfach verändert werden könnte und verändern es. Schritt für Schritt – das Prinzip der kleinen Schritte. Ein Schmetterlingsflügelschlag um den anderen. So bauen Sie allmählich Schutz auf und Risiken ab.

8.2 Wohin geht die Reise?

Gehen Sie in ein Restaurant und bitten die Servicemitarbeitende, Ihnen irgendetwas zu bringen, stillschweigend annehmend, sie weiß schon, was Sie wollen? Wenn Sie nicht gerade ein Stammgast sind, der immer dasselbe bestellt, würden Sie Gefahr laufen, Spaghetti Bolognese vorgesetzt zu bekommen, obwohl Sie Vegetarierin sind. Oder Sushi, obwohl Sie Steaks lieben. Nein – Sie sagen dem Servicemitarbeitenden, was Sie essen möchten und das wird für Sie zubereitet, sofern es auf der Karte steht.

Nicht anders läuft es zu Beginn einer Psychotherapie. Jede Psychotherapie startet immer mit der Frage nach dem Ziel. Sie sagen dem Psychotherapeuten, was Sie erreichen möchten und der Psychotherapeut unterstützt Sie auf dem Weg dahin. Mark Twain sagte: »Wer nicht weiß, wohin er will, der darf sich nicht wundern, wenn er ganz woanders ankommt.« Was möchten Sie? Welche »Speise« darf es sein? Wohin geht die Reise?

Zu sagen, was man will, ist eine Herausforderung. Meistens ist es einfacher, zu sagen, was man nicht will. Sie wollen keine Magenschmerzen mehr? Okay. Keine Kopfschmerzen mehr? In Ordnung. Nicht mehr gelähmt sein? Gute Idee. Keinen weiteren Herzinfarkt? Kann ich nachvollziehen. Doch was wollen Sie stattdessen?

8.3 Smarte Ziele

Was macht ein gutes Ziel aus? Von Peter Drucker stammen die SMART-Kriterien für »smarte« Ziele. Diese lauten wie folgt:

S: Spezifisch (Das Ziel ist genau und konkret)
M: Messbar (Der Erfolg des Ziels ist messbar)
A: Akzeptiert (Das Ziel ist auch für andere akzeptabel)
R: Realistisch (Das Ziel ist möglich)
T: Terminierbar (Das Ziel enthält eine Zeitangabe)

Frau Engel hatte sich zu Beginn der Therapie gewünscht, wieder zu leben. Auch wenn das Ziel vor dem Hintergrund ihrer Leidensgeschichte akzeptabel schien, war es gleichzeitig wenig spezifisch (schließlich lebt sie ja schon!), sondern regelrecht unspezifisch (was heißt »zu leben« überhaupt?), wenig messbar (ab wann lebt sie mehr als jetzt?), fraglich realistisch (solange unklar ist, was das für Frau Engel bedeutet) und nicht terminiert (wann hat sie das erreicht?). Ich half Frau Engel, das Ziel zu optimieren, indem ich Nachfragen stellte: »Was bedeutet es für Sie, zu leben? Wie verhält man sich, wenn man lebt? Wann haben Sie früher schon einmal gelebt? Woran erkennen Sie, dass Sie leben?« Frau Engel sagte: »Ich möchte jede Woche zwei Abende für mich und im Alltag mehr Unterstützung bei der Kinderbetreuung, sowie eine Nacht pro Woche durchschlafen. Bis Ende des Monats soll das umgesetzt sein.« Dieses Ziel ist weitgehend spezifisch, messbar, akzeptiert, realistisch und terminierbar.

Passen Sie bei der Formulierung Ihres Ziels auf, dass es ein Ziel ist, dass *Sie* erreichen. Nicht eines, das Ihr Ehemann, Ihre Schwiegermutter, Ihre Kinder oder der Chef erreichen sollen. Sie können nur bei sich selbst etwas bewirken, also zielen Sie auch nur auf sich selbst. Es ist aber absolut möglich, dass wenn Sie etwas bei sich selbst verändern, dies Wellen auf die Sie umgebenden Personen schlägt.

8.4 Wunder geschehen

Zurück zum möglichen Inhalt des Ziels. Wissen Sie schon, was »aufgetischt« werden darf? Oder haben Sie (noch) keinen Plan, wo die Reise hingeht? Grämen Sie sich nicht: Es ist in Ordnung, wenn es noch nicht geklappt hat. Begegnen Sie sich nachsichtig. Manchmal eignet sich eine ganz besondere Frage zur Zielklärung: die Wunderfrage.

Übung: Wunderfrage

Die systemischen Psychotherapeuten Steve de Shazer und Yvonne Dolan formulieren die Wunderfrage folgendermaßen: »Angenommen, es würde eines Nachts, während Sie schlafen, ein Wunder geschehen und Ihr Problem wäre gelöst. Allerdings wissen Sie nicht, dass das Wunder geschehen ist, weil Sie ja geschlafen haben. Wie würden Sie das morgens, wenn Sie aufstehen, merken? Was wäre anders? Was machen Sie anders? Woran würden es andere merken, dass das Wunder geschehen ist?«

Machen Sie die Augen zu und malen Sie sich dieses Szenario aus. Nehmen Sie sich Zeit. Seien Sie detailliert. Beschreiben Sie die Veränderungen so konkret und realitätsnah wie möglich. Benennen Sie nicht, was Andere anders machen, sondern bleiben Sie bei sich: Was machen SIE anders. Schreiben Sie alles auf. Das, was Sie anders machen, könnte Ihr Ziel sein.

8.5 Die Zukunft lässt grüßen

Wer im Sumpf der Gegenwart feststeckt, sieht manchmal vor lauter Bäume den Wald nicht mehr. In diesem Fall lohnt es sich, auf der eigenen Zeitachse vorzurücken und die jetzige Situation mit zeitlicher bzw. zukünftiger Distanz zu betrachten. Dazu folgende Übung.

> **Übung: Brief aus der Zukunft**
>
> Schreiben Sie sich selbst einen Brief aus der Zukunft. Spulen Sie dazu fünf Jahre nach vorne. Das Ich in fünf Jahren schreibt dem heutigen Ich einen Brief. Der Clou: In fünf Jahren geht es Ihnen blendend. Bitte benennen Sie im Brief, was Sie in den letzten fünf Jahren gemacht haben, damit es Ihnen fünf Jahre später großartig geht. Seien Sie detailliert, seien Sie ausführlich, lassen Sie nichts aus. Was haben Sie passieren lassen, damit es bergaufwärts ging? Seien Sie sowohl realistisch wie auch fantasievoll.
>
> Sollten fünf Jahre zu wenig sein, verwenden Sie mehr. Wenn Sie mögen: denken Sie sich in ein altes, weises, zufriedenes Ich ein, das diesen Brief aus der weit entfernten Zukunft schreibt. Welche Schritte entnehmen Sie dem Brief? Welche Handlungen haben Sie vorwärtsgebracht? Das könnten Ihre Ziele sein.

8.6 Kleiner Motivations-Kick

Und dann ist da noch die Sache mit der Motivation. Wer sich mangels Motivation nicht auf den Weg macht, erreicht das smarteste Ziel niemals. Jede Reise beginnt mit dem ersten Schritt. Und der erste ist meist der schwerste. Es braucht Motivation. Verfügen Sie über Strategien, mittels derer Sie Ihre Motivation positiv beeinflussen können? Die Vier-Felder-Matrix (▶ Abb. 5) bietet eine Möglichkeit. Wie der Name sagt, hat die Matrix vier Felder. In das Feld links oben tragen Sie die kurzfristig positiven Konsequenzen einer Zielerreichung ein, rechts oben die langfristig positiven, links unten die kurzfristig negativen, rechts unten die langfristig negativen Konsequenzen.

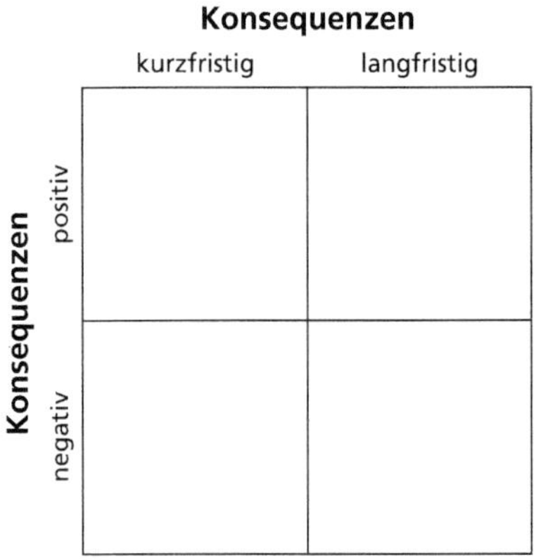

Konsequenzen
kurzfristig   langfristig

Konsequenzen positiv / negativ

Abb. 5: Vier-Felder-Matrix zur Motivation

Ein Beispiel: Frau Engel überlegte sich, in die Nähe ihrer Eltern ziehen. In das Feld unten links trägt sie bspw. ein, dass sie dafür vor Gericht muss. Dies, da ihr Exmann verboten hat, mit dem Baby umzuziehen. Dadurch entstehen Kosten auf psychischer wie auch finanzieller Seite. In das Feld oben rechts schreibt sie, dass sie dadurch Unterstützung im Alltag erhält und ihrem Leben wieder mehr nachgehen kann. Sie füllt alle Felder mit so vielen Punkten wie möglich aus und erhält einen Überblick über die zu erwartenden Konsequenzen. Spricht mehr für dieses Ziel, kann ein solcher Überblick motivierend wirken. Spricht eigentlich nicht viel für dieses Ziel, kann die Matrix einen möglicherweise vor einem Fehler abhalten, in dem sie die Motivation herabsetzt.

Die Motivation kann auch durch die Bewusstmachung der eigenen Einschränkungen gefördert werden. Stellen Sie sich die folgende Frage: Wie sehr hindert Sie die psychosomatische Störung daran, ein angenehmes Leben zu führen? Schätzen Sie dies für die folgenden Bereiche des

Lebens von 0 % (keine Beeinträchtigung) bis 100 % (völlige Beeinträchtigung) ein:

- Familie
- Haushalt
- Freizeitaktivitäten
- Beruf, Ausbildung und Schule
- soziale Aktivitäten
- Sexualleben
- Selbständigkeit und Unabhängigkeit
- Beweglichkeit und Mobilität
- lebensnotwendige Aktivitäten wie Essen, Schlafen, Atmen
- etwas anderes

Durch diese Einschätzungen haben Sie sich den Ist-Zustand vor Augen geführt. Führen Sie diese Einschätzungen ein zweites Mal durch und benennen Sie nun den Soll-Zustand. Geben Sie von 0 % bis 100 % an, inwiefern Sie in den gelisteten Bereichen beeinträchtigt sein möchten. Gibt es eine oder mehrere Diskrepanzen? Sind Sie bereit, diese Nachteile weiter zu akzeptieren oder möchten Sie das ändern?

Probieren Sie es aus. Wenn Sie schon ein smartes Ziel kreiert, vielleicht sogar die Wunderfrage verwendet haben und in die Zukunft gereist sind, wäre es schade, es nicht umzusetzen. Das wusste schon Albert Einstein, der sagte:»Die reinste Form des Wahnsinns ist es, alles beim Alten zu belassen und zu hoffen, dass sich etwas ändert.«

Bleiben Sie freundlich mit sich, auch wenn die Umsetzung Ihrer Ziele nicht gelingt. Üben Sie Nachsicht aus. Akzeptieren Sie, dass die Umsetzung bisher nicht möglich war. Sollte die Umsetzung Ihrer Ziele wiederholt nicht klappen, besteht die Möglichkeit, sich helfen zu lassen. Das Gewicht der Welt lastet nicht ausschließlich auf Ihren Schultern. Sie dürfen sich Unterstützung holen. Sie dürfen Andere belasten. Jeder Mensch ist wichtig, auch Sie.

Literaturempfehlungen zur Vertiefung

De Shazer S & Dolan Y (2016). Mehr als ein Wunder. Lösungsfokussierte Kurztherapie heute. Carl Auer: Heidelberg.

Drucker P (1997). People and performance: the best of Peter Drucker on Management. Harper's College Press: New York.

Potreck-Rose F & Jacob G (2003) Selbstzuwendung, Selbstakzeptanz, Selbstvertrauen. Psychotherapeutische Interventionen zum Aufbau von Selbstwertgefühl. Klett-Cotta: Stuttgart.

9 Ist die Vergangenheit vergangen?

»Der Schüler ging zum Meister und fragte ihn:»Wie kann ich mich von dem, was mich an die Vergangenheit heftet, lösen?«Da stand der Meister auf, ging zu einem Baumstumpf, umklammerte ihn und jammerte:»Was kann ich tun, damit dieser Baum mich loslässt?«
aus dem Zen-Buddhismus

9.1 Schwierige Lebensereignisse

Kein Mensch ohne Rucksack – wir alle tragen einen. Manche Rucksäcke sind leichter, manche schwerer. Reisen Sie mit leichtem Gepäck oder tragen Sie schwer? Für den, der schwer trägt, ist jeder Weg beschwerlich. Es lohnt sich, einen Blick in den eigenen Rucksack zu werfen und unnötige Last gegebenenfalls loszulassen.

Schwierige Erlebnisse in der Kindheit und über die Lebensspanne hinweg sind Risikofaktoren für etwaige Fehlanpassungen und sind Teil des biopsychosozialen Verstehensmodells, dem Sie in ▶ Kap. 4.1 sowie ▶ Kap. 7.3 begegnet sind. Der Stellenwert solcher Erfahrungen für die Entwicklung psychosomatischer Störungen ist beachtlich. Gute wie schlechte Erlebnisse prägen uns und tragen zu dem bei, was wir heute sind – wie wir denken, wie wir fühlen, wie wir uns verhalten. Wer viele und/oder schwere Lebensereignisse erlebt hat, der ist meist anfälliger für Stresserleben und reagiert schneller auf Stressoren. Dies ist auch deshalb ungünstig, da die psychosomatische Störung an sich ein weiterer Stressor ist.

Die Worte des Dalai Lama passen gut: »Ob wir später im Leben erfolgreich sind, hängt zu einem nicht unerheblichen Teil von der Atmosphäre und den Umständen ab, in denen wir aufwachsen. Kinder aus Familien, in denen liebevoll und fürsorglich miteinander umgegangen wird, sind die glücklicheren und später auch erfolgreicheren Menschen. Und umgekehrt kann das Leben eines Kindes durch Mangel an Liebe und Zuneigung zugrunde gerichtet werden.«

Wenn ein Blick zurückgeworfen wird, dann niemals, um Staub aufzuwirbeln. Sondern um herauszufinden, inwiefern wir heute noch von dem beeinflusst werden, was war, Prägungen und Muster zu erkennen und unsichtbare Fäden aus der Vergangenheit sichtbar zu machen. Und möglicherweise den einen oder anderen Faden zu kappen. Deswegen kann ein Blick zurück sinnvoll sein.

Ich bevorzuge den Begriff der Integration gegenüber dem der Verarbeitung. Was bedeutet Verarbeitung? Wann ist etwas verarbeitet? Für mich ist etwas verarbeitet, wenn etwas integriert ist, ergo ist Integration der wichtigere Begriff. Ein integriertes Ereignis ist eines, das in die eigene Biografie aufgenommen wurde, sodass es nicht mehr aus der eigenen Landschaft der Lebensgeschichte »herausragt«, wie der Mount Everest es täte, wenn er in Amsterdam stände. Stattdessen ist das Ereignis in die Landschaft, die das Ich ausmacht, integriert und ein Stück weit in ihr aufgegangen. Es gibt keine scharfen Abgrenzungen mehr, sondern mehr oder weniger sanfte Übergänge. Ein in Amsterdam eingebetteter Everest-Hügel – man sieht ihn, und doch stört er das Auge nicht.

Fragen Sie sich: Wie sind Sie aufgewachsen? Was haben Sie erlebt? Ist man mit Ihnen liebevoll und fürsorglich umgegangen? Haben Sie Vernachlässigung erlebt? Vielleicht sogar Gewalterfahrungen? Sind Ihnen negative Ereignisse über die Lebensspanne hinweg widerfahren? Ist Ihre heutige Lebensführung von früheren Erfahrungen überschattet? Umarmen Sie einen Baumstumpf? Bestehen Verbindungen zu Ihrer heutigen psychosomatischen Störung? Dann ist mein Rat, hier Arbeit reinzustecken.

Im Folgenden kommt eine Methode, die sich dazu eignet, schwierige Lebensereignisse in die eigene Lebensgeschichte zu integrieren. Ich möchte einmal mehr betonen, dass Sie die Übung nur alleine ausführen, wenn es für Sie stimmt. Dass etwas belastet, ist okay. Wenn es Ihnen aber allzu arg den Ärmel reinzieht, wenden Sie sich an eine Fachperson, die Sie dabei unterstützt.

9.2 Schreiben Sie Ihre Geschichte

Die eigene Geschichte zu schreiben, kann bei der Integration schwieriger Ereignisse in die eigene Biografie nützlich sein. Es kann helfen, Unangenehmes als Teil des eigenen Lebens zu begreifen und zu akzeptieren. Eventuell trägt es dazu bei, den Mount Everest in Amsterdam auf die Höhe eines Hügels zu schrumpfen.

Haben Sie im ▶ Kap. 7.1 die Lebenslinie gelegt? Wenn nicht, holen Sie das bitte nach. Darauf aufbauend schreiben Sie die eigene Lebensgeschichte entlang der Lebenslinie chronologisch auf. Seien Sie ausführlich, ohne auszuufern. Lassen Sie nichts aus, das für Sie persönlich bedeutsam ist oder war. Schreiben Sie bis zum heutigen Tag.

Achten Sie darauf, dass Sie beim Schreiben stets hinzufügen, wann, wo und mit wem Sie was erlebt haben. Benennen Sie Ihre Gefühle in der Ich-Sprache (bspw. »Ich fühlte mich traurig« oder »Ich fühlte mich wütend«) und Ihre Sinneseindrücke sprich was Sie gesehen, gehört gespürt, gerochen und geschmeckt haben (bspw. »Ich hörte das dumpfe Geräusch eines vorbeifahrenden Zugs«, »Ich sah währenddessen die ganze Zeit auf das silbrig reflektierende Wasser«, »Ich roch den Geruch von Benzin«, »Ich schmeckte den Kaffee, den ich zuvor getrunken hatte« oder »Ich spürte seine Hand auf meiner Schulter«). Die Nennung aller Details – besonders Gefühle, Gedanken und Sinneseindrücke – hilft bei der Verarbeitung.

Wenn Sie die Biografie fertiggestellt haben, suchen Sie sich eine enge, vertraute Person. Auch ein Psychotherapeut kommt in Frage. Wenden Sie sich auf alle Fälle nur an erwachsene Personen – keine Kinder. Und nun: Lesen Sie vor. Händigen Sie keine Kopien aus, das ist nicht Sinn der Sache. Das Vorlesen ist ein wichtiger Bestandteil und dient der weiteren Verarbeitung. Wenn Sie vorlesen (oder die Geschichte selbst lesen), lesen Sie sie immer ganz, von der ersten bis zur letzten Seite. Picken Sie nichts heraus. Sie sind das alles, nicht bloß ein Teil davon. Schließlich stellen Sie Ihre Biografie signalhaft in ein Bücherregal. Dort steht sie jetzt. Ihre Geschichte ist eingeordnet, Ihre Erlebnisse integriert. Der Dichter Hans Christian Andersen sagt: »Das Leben ist das schönste Märchen.« Vielleicht trifft das nur bedingt auf Sie zu. Aber es ist Ihre Geschichte und gehört zu Ihnen. Schreiben Sie die Geschichte in ein paar Jahren weiter, wenn Sie mögen. Ich schlage vor, dass Sie bis dann ein Leben leben, das Sie gerne aufschreiben, das märchenhafter ist.

Erwarten Sie nicht, dass die Aufgabe Spaß bereitet. Meistens tut sie es nicht und wenn doch: gern geschehen. Planen Sie das Schreiben wie einen Termin in Ihre Wochenplanung ein. Häufig wird lieber aufgeschoben als aufgeschrieben. Manchmal beginnen ausgerechnet dann (»ausgerechnet jetzt«, ▶ Kap. 4.2) körperliche Symptome, wenn man schreiben möchte. Ein Tipp: Wenn es im Rahmen des Möglichen liegt, schreiben Sie dennoch. Es ist möglich, dass die Symptome nach der Schreibintervention abklingen. Wägen Sie gut ab, ob es wirklich im Rahmen des Möglichen liegt. Das tut es meist nicht, wenn Sie viele arge Dinge erlebt haben und/oder traumatisiert sind – dann schreiben Sie Ihre Lebensgeschichte nicht allein, sondern wenn, dann durch eine Fachperson begleitet auf, die in traumatherapeutischen Verfahren geschult ist.

9.3 Lebensbaum

Wie Sie schon aus den ▶ Kap. 2.3 und ▶ Kap. 2.4 wissen, handelt es sich bei Ressourcen um Fähigkeiten, Kompetenzen, positive Erinnerungen, Fertigkeiten, Wissen, Einstellungen, Erfahrungen, Talente, Stärken und weiteres. Alles, was Sie können und was Ihnen guttut. Gerade bei Stress ist ein Rückgriff auf Ressourcen wichtig – sie geben ein positives

Gegengewicht. Wer die eigenen Ressourcen jedoch nicht wahrnimmt, kann nicht auf sie zurückgreifen. Wahrgenommen kann nur werden, worauf der eigene Wahrnehmungsapparat ausgerichtet ist. Von Ncazelo Ncube und David Denborough stammt eine wunderbare Methode, die hilft, die Wahrnehmung auf das Gute im eigenen Leben zu lenken: der Lebensbaum.

Übung: Lebensbaum

Nehmen Sie entweder Ihr Notizbuch oder ein großes Blatt hervor und zeichnen Sie einen Baum.

- Tragen Sie in die Wurzeln des Baums ein, woher Sie kommen: Familie, Ort, Land, Kultur und so weiter. Alles, was Sie auf positive Weise geprägt hat.
- In die Erde tragen Sie ein, was Sie zu tun gedenken, sämtliche Aktivitäten, denen Sie nachgehen wollen (nicht müssen).
- In den Stamm schreiben Sie, was Ihnen am Herzen liegt und über welche Fähigkeiten Sie verfügen. Der Stamm steht für das, was Sie wertschätzen. Es dürfen auch Werte, Fähigkeiten, Dinge oder sonst etwas sein, die Ihnen früher wichtig gewesen waren. Benennen Sie, von wem Sie eine Fähigkeit erhalten haben.
- Tragen Sie Ihre Hoffnungen, Träume und Wünsche in die Zweige ein. Dabei kann es sich um Kurzfristiges oder um Längerfristiges handeln. Es kann etwas für sich selbst oder für die gesamte Menschheit sein.
- Beschriften Sie die Blätter mit Personen (auch Tiere), die für Sie auf gute Weise wichtig sind. Es können nahestehende Personen mit direktem Einfluss sein oder solche, die Ihnen nie begegnet sind, die Sie aber positiv beeinflusst haben. Wenn Sie mögen, dann schreiben Sie neben jedes Blatt eine kurze Geschichte, die Sie mit der auf dem Blatt genannten Person verbinden.
- Schreiben Sie auf jede Frucht ein Vermächtnis, das Ihnen hinterlassen wurde. Es sind Geschenke, die Ihnen überreicht worden

sind. Es kann sich dabei um alles Mögliche handeln, um Fähigkeiten, um materielle Dinge und so weiter.
- Tragen Sie in die Blumen des Baums die Vermächtnisse ein, die Sie anderen weitergeben möchten.

Bleiben Sie währenddessen stets auf der »Sonnenseite« Ihres Lebens. Konzentrieren Sie sich in dieser Übung ausschließlich auf positive, angenehme, wohltuende Dinge.
Sobald Sie den Lebensbaum fertiggestellt haben, hängen Sie ihn an einer zentralen Stelle in Ihrer Wohnung auf. Bitten Sie Freunde und Familie dazu und erzählen Sie von all den Einzelheiten Ihres Baums. Sind keine Personen da, denen Sie Ihre positive Geschichte erzählen können, dann berichten Sie Ihrer Katze, Ihrem Spiegelbild oder stellen sich einen wichtigen anderen Menschen vor. Es fördert die Wirksamkeit, wenn Sie es Anderen erzählen – egal ob in Mensch-, Spiegelbild-, Tier- oder vorgestellter Form.

Literaturempfehlungen zur Vertiefung

Dalai Lama (2014). Kleines Buch der inneren Ruhe. Herder: Freiburg im Breisgau.
Denborough D (2017) Geschichten des Lebens neu gestalten. Grundlagen und Praxis der narrativen Therapie. Vandenhoeck & Ruprecht: Göttingen.
Ncube N. (2006) The tree of life project. Using narrative ideas in work with vulnerable children in Southern Africa. International Journal of Narrative Therapy and Community Work, 1.
Schauer M, Neuner F & Elbert T (2011) Narrative Exposure Therapy: A short-term treatment for traumatic stress disorders. Hogrefe: Bern.

10 Verhalten Sie sich förderlich?

In diesem Kapitel geht es um Lebensqualität, das richtige Maß an und die Ausgewogenheit von Aktivitäten. Es werden Wochenpläne erstellt. Wir schauen uns mögliches Krankheitsverhalten sowie die eigene körperliche Betätigung an und ich berichte Ihnen von der depressiven Spirale. Es geht um Flow, ich schlage Ihnen vor, sich mit sich selbst zu befreunden und ich verliere ein paar Worte zu »Doktor Google«.

10.1 Lebensqualität

Alexis Carrel sagte. »Es kommt nicht darauf an, dem Leben mehr Jahre zu geben, sondern den Jahren mehr Leben.« Existieren Sie noch oder leben Sie schon? Inwiefern führen Sie ein qualitativ hochwertiges Leben?

Lebensqualität ist ein Sammelbegriff und setzt sich aus einer Reihe von Merkmalen zusammen. Um welche Merkmale es dich dabei handelt, ist individuell verschieden. Jede Person versteht unter Lebensqualität etwas anderes. Für den einen bedeutet es, im Kader einer Firma zu sein, ein Haus zu besitzen, mit der schönsten Frau im Dorf verheiratet zu sein und zwei brave Kinder zu haben. Für den anderen bedeutet es, ein Leben im VW-Bus, immer auf Achse und auf der Suche nach dem nächsten Abenteuer zu sein, von der Hand in den Mund zu leben. Was ist richtig? Beides: Für den Einen das Eine, für den Anderen das Andere.

Was ist für Sie das Richtige? Was brauchen Sie, um zufrieden zu sein? Was brauchen Sie, damit Ihr Leben qualitativ und lebenswert ist? Nicht für jeden, doch für manchen ist die folgende Übung sinnvoll.

Übung: Weihnachtskugeln

Skizzieren Sie zunächst einen Tannenbaum in Ihr Notizbuch. Überlegen Sie danach, was Sie für ein zufriedenes Leben brauchen. Kaderposition, VW-Bus, Kinder und/oder Vogelfreiheit? Was gehört dazu? Zeichnen Sie für jedes Bedürfnis eine Kugel an den Baum und beschriften Sie sie entsprechend. Wichtige Kugeln hängen höher, weniger wichtige tiefer, unwichtige gar nicht. Achten Sie darauf, dass die Kugeln zusammenpassen und ein stimmiges Bild entsteht. Seien Sie kritisch und hängen Sie nur diejenigen Kugeln an Ihren Baum, die Sie wirklich aufhängen wollen – nicht das, was die Gesellschaft, die Herkunftsfamilie oder wer auch immer möchte. Betrachten Sie den Baum nach dessen Fertigstellung und fragen Sie sich: Inwiefern leben Sie Ihr Leben entsprechend dieser Bedürfnisse? Ein perfektes Leben ist selten möglich. Die Frage ist: Ist es genügend bedürfnisgerecht? Was können Sie verändern, damit Ihr Leben bedürfnisgerechter ist? Kann eine Kugel höher bzw. tiefer gehängt oder dazu genommen bzw. entfernt werden?

10.2 Maß und Ausgewogenheit von Aktivitäten

Sind Sie ein aktiver Mensch, der stets auf Achse ist und für den sich die Welt nicht schnell genug dreht? Oder ist es eher so, dass eine Delle im Sofa Ihren üblichen Aufenthaltsort verrät? Grundsätzlich ist beides in Ordnung. Es geht darum, mit derjenigen Gangart unterwegs zu sein, die für Sie stimmt und Ihr Wohlbefinden fördert. Gut ist, was guttut. Hand aufs Herz: Ist Ihr Maß an Aktivität derzeit das Richtige für Sie?

10 Verhalten Sie sich förderlich?

Wenn Sie sich Ihr Maß an Aktivität als einen Regler vorstellen, der von 0 (keinerlei Aktivität) bis 10 reicht (pure Aktivität), – wo ist Ihr Regler aktuell? Ist Ihr Regler da, wo Sie ihn am liebsten haben? Wenn nein: Wie kommen Sie vom Ist- in den Soll-Zustand? Was müssen Sie tun oder unterlassen?

Vom Maß an Aktivität wechseln wir zur Ausgewogenheit von Aktivitäten. Sicherlich haben Sie davon gehört, dass die Ernährung möglichst ausgewogen sein sollte. Alles soll auf den Teller dürfen, immer schön abwechselnd und eben: ausgewogen. Essen Sie zum Beispiel Salat, dann ist das günstig für Ihre Gesundheit. Essen Sie ausschließlich Salat, dann eher doch nicht. Die Mischung macht's. Dasselbe gilt auch bezüglich Aktivitäten. Einseitigkeit ist ein Türöffner für Fehlbelastungen.

Es bietet sich der Vergleich mit einem Stuhl an. Verfügt er über nur ein Standbein, genügt eine dezente Brise und er kippt um. Steht er auf zwei Beinen, ist er weiterhin wacklig. Drei und mehr Beine gelten als stabil. Umso mehr Beine der Stuhl hat, umso unwahrscheinlicher ist es, dass er umfällt, sollte ein Bein abhandenkommen. Die Statik ist ausgewogen. Weg vom Stuhl, zurück zu Ihnen: Leben Sie ein abwechslungsreiches, ausgewogenes Leben, ist der Verlust eines Bereiches weiterhin ungünstig, doch behalten Sie Ihre Stabilität, da die anderen Bereiche Sie weiterhin tragen.

Übung: Stuhldiagramm

Zeichnen Sie die Sitzfläche eines Stuhls. Fügen Sie nun so viele Stuhlbeine hinzu, wie es Bereiche in Ihrem Leben gibt. Jedes Bein repräsentiert einen Lebensbereich. Erstellen Sie nicht den Wunschzustand, sondern den aktuellen Zustand. Betrachten Sie Ihren Stuhl anschließend: Kann man auf diesem Stuhl stabil sitzen? Würde der Stuhl umkippen bei Belastung? Sind die Stuhlbeine alias Lebensbereiche ausgewogen? Stimmt der Stuhl mit seinen Stuhlbeinen so für Sie oder keimt ein Veränderungswunsch?

Das Stuhldiagramm gibt einen ersten Eindruck über die Ausgewogenheit Ihrer Lebensbereiche. Die nächste Übung einen zweiten.

Übung: Wochenplan

▶ Abb. 6 ist ein Wochenplan. Übertragen Sie diesen in Ihr Notizbuch. Notieren Sie für die vergangenen sieben Tage, wann Sie was gemacht haben. Bspw. am Montag um 6 Uhr »aufstehen«, von 6 bis 7 Uhr »duschen und frühstücken«, von 7 bis 8 Uhr »zur Arbeit pendeln«, von 8 bis 12 Uhr »Büro«, von 12 bis 13 Uhr »Mittagessen mit Freunden«, von 13 bis 17 Uhr wieder »Büro«, von 17 bis 18 Uhr »nach Hause pendeln«, von 18 bis 19 Uhr »kochen und essen«, von 19 bis 20 Uhr »Fitness«, von 20 bis 22 Uhr »TV«, von 22 bis 6 Uhr »schlafen« usw. Jedes Feld soll gefüllt sein. Anschließend malen Sie:

- mit roter Farbe diejenigen Felder aus (sodass man die Beschriftung noch gut sehen kann), in denen Sie Termine (bspw. Zahnarzt) haben,
- mit oranger Farbe diejenigen Felder, in denen Sie auf der Arbeit waren,
- mit gelb, wenn Sie selbst Schule oder Weiterbildung haben,
- mit pink, wenn Sie Kinder betreut haben,
- mit lila, wenn Sie irgendwie im Haushalt tätig waren,
- mit blau, wenn Sie einer persönlichen Freizeitaktivität nachgingen,
- und mit grün, wenn Sie geschlafen haben.

Wenn Sie mögen, wählen Sie ein eigenes Farbschema mit eigenen Inhalten. Stellen Sie sich die folgenden Fragen: Wie sieht die Farbbilanz aus? Welche Farben dominieren? Stimmt es so für Sie? Möchten Sie etwas ändern? Sind besonders auch blaue und grüne Felder in einem gesunden Maß vertreten?

Stellen Sie sich für einen Moment vor, dass Sie ab sofort einen persönlichen Assistenten haben, der sämtliche Ihrer Aufgaben und Aktivitäten übernimmt. Sie selbst dürfen Platz nehmen und dem Assistenten zusehen. Lassen Sie den Assistenten vor dem inneren Auge Ihr Leben leben. Überlegen Sie sich: Wie geht es Ihrem Assistenten nach einem Tag? Nach einer Woche? Nach einem Monat? Nach einem

Jahr? Führen Sie Zufriedenheitsbefragungen mit ihm durch. Möchte er den Job behalten? Würde er diesen Job seinen besten Freunden weiterempfehlen? Oder würde er die Gewerkschaft informieren?

Uhrzeit	Mo	Di	Mi	Do	Fr	Sa	So
6:00							
7:00							
8:00							
9:00							
10:00							
11:00							
12:00							
13:00							
14:00							
15:00							
16:00							
17:00							
18:00							
19:00							
20:00							
21:00							
22:00							
23:00							
0:00							
1:00							
2:00							
3:00							
4:00							
5:00							

Abb. 6: Wochenplan für Ihre Aktivitäten

Falls Sie zum Schluss kommen, dass Ihr Wochenplan revisionsbedürftig ist, überarbeiten Sie ihn. Erstellen Sie einen weiteren in Ihrem Notizbuch. Planen Sie die nächsten sieben Tage. Start: jetzt. Erstellen Sie Ihren Wochenplan so, dass er Ihnen gefällt und wie für

Sie gemacht ist. Beachten Sie eine ausgewogene, für Sie persönlich stimmige Farbbilanz, und auch, dass Realität kein Fremdwort ist. Erstellen Sie ihn so, dass Ihr Assistent die Gewerkschaft nicht mehr informiert. Berücksichtigen Sie auch Zeit für Muße, oder um die Worte der Kinderbuchautorin Astrid Lindgrens zu verwenden: »Und dann muss man ja auch noch Zeit haben, einfach da zu sitzen und vor sich hin zu schauen.«

Hat sich vom ersten zum zweiten Wochenplan etwas geändert? Wenn dem so ist: ließe sich mit der Durchführung des zweiten Wochenplans Ihr Wohl steigern? Wenn ja, versuchen Sie folgendes: Setzen Sie diesen neuen Plan während der folgenden sieben Tage tatsächlich um. Probieren Sie es, auch wenn es vielleicht nicht ideal klappt. Möglicherweise stellen Sie nach einer Woche fest, dass der Plan nur bedingt umsetzbar ist. Gut, dann haben Sie immerhin neue Erkenntnisse gewonnen. Auf dieser Basis entwerfen Sie einen neuen Wochenplan und setzen diesen eine Woche lang um.

Stellen Sie sich erneut vor, dass Ihr persönlicher Assistent den neuen Wochenplan für Sie umsetzt. Sie dürfen ihm dabei zusehen. Was würden Sie sehen? Wie zufrieden wäre der Assistent dieses Mal? Lächelt er glücklich vor sich hin oder wäre das Informieren der Gewerkschaft abermals ein Thema?

Haben Sie einen tauglichen Wochenplan gefunden, setzen Sie ihn mindestens zwei volle Monate um. Gemäß Studien braucht es für die Etablierung von neuen Gewohnheiten 66 Tage. Im Anschluss daran werden Sie zum Alltag. Dies gelingt umso besser, wenn Sie fortwährend Unterstützung haben: Bitten Sie Ihr Umfeld, Sie dabei zu unterstützen. Es macht übrigens nicht viel, wenn ein einzelner Tag ausnahmsweise ausgelassen wird – seien Sie nicht zu streng mit sich. Am Tag darauf agieren Sie einfach wieder nach Plan.

Starten Sie heute. Der Dalai Lama sagt: »Es gibt nur zwei Tage im Jahr, an denen man nichts tun kann. Der eine ist Gestern, der andere Morgen. Dies bedeutet, dass heute der richtige Tag zum Lieben, Glauben und in erster Linie zum Leben ist.« Und zum Entwerfen und Umsetzen eines Wochenplans, erlaube ich mir, anzufügen.

Wenn es so gar nicht klappen will, besteht immer die Möglichkeit, sich von einer Fachperson professionell beraten und unterstützen zu lassen. Zögern Sie nicht, sich helfen zu lassen, wenn es nicht funktioniert und allein nicht geht.

10.3 Körperliche Bewegung

Wussten Sie, dass Bewegung ein Grundbedürfnis ist? Indem Sie sich bewegen, beugen Sie nicht nur Krankheiten vor, sondern lindern auch bereits eingetretene Probleme. Das geht soweit, dass ausreichende Bewegung bei einer depressiven Person so wirksam sein kann wie ein Antidepressivum (mit sehr viel weniger unangenehmen Nebenwirkungen).

Vorausgesetzt, Ihr Arzt ist mit diesem Vorgehen einverstanden, gönnen Sie sich Bewegung. Sprechen Sie dies mit Ihrem Arzt ab. Während es nach einem Knochenbruch nicht ratsam ist, den betroffenen Körperteil zu bewegen, ist dies bei psychosomatischen Störungen in der Regel nicht der Fall. Hier führt Bewegung nicht zu einer Schädigung, sondern fördert meist die Genesung.

Verwechseln Sie Bewegung nicht mit Anstrengung. Bewegung kann und darf federleicht und hauchzart sein. Gestalten Sie Ihre Bewegungseinheiten so, dass sie für Sie stimmen. Vergleichen Sie nicht, denn es geht nur um Sie. Auch wenn die ganze Weltbevölkerung höher und weiter springt – Sie machen es auf Ihre Weise und die ist immer ebenso gut. Übertreiben Sie nicht, kennen und wahren Sie Ihre eigenen Grenzen.

Manchmal ist es auch so, dass sich von psychosomatischen Störungen betroffene Personen alles andere als schonen, sich stattdessen verausgaben. Andauernd wird der sechste Gang bedient und mit Vollgas gebrettert, allein im Schlaf wird in den ersten Gang umgeschaltet. Dies geht solange, bis der Körper einen Riegel vorschiebt und auf seine Weise »Nein« sagt. Hier geht es um mangelnde Selbstwahrnehmung und Vernachlässigung seiner selbst. Vielfach handelt es sich um eine Form der Emotionsbewältigung, gelegentlich auch um Selbstverletzung.

> **Übung: Bewegung einplanen**
>
> Nehmen Sie den revidierten Wochenplan hervor. Ist darin Bewegung in einem gesunden Ausmaß enthalten? Wenn nicht, planen Sie diese ein – nicht zu viel, nicht zu wenig. Planung fördert die Umsetzung.

10.4 Depressive Spirale

Man sieht das Gras nicht wachsen. Manchmal registriert man erst, dass es einstige Quellen der Freude nicht mehr gibt, wenn man auf den Felgen läuft und der eigene Reifen ganz abgewetzt ist. Jede Person braucht Quellen der Freude im eigenen Leben. Umso weniger, umso wahrscheinlicher ist es, dass es noch weniger werden. Kaum oder keine Freude zu empfinden ist eines der Hauptsymptome der Depression. In der kognitiven Verhaltenstherapie wird dieser Prozess mit der Verstärker-Verlust-Spirale veranschaulicht. Diese bringt zum Ausdruck, dass einer depressiven Entwicklung oft ein steter Verlust von Aktivitäten, Personen oder Dingen vorausgegangen ist, die einem gutgetan oder eben: verstärkt haben. Dabei ist ein Verstärker all das, was einen wohltuenden Effekt hat, weitgehend egal, worum es sich handelt. Weitgehend, denn schaden soll es nicht, weder Ihnen noch jemand anderem. Fehlen die Verstärker, sprich die Quellen für Freude, stellt sich allmählich eine depressive Symptomatik ein.

Wir schauen uns dies am Beispiel von Frau Engel an. Nebst anderen Verstärker-Verlusten fanden sich diejenigen in ▶ Abb. 7, die sie in den Jahren vor Therapiebeginn erlitten hatte.

10 Verhalten Sie sich förderlich?

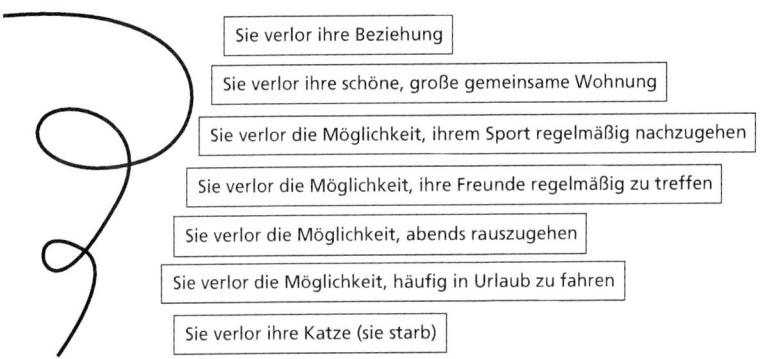

Abb. 7: Abwärts-Spirale von Frau Engel

Eine solche Aufzählung der eigenen Verluste dient zum einen dem Verständnis. So erkannte Frau Engel, dass ihre Verluste so gravierend waren, dass sie zur Entwicklung einer depressiven Symptomatik beigetragen haben. Zum anderen bietet eine solche Aufzählung die Möglichkeit, ungünstige Prozesse zu erkennen und die Abwärts-Spirale bewusst umzukehren. Im Fall von Frau Engel bestand das unter anderem darin, dass sie in die Nähe ihrer Eltern zog, die sie mit Kinderbetreuung unterstützten, sodass Freiräume entstanden, in denen sie Sport machen und Freunde treffen konnte.

Übung: Verluste

Bitte zeichnen Sie eine eigene Abwärts-Spirale und erstellen eine Auflistung der Verluste, die Sie im Laufe der Zeit erlitten haben. Diese dürfen lange zurück liegen oder eben erst erfolgt sein. Sollten Sie keinerlei Verluste feststellen: wie wunderbar (und ein wenig fraglich). In diesem Fall ist die Übung für Sie beendet. Ansonsten machen Sie die Auflistung. Anschließend wenden Sie das Blatt. Prüfen Sie, welchen dieser Verluste Sie ungeschehen machen oder mit irgendetwas kompensieren können. Anschließend erstellen Sie eine Rangfolge: Beginnen Sie mit demjenigen Verlust oder derjenigen Kompensation, der oder die als einfachstes behoben werden kann –

und tun es. Das setzt im besten Fall bereits ein kleines Bisschen Freude und Energie frei. Danach gehen Sie weiter zu demjenigen Verlust, der als zweiteinfachstes behoben werden kann – und tun es ebenfalls. Auf diese Weise holen Sie sich Schritt für Schritt die Quellen der Freude zurück in Ihr Leben.

Erwarten Sie nicht, dass dieser Vorgang wie Instant Kaffee ist: Es löst sich nicht sofort alles auf. Sie werden sich nicht augenblicklich supergut fühlen, es dauert eine Weile, bis sich mehr und mehr angenehmere Gefühle einstellen. Dann aber kommen die angenehmeren Gefühle meistens allmählich zurück, weil es wieder Quellen der Freude in Ihrem Leben gibt, welche angenehmere Gefühle überhaupt erst auslösen können.

Selbstverständlich lässt sich nicht jeder Verlust beheben. Möglicherweise möchten Sie Ihren verstorbenen Hund nicht durch einen neuen ersetzen (auch wenn das aus psychologischer Sicht meist gar keine schlechte Idee ist). Gleichzeitig könnte im Sinne von Kompensation in Erwägung gezogen werden, stattdessen die eine oder andere Gassi-Runde mit Nachbars Hund durchzuführen. Es muss nicht immer ein 1:1 Ersatz sein – eine Alternative genügt. Suchen Sie nach Alternativen.

10.5 Flow

Der vom Psychologen Mihaly Csikszentmihalyi geprägte Begriff »Flow« beschreibt einen Zustand, in dem wir im Tun aufgehen. Wir tauchen ganz in eine Handlung ein, das Rundherum ist aufgehoben, die Zeit steht still. Was wir tun, ist mühelos, es fließt. Dieser sogenannte Flow-Zustand geht mit hoher Zufriedenheit einher, weswegen es Sinn ergibt, diesen Zustand immer wieder bewusst herbeizuführen.

Kennen Sie solche Flow-Zustände? Wann tun Sie etwas, das Sie am liebsten gar nicht mehr aufhören würden? Sei es Pferdereiten, Tauchen, Radfahren, Kaffeeklatsch mit Ihren Liebsten oder ein Bergsteiger-Abenteuer am Zürcher Uetliberg. Wir alle erleben auf individuelle Weise und haben andere Bedürfnisse, entsprechend tritt Flow bei jedem Individuum in anderen Situationen und während anderer Aktivitäten auf. Auch Arbeit kann einen Flow-Zustand auslösen. Ich persönlich erlebe ihn gerade jetzt beim Schreiben dieses Ratgebers.

Überlegen Sie, wann Sie Flow-Zustände haben. Bauen Sie die Tätigkeiten, die bei Ihnen Flow auslösen, bewusst in Ihren Alltag ein. Vielleicht möchten Sie dazu den im ▶ Kap. 10.3 gezeigten Wochenplan verwenden.

10.6 Wie ein Freund

Die meisten Personen sind Anderen gegenüber relativ freundlich. Doch als ob mit zwei Paar Ellen gemessen wird, sind viele zu sich selbst nicht ganz so freundlich. Ich denke gerade an eine meiner Patientinnen, die anderen gegenüber immer allerfreundlichst ist. Sie zeigt Verständnis für alles und jeden und entschuldigt sich in jedem zweiten Satz. Doch sich selbst gegenüber verhält sie sich streng und unerbittlich. Begegnet sie sich selbst im Spiegel, dann lässt sie kein gutes Haar an sich.

Wie verhalten Sie sich selbst gegenüber? Wie sprechen Sie mit sich selbst? Gehen Sie freundlich mit sich um? Gönnen Sie sich selbst schöne Dinge? Fällt es Ihnen leicht, mit sich selbst eine gute Zeit zu verbringen? Oder haben auch Sie zweierlei Maß: ein Freundliches für Andere, ein Unfreundliches für sich? Sind Sie mit sich selbst in einer guten Beziehung? Hierzu gleich drei Übungen, die dazu beitragen können, sich mit sich selbst anzufreunden. Wie ein Freund.

Übung: Postkarte

Postkarten sind aus der Mode gekommen – schade eigentlich. Postkarten dienten dazu, jemandem flugs einen kleinen Gruß zu übermitteln, von hier und dort. War es nicht angenehm, einen solchen zu erhalten? Grüßen Sie sich selbst mit einer Postkarte. Zum Beispiel einmal im Monat von daheim aus oder immer dann, wenn Sie in einer anderen Stadt sind. Schreiben Sie sich selbst etwas Freundliches auf die Karte. Oder gute Wünsche. Ein kluges Zitat. Senden Sie sich selbst regelmäßig einen kleinen Freundschaftsbeweis. Sammeln Sie diese Postkarten in einer kleinen Schatulle und nehmen Sie diese hervor, wenn es in Ihrem Leben stürmt.

Übung: Zeit mit sich

Verbringen Sie qualitative Zeit mit sich selbst. Verabreden Sie sich mit sich selbst und suchen Sie sich bspw. eine Parkbank mit hübscher Aussicht oder ein nettes Kaffee um die Ecke. Gehen Sie regelmäßig dahin und verweilen Sie. Lenken Sie sich nicht ab – kein Handy oder dergleichen. Verbringen Sie diese Zeit mit sich selbst. Fragen Sie sich: Wie geht es mir? Was gefällt mir momentan? Was läuft gut? Wovon möchte ich mehr in meinem Leben? Als ob Sie eine Unterhaltung mit einer anderen Person führen. Fokussieren Sie dabei auf das Gute. Fällt es Ihnen anfangs schwer, mit sich allein zu sein, dann tun Sie es zu Beginn nur kurz. Weiten Sie die Dauer, die Sie mit sich selbst verbringen, mehr und mehr aus.

Übung: Spiegelbild

Jedes Mal, wenn Sie an einem Spiegel vorbeikommen, sagen Sie dem Spiegelbild etwas Freundliches und lächeln ein wenig. Machen Sie sich selbst ein Kompliment, zur stylischen Frisur, dem schicken T-Shirt, dem adretten Lächeln, den tiefgründigen Rehaugen. Formieren Sie aus diesem Spiegelbild-Verhalten eine Gewohnheit.

10.7 Krankheitsverhalten

Es ist verständlich, dass sich die Lebensführung von Personen, die von körperlichen Symptomen betroffen sind, auf die eine oder andere Weise ändert. Vielleicht waren Sie sich dessen bereits bewusst oder es wurde Ihnen durch die Übung mit dem Wochenplan vor Augen geführt. Es bleibt nicht aus, dass sich Krankheitsverhaltensweisen einstellen und diese sind selten sinnvoll, sondern der Genesung mitunter abträglich. Die häufigsten Krankheitsverhaltensweisen haben Sie in ▶ Kap. 4.4 bereits kennengelernt. Zur verkürzten Rekapitulation sind diese hier nochmals aufgelistet:

- »Doktor-Hopping«
- Schonung
- Übermäßiges Sicherheitsverhalten
- zu viel oder zu wenig Kommunikation über Symptome
- »Body-Checking«
- verstärktes Suchen nach oder Vermeiden von Gesundheitswissen
- »Durchhalteverhalten«

Erkennen Sie die eine oder andere Krankheitsverhaltensweise bei sich selbst? Seien Sie sich selbst nicht gram, sollte es so sein. Seien Sie sich aber schon ein wenig gram, wenn Sie daran nichts ändern, jetzt, wo Sie darum wissen.

Übung: Krankheitsverhalten

Notieren Sie in Ihrem Notizbuch Ihr persönliches Krankheitsverhalten. Benennen Sie für jedes Verhalten die kurzfristigen und die langfristigen Konsequenzen. Schreiben Sie zu jeder Verhaltensweise auf, ob und wie Sie diese ab sofort verändern. Informieren Sie Ihre Familie und Freunde über diese Veränderungen und bitten Sie diese, Ihnen im Sinne des »Vieraugenprinzips« zu helfen, die Veränderungen umzusetzen. Lesen Sie jeweils morgens Ihr Vorhaben nochmals

> durch, sodass Sie mit diesem Mindset in den Tag starten. Sagen Sie zu sich selbst, was Sie neu machen werden, und nicht, was Sie nicht mehr machen möchten. Reflektieren Sie jeweils abends, inwiefern es Ihnen gelungen ist, Ihr Vorhaben umzusetzen und wie Sie es am kommenden Tag (noch) besser umsetzen.

Das Krankheitsverhalten zu verändern, bedeutet, ein Leben mit kurzfristig angenehmen, doch langfristig unangenehmen Konsequenzen gegen eines zu tauschen mit kurzfristig unangenehmen, doch langfristig angenehmen Konsequenzen. Wer schon einmal versucht hat, mit dem Rauchen aufzuhören oder mehr Sport zu treiben, weiß, wie schwierig das sein kann. Es gilt, etwas zu tun, was sich im Moment nicht fein anfühlt mit der Hoffnung, dass es zu positiven Veränderungen in der Zukunft kommt. Die Psychologie nennt dies Belohnungsaufschub: etwas Angenehmes jetzt (auf dem Sofa liegen anstatt spazieren zu gehen) wird gegen etwas eingetauscht, das später noch angenehmer ist (bessere Gesundheit). Es ist verständlich, dass das schwierig ist. Wenn es Ihnen allzu schwerfällt, lesen Sie ▶ Kap. 8.6 (nochmals) durch und motivieren Sie sich ordentlich.

10.8 »Doktor Google«

Haben Sie schon einmal nach körperlichen Symptomen gegoogelt? Google und ähnliche Suchmaschinen bieten umgehend Antworten auf scheinbar unendlich viele Fragen. Grundsätzlich spricht auch nichts gegen dieses Recherche-Verhalten. Es kann jedoch problematisch werden, wenn es andauernd wiederholt wird oder unangenehme Gefühle hinterlässt. Wie ist Ihr Recherche-Verhalten? Beherzigen Sie bei Internetrecherchen über körperliche Symptome die folgenden Ratschläge:

- Schreiben Sie sich vor der Recherche die genaue Frage auf, für die Sie eine Antwort suchen. Halten Sie sich zielorientiert an diese eine Frage.
- Achten Sie auf die Qualität der Webseiten. Verwenden Sie vorzugsweise medizinische Informationsdienste, die keine kommerziellen Zwecke verfolgen und professionell von Fachpersonen betrieben werden. Davon sind kommerzielle Seiten wie bspw. von Pharmafirmen abzugrenzen sowie Internetforen, auf denen sich Laien mit meist wenig Fachwissen gegenseitig Tipps geben.
- Stellen Sie sich einen Wecker für 15 Minuten. Dieser soll verhindern, dass Sie sich in den ewigen Weiten des Internets verlieren und das Ziel der Recherche aus den Augen verlieren. Hören Sie nach der Viertelstunde auf, auch wenn Sie nicht fündig geworden sind.
- Überprüfen Sie, ob die Recherche dazu führt, dass es Ihnen besser geht. Wenn nicht, dann sei dahingestellt, ob diese Ihnen nutzt. Idealerweise beenden Sie Internet-Recherchen, wenn Sie feststellen, dass es Ihnen dadurch nicht nachhaltig besser geht.
- Wenn sich durch die Recherche eine Erleichterung einstellt, die jedoch nicht lange währt, hinterfragen Sie, warum nicht. Ist die Erleichterung nicht von Dauer, könnte es Sinn ergeben, die Recherchen komplett einzustellen. Es scheint nicht das zu sein, was Sie brauchen.
- Im Internet steht nicht nur die Wahrheit. Bleiben Sie kritisch. Alles, was Sie da lesen, kann falsch sein.

Literaturempfehlungen zur Vertiefung

Csikszentmihalyi M (2019). Flow. Das Geheimnis des Glücks. Klett-Cotta: Stuttgart.
Lally P et al. (2010) How are habits formed: Modelling habit formation in the real world. European Journal of Social Psychology 40: 998-1009.
Tauber RF & Nisch C (2011) Depressive Störungen erfolgreich behandeln. Praxishandbuch zu kognitiv-verhaltenstherapeutischen Ansätzen. Klett-Cotta: Stuttgart.

11 Wie beruhigen Sie sich selbst?

11.1 Jedem sein Tempo, jedem seine Melodie

Von besorgten Eltern höre ich häufig: »Mein Kind kann dieses noch nicht, mein Kind kann jenes noch nicht. Mein Kind ist langsamer. Mein Kind muss speziell gefördert werden. Mein Kind braucht eine Psychologin.« Sofern es sich nicht um eine pathologische Verzögerung in der Entwicklung des Kindes handelt (was sehr viel seltener vorkommt als wie oft mir solche Sorgen mitgeteilt werden), entgegne ich, dass jedes Kind sein eigenes Tempo hat. Und jedes Tempo ist in Ordnung.

Wie beim Kind, so beim Erwachsenen. Wir alle haben unser eigenes Tempo. Auf jeder Wiese wächst jeder Halm in der für ihn vorgesehenen Geschwindigkeit. Es ist wichtig, sich in der eigenen Geschwindigkeit zu bewegen und diese flexibel immer wieder an die Gegebenheiten und Anforderungen anpassen zu können.

Manche von uns befinden sich ständig auf der Überholspur. Der Schriftsteller Aldous Huxley sagte: »Der moderne Mensch hat ein neues Laster gefunden: die Schnelligkeit.« Was kann man tun? In turbulenten Zeiten ist es im Kopf schnell und laut. Gerade dann (doch nicht nur dann) ist es wichtig, regelmäßig innezuhalten, Muße und Ruhe einkehren zu lassen, damit sich sowohl Geschwindigkeit wie auch Lautstärke im Kopf verringern und wieder langsamen und leisen Tönen gelauscht werden kann. Oftmals sind es gerade diese Töne, die unsere ureigene Melodie spielen. Hören wir sie nicht, weil es rundherum zu schnell und zu laut ist, vernehmen wir nicht, was wir tief drinnen wollen und brauchen.

Um die Geschwindigkeit der Welt zu verlangsamen und die Lautstärke der Welt zu reduzieren, bieten sich verschiedene Strategien zur Selbstberuhigung an. Diese Strategien können hochwirksam sein. Die Frage ist: Welche passt zu Ihnen? Jeder Mensch ist anders – wir sind alle »same same but different«. Nachfolgend werden Ihnen verschiedene Strategien vorgestellt und ich schlage vor: Probieren Sie aus, finden Sie heraus, was zu Ihnen passt.

11.2 Achtsamkeit

Achtsamkeit ist eine alte, buddhistische Praxis. Es bedeutet, mental im Moment zu sein. Diese Haltung liegt allen Meditationen zugrunde. Wer meditiert, ist achtsam. Doch nicht jede Achtsamkeitsübung ist eine Meditation. Bei Achtsamkeitsübungen werden Sie zum Beobachter Ihrer selbst. Sie nehmen wahr und beschreiben ohne zu urteilen. Dies gelingt nur dem, der im Jetzt präsent ist.

Tatsächlich sind wir selten im Jetzt. Wir brüten über Vergangenes oder planen die Zukunft. Beschäftigen uns mit dem, was bereits passiert ist oder noch passieren wird. Wer achtsam ist, befindet sich just im Jetzt, achtet den Moment, ohne zu urteilen oder zu werten. Der Mensch ist es gewohnt, ständig alles zu bewerten – dazu mehr in ▶ Kap. 13. Achtsamkeit bedeutet, die Bewertungsflut aufzulösen und die Dinge hinzunehmen, wie sie sind. Den größten Dramen des Alltags lässt sich ein Großteil ihrer Macht nehmen, wenn wir es schaffen, die damit einhergehenden Bewertungsprozesse zu lösen.

Achtsamkeitsübungen haben nebst anderen diese zwei Vorteile: Erstens liegt ihnen eine beruhigende Wirkung inne. Dadurch, dass der Fokus ausschließlich auf den jeweiligen Gegenstand der Achtsamkeitsübung gerichtet wird, ist er nirgendwo sonst. Nicht bei den Schulschwierigkeiten des ältesten Sohns, nicht bei der Depression der Mutter, nicht bei der unerledigten Gartenarbeit, nicht bei der neuen Beule im Auto. Das wirkt entlastend. Zweitens wird mit regelmäßiger Praxis gelernt, die eigenen Gedanken zu steuern. Viele Personen fühlen sich ihren Gedanken ausgeliefert. Geht es Ihnen auch so, bedenken Sie: Es ist Ihr Kopf, der die Gedanken denkt. Sie sind die Herrin oder der Herr im eigenen Haus. Also sind es auch Sie, der bestimmt, was gedacht wird. Achtsamkeit bietet dazu ein Werkzeug.

Ich gebe Ihnen im Folgenden vier ausgewählte Übungen aus diesem Bereich. Probieren Sie diese doch aus – ohne zu bewerten ...

Übung: Sitz-Achtsamkeit

Sie lesen gerade diese Worte und tun dies sitzend, liegend oder stehend. Verändern Sie jetzt nichts daran, frieren Sie in dieser Position ein. Lenken Sie Ihre Aufmerksamkeit auf Ihre aktuelle Sitz-, Liege- oder Stehposition. Wenn Sie gerade sitzen: Sitzen Sie bequem? Sind beide Fußsohlen auf dem Boden und stützen symmetrisch die Beine? Oder ist ein Bein über das andere geschlagen und hat es da, wo sich die Beine queren, eine Druckstelle? Geht es Ihnen gut in dieser Haltung? Wo sind Ihre Schultern – hängen sie oder sind sie nach oben gezogen? Drängen die Schultern nach vorne? Halten Sie mit Ihren beiden Händen das Buch oder stützt eine den Kopf? Ist das Gesäß zuvorderst auf dem Stuhl oder ruht es angenehm, der Rücken ist angelehnt? Nutzen Sie Ihre Sitzhöcker? Sitzen Sie symmetrisch? Wie ist die Hüfte ausgerichtet? Unternehmen Sie einen Erkundungsausflug durch Ihren Körper. Fragen Sie sich: Wie geht es mir in dieser Position? Nehmen Sie eine beobachtende innere Haltung ein. Verändern Sie vorerst nichts und fühlen Sie sich durch Ihren Körper hindurch. Wenn Sie sich eine Weile eingefühlt haben, dann verändern Sie Ihre Position, probieren Sie etwas Neues aus. Spüren Sie einen spontanen Handlungsimpuls? Geben Sie dem Impuls nach. Gibt es eine bequemere oder gesündere Haltung? Sollte es eine solche geben, nehmen Sie diese ein, verweilen Sie einen Moment darin, beobachten Sie erneut. Reisen Sie erneut durch Ihren Körper. Wie fühlen Sie sich? Konnten Sie Ihre Körperhaltung verbessern? Spüren Sie der Veränderung nach. Wechseln Sie nochmals zurück in die ursprüngliche Sitzposition. Merken Sie einen Unterschied?

Diese Übung kann die Wahrnehmung der eigenen Bedürfnisse verbessern. Übertragen Sie sie auf weitere Bereiche Ihres Lebens. Arbeit, Freizeit, Essen, Kinderbetreuung, Zähneputzen, Staubsaugen, Gehen, Joggen, Bergsteigen, Fallschirmspringen, mit weißen Haien tauchen – was auch immer Sie tun, wo auch immer Sie sich aufhalten. Fragen Sie sich: Ist es meinem Körper – mir – in dieser Haltung oder in dieser Bewegung angenehm? Bin ich in einer Balance, fühle ich mich wohl? Wenn dem nicht so ist, sorgen Sie für sich und verändern Sie dergestalt, dass es Ihnen wohler ist.

Übung: Atem-Achtsamkeit

Setzen Sie sich aufrecht hin. Verwenden Sie Ihre Sitzhöcker, strecken Sie Ihren Rücken und stellen Sie die Fußflächen auf den Boden. Sitzen Sie symmetrisch, keine überschlagenen Beine. Die Hände ruhen leicht in Ihrem Schoß. Schließen Sie Ihre Augen. Konzentrieren Sie sich voll und ganz auf Ihren Atem. Beobachten Sie, wie Ihr Atem durch die Nase fließt, die Luftröhre hinab, wie der Bauch sich hebt, wieder senkt, durch die Luftröhre emporsteigt und Ihren Körper durch die Nase verlässt. Wo fühlen Sie den Atem am intensivsten? Wo fühlt er sich kalt an? Oder warm? Wie sehr hebt sich Ihr Bauch? Verweilen Sie in der Beobachtung. Nehmen Sie achtsam wahr, wenn Ihre Gedanken abdriften. Schreiben Sie Ihre Gedanken in der Vorstellung auf ein Post-It, kleben Sie dieses an eine Wolke und lassen Sie die Wolke mitsamt dem Gedanken fortziehen. Oder zerknüllen Sie den Gedanken und werfen ihn in den Abfalleimer. Oder stellen Sie sich vor, der Gedanke sei ein Pop-Up-Fenster auf Ihrem inneren Monitor und drücken Sie auf »X« um ihn zu schließen. Entledigen Sie sich des Gedankens auf Ihre Weise. Kehren Sie zurück zur Atempraxis. Üben Sie die Atem-Achtsamkeit einige Minuten lang aus: Anfangs nur zwei Minuten, dann gerne fünf oder mehr. Stellen Sie sich einen Wecker für die jeweilige Dauer.

Die Schwierigkeit bei diesen und ähnlichen Übungen ist, dabei zu bleiben. Nicht abzuschweifen. Grämen Sie sich nicht, wenn Ihre Gehirnpferde (alias Gedanken) innerhalb kürzester Zeit davon galoppiert sind.

Fangen Sie sie wieder ein, seien Sie freundlich zu ihnen, kehren Sie zurück zur Übung.

> **Übung: Gegenstand-Achtsamkeit**
>
> Suchen Sie sich irgendeinen Gegenstand aus. Zum Beispiel ein Salatblatt, ein Cornflake, eine Haselnuss. Richten Sie sich mit diesem Gegenstand so aus, dass Sie eine Weile ungestört sind und es bequem haben. Lenken Sie Ihre Aufmerksamkeit nun auf diesen Gegenstand:
>
> - Schauen Sie sich den Gegenstand an: Wie sieht er aus? Wie würden Sie ihn jemandem beschreiben? Welche Form hat der Gegenstand? Welche Farben? Verändern sich die Farben je nach Lichteinfall?
> - Berühren Sie den Gegenstand: Wie fühlt er sich an? Ist er weich oder hart? Lässt er sich zusammendrücken? Können Sie ihn ertasten?
> - Hören Sie den Gegenstand: Hören Sie etwas? Vielleicht dann, wenn Sie den Gegenstand bewegen oder leicht drücken?
> - Riechen Sie den Gegenstand: Was riechen Sie?
> - Schmecken Sie den Gegenstand: Bringen Sie Ihre Zunge an den Gegenstand, schmecken Sie ihn. Wonach schmeckt er?
> - Beißen Sie leicht in den Gegenstand: Wie schmeckt der Gegenstand? Was nehmen Sie wahr?
> - Wenn der Gegenstand etwas Essbares ist: Schlucken Sie den Gegenstand: Was nehmen Sie wahr?
> - Im Nachhinein: Was bleibt, jetzt wo der Gegenstand gegessen ist? Hat er geschmeckt? Bleibt ein Geschmack im Mund?
>
> War die Übung schwierig für Sie? Wie gut, dann können Sie noch weiter üben. Verwenden Sie verschiedene Gegenstände. Weiten Sie die Übung aus, werden Sie besser.

> **Übung: Body-Scan**
>
> Legen Sie sich auf dem Boden auf eine Yoga-Matte oder eine Decke. Verwenden Sie ein Kopfkissen, wenn Sie mögen. Machen Sie es sich bequem. Schließen Sie die Augen. Konzentrieren Sie sich eine Weile auf Ihren Atem. Beobachten Sie – wie in der oben beschriebenen Atem-Achtsamkeits-Übung – wie Ihr Atem auf und ab fließt. Nun lenken Sie Ihre Aufmerksamkeit auf Ihren Körper. Beginnen Sie mit den Zehen, richten Sie Ihren Fokus anschließend auf die Fußballen, die Fersen, die Knöchel, die Waden, die Knie und so weiter. Tasten Sie im Geiste Ihren ganzen Körper ab. Achten Sie bei jeder Körperregion darauf, wie sie sich anfühlt. Beobachten Sie, bewerten Sie nicht. Nehmen Sie Ihren Körper wahr, so wie er ist.

Grundsätzlich kann die Achtsamkeit auf vieles Weitere gerichtet werden. Auch Alltägliches kann auf achtsame Weise aus einer anderen Perspektive betrachtet werden. Sie können auf dem Weg zur Arbeit auf die Geräusche achten, beim Zähneputzen auf die Berührungen oder alternativ auf die Putzgeräusche. Bei der Musik können Sie für einen Moment nur auf die Basslinie fokussieren, dann auf das Schlagzeug, die Gitarre.

Versuchen Sie, bei Achtsamkeitsübungen nicht einzuschlafen. Wenn es für Sie eine Methode ist, um abends in den Schlaf zu finden – fein, nutzen Sie sie abends für den Schlaf. Aber führen Sie die Achtsamkeitsübungen auch zu anderen Zeitpunkten durch und bleiben Sie dabei wach. Denn nur wach können Sie achtsam sein. Schlafend können Sie nur schlafend sein.

11.3 Yogisches Atmen

Das yogische Atmen ist eine wunderbare und ganz einfache Atemtechnik für die Herunterregulierung bei Stress und intensiven Gefühlen. Es fördert die Entspannung durch eine verlängerte Ausatmungsphase. Drücken Sie dazu federleicht den Daumen der linken Hand auf den Zeigefinger derselben Hand, gleichzeitig den Daumen der rechten Hand auf den Zeigefinger dieser Hand. Atmen Sie tief ein. Wechseln Sie mit den Daumen auf die entsprechenden Mittelfinger und atmen aus. Wechseln Sie auf die jeweiligen Ringfinger und atmen nochmals aus. Schließlich wechseln Sie auf die jeweiligen kleinen Finger und atmen ein weiteres Mal aus. Auf diese Weise atmen Sie drei Mal so viel aus wie ein. Führen Sie dies so lange durch, wie es für Sie stimmt und eine beruhigende Wirkung eingetreten ist.

Verwenden Sie das yogische Atmen, wenn Sie gestresst sind, fürchten in Stress zu geraten, in einer stressgeladenen Situation sind oder auch beim Warten auf den Bus und wenn Sie nichts Besseres zu tun haben.

11.4 Yoga

Vom yogischen Atmen kommen wir zum Yoga – und das aus gutem Grunde. Hinter Yoga steht jede Menge Wissenschaft: Die Forschung zeigt, dass Yoga bei Ängsten, Depressionen, hohem Stress und vielem Weiterem hilft. Zum einen hat es einen wunderbar entspannenden Effekt, zum anderen trainieren Sie Ihren Körper, stärken und wappnen ihn gegen Verletzungen. Darüber hinaus bietet ein Yoga-Kurs die Möglichkeit, neue Bekanntschaften zu machen. Sie können es zunächst auch für sich allein daheim ausprobieren, es gibt ein vielfältiges Angebot an Online-Kursen. Übrigens gibt es verschiedene Yoga-Stile. Für Anfänger sind Yin und Hatha, die sich bestens ergänzen, empfehlenswert. Yin ist ein ruhiger Stil, bei dem es primär um Dehnung und Entspannung geht, während Hatha etwas dynamischer ist. Fortgeschrittenen könnte zum Beispiel Vinyasa gut gefallen.

11.5 Entspannung durch Anspannung

In der nachfolgenden Übung lernen Sie die progressive Muskelrelaxation (PMR) kennen. Das auf den Arzt Edmund Jacobson zurückgehende Entspannungsverfahren verwendet bewusste An- und Entspannung bestimmter Muskelgruppen, um ein tiefes Ruhegefühl zu erreichen. Denn Stress führt zu Muskelanspannung: Wir alle verspannen bei Stress fast automatisch. Dies lässt sich umkehren. Durch bewusste Muskelentspannung kann eine Reduktion des Stresspegels erzielt werden. Die positive Wirkung wurde vielfach wissenschaftlich gezeigt, auch in Bezug auf psychosomatische Störungen.

> **Übung: Entspannung durch Anspannung**
>
> Führen Sie diese Übung zu Beginn da aus, wo Sie sich wohl fühlen, egal ob liegend oder sitzend. Später gelingt es auch an weniger bequemen Orten. Atmen Sie zu Beginn mehrere Male tief ein und aus. Suchen Sie sich einen Muskel Ihres Körpers aus, bspw. den rechten Oberarm. Verwenden Sie keinen Muskel, der vorgeschädigt ist, bspw. durch eine Sportverletzung. Spannen Sie diesen Muskel fest an und halten die Spannung für 10 Sekunden. Ihr Fokus ist zu 100 % auf die Anspannung des Muskels gerichtet. Sollten sich Schmerzen einstellen, beenden Sie die Arbeit mit diesem Muskel. Spannung ist erwünscht, Schmerzen nicht. Jeder andere Muskel Ihres Körpers ist währenddessen entspannt. Lassen Sie nach Ablauf der Zeit komplett los. Wenn Sie mögen, sagen Sie sich dazu ein bestimmtes Entspannungswort wie bspw. »Ich lass los!« Auf diese Weise verknüpfen Sie diese Worte mit der Entspannung und nach einer Weile genügt es, sich die Worte in einer hektischen Situation zu sagen. Was passiert durch das Loslassen? Nach der Anspannung erleben Sie Entspannung. Suchen Sie sich anschließend einen anderen Muskel aus – vielleicht die linke Wade? Oder steuern Sie einen »exotischen« Muskel an, wie bspw. die Muskeln in der zweitkleinsten Zehe rechts. Gehen Sie so durch Ihren Körper hindurch, steuern Sie

> verschiedene Muskeln an und zwar so lange, wie es Ihnen guttut. Anfangs besser wenigstens 20 Minuten, später genügen vielleicht 10. Üben Sie täglich, sowohl in Ruhezeiten wie auch bei Stress. Hierzu gibt es CDs oder Kurse, die zum Erlernen hilfreich sein können.

11.6 Wohlfühlort

Was machen Sie, wenn der Autotank leer ist? Sie fahren zur Tankstelle und füllen den Tank auf. Was machen Sie, wenn Ihre Energien entleert sind? Sie sollten im Wesentlichen dasselbe tun. Sie sollten sich dahin begeben, wo sich Ihr Energiehaushalt aufladen kann. Das gelingt oftmals gut an einem Wohlfühlort.

Wo auf dieser Welt fühlen Sie sich durch und durch wohl? Wo regenerieren Sie? Vielleicht auf einer Parkbank an einem nahegelegenen See? Auf einem Hochsitz im Wald? Auf Ihrem Balkon? In Zeiten von Stress, suchen Sie Ihren persönlichen Wohlfühlort bewusst auf. Führen Sie da eine Entspannungsübung durch, auch wenn es nur für fünf Minuten ist. Allein der Akt, dass Sie sich sich selbst zuwenden und etwas tun, das für Sie gut ist, hilft. Es ist Selbstfürsorge.

Manchmal ist es nicht möglich, den eigenen Wohlfühlort persönlich aufzusuchen. Einer meiner liebsten Wohlfühlorte ist ein Steg auf den Kaimaninseln, der ins tiefblaue Meer ragt – leider nicht um die Ecke. Für diesen Fall lautet die Empfehlung, den Wohlfühlort in der Vorstellung (imaginativ) aufzusuchen und die Macht der Vorstellung zu nutzen.

> **Übung: Imagination des Wohlfühlorts**
>
> Schließen Sie die Augen und stellen sich vor, an Ihrem Wohlfühlort zu sein. Stellen Sie sich dabei so viele Einzelheiten wie möglich vor:

Wie der Wind Ihre Wangen streichelt, Sie riechen die salzige Meeresluft, Sie hören die Wellen sanft an den Steg schlagen, spüren die Sonne im Nacken, haben die Füße im Wasser, das Wasser ist angenehm warm – alles was dazugehört. Tauchen Sie in die Vorstellung ein, wenn Sie live nicht in das Meerwasser oder was auch immer eintauchen können.

Sich imaginativ an den Wohlfühlort zu begeben, kann insbesondere in stressigen Situationen helfen. So findet der nächste Zahnarztbesuch quasi am Meer statt.

11.7 Spaziergänge im Grünen

Die Forschung zeigt, dass bereits kurze Spaziergänge im Grünen die Stimmung und den Selbstwert erhöhen. Dies insbesondere dann, wenn auch Gewässer wie Flüsse oder Seen vorhanden sind. Basierend darauf ist der Schluss zulässig, dass insbesondere (aber längst nicht nur) gestresste Personen sich regelmäßig im Grünen aufhalten sollten. Darüber hinaus zeigen sich auch Effekte bei Personen mit psychischen Störungen wie Depressionen.

Gerade bei intensiven Gefühlen kann ein Spaziergang im Wald Wunder bewirken. Der Nutzen eines Waldspaziergangs kann mit dem gesundheitlichen Nutzen von schweißtreibendem Sport verglichen werden; er ist anders, aber keineswegs geringer. Gerade die Waldluft scheint für das Herz-Kreislauf-System besonders wohltuend zu sein. Der Schriftsteller Erich Kästner fasste dies wie folgt zusammen: »Die Seele wird vom Pflastertreten krumm. Mit Bäumen kann man wie mit Brüdern reden und tauscht bei ihnen seine Seele um. Die Wälder schweigen. Doch sie sind nicht stumm. Und wer auch kommen mag, sie trösten jeden.«

Warum nicht Spaziergänge mit den oben vorgestellten Achtsamkeitsübungen verknüpfen? In ▶ Kap. 13.3 lernen Sie die Übung 54321. Diese eignet sich besonders gut während Spaziergängen in der Natur.

Literaturempfehlungen zur Vertiefung

Frucht S (2004) Progressive Muskelrelaxation nach Jacobson. Gesprochene Anleitung mit Musik.
Kabat-Zinn J (2013) Gesund durch Meditation: Das große Buch der Selbstheilung mit MBSR. Knaur: München.
Reddemann L. (2001) Imagination als heilsame Kraft. Ressourcen und Mitgefühl in der Behandlung von Traumafolgen. Klett-Cotta: Stuttgart.
Schuh A & Immich G (2019) Waldtherapie – das Potential des Waldes für Ihre Gesundheit. Springer: Berlin.
Wolff C & Starck A (2018) Heilen mit Yoga. Die Seele stärken bei Burnout, Depression und Ängsten. Trias: Stuttgart.

12 Was wissen Sie über Emotionen?

Wir wenden uns den Emotionen zu. Nicht selten sind es Schwierigkeiten emotionaler Natur, die jemanden zur Aufnahme einer Psychotherapie bewegen. Der Fokus ist vorliegend auf das Konzept der emotionalen Intelligenz gerichtet und besonders auch auf den Umgang mit intensiven Gefühlen.

12.1 Multiple Intelligenzen

Lange Zeit galt, dass eine hohe Punktzahl in den zur Messung des Intelligenzquotienten (IQ) gängigen Testverfahren mit hoher Intelligenz einhergehe. Doch das greift zu kurz, um die unterschiedlichen Fähigkeiten zu erfassen, die Menschen mit sich bringen. Nebst dem kognitiven, intellektuellen, akademischen Leistungsvermögen, das der IQ misst, muss es weitere Intelligenzen geben. Auf diesen Überlegungen begründete Howard Gardner die Theorie der multiplen Intelligenzen. Er suchte und fand acht weitere Intelligenzen, nämlich die logisch-mathematische Intelligenz, die sprachliche Intelligenz, die räumliche Intelligenz, die musikalische Intelligenz, die kinästhetisch-körperliche Intelligenz, die intrapersonale Intelligenz, die zwischenmenschliche Intelligenz und die naturalistische Intelligenz. Und vielleicht sind das auch gar noch nicht alle.

Die intrapersonale und die zwischenmenschliche Intelligenz sind die beiden Bausteine für die emotionale Intelligenz. Dabei umfasst die intrapersonale Intelligenz die Fähigkeit, die eigenen Gefühle, Motive und Stimmungen zu verstehen und zu beeinflussen. Diese Personen haben ein tragfähiges, mentales Modell von sich selbst. Die zwischenmenschliche Intelligenz beschreibt die Fähigkeit, die Motive, Gefühle und Intentionen anderer Personen zu verstehen und zu beeinflussen. Interessanterweise sagt eine hohe emotionale Intelligenz den beruflichen Erfolg, die Zufriedenheit in Partnerschaften und generell das Wohlbefinden besser voraus als ein hoher IQ.

12.2 Emotionale Intelligenz

Das Konzept der emotionalen Intelligenz (EQ) stammt von John D. Mayer und Peter Salovey. Das in den 1990er-Jahren begründete Konzept beschreibt die Fähigkeit, Gefühle von sich und anderen wahrzunehmen, zu verstehen und zu beeinflussen. Im Folgenden gehen wir durch die wesentlichen Bereiche der emotionalen Intelligenz.

12.2.1 Die Emotionen kennen

Die eigenen Emotionen und diejenigen anderer zu kennen, ist ein erster Schritt in Richtung eines guten Umgangs mit Emotionen. Viele Personen fühlen sich den eigenen Emotionen ausgeliefert, vermeiden oder unterdrücken sie. Stellenweise werden Emotionen als überflüssig und Fehler im System erachtet. Das ist ungünstig, denn so wird verpasst, die eigenen Emotionen aktiv zu steuern und zum eigenen Vorteil zu nutzen.

Wissen Sie, welche Emotionen es gibt und wozu sie gut sind? Emotionen sind kein Scherz der Evolution. Im Gegenteil, sie sind wichtig, mitunter überlebensnotwendig. Emotionen liefern Informationen über Bedürfnisse. Sie sind automatisierte und erlernte Reaktionen auf innere und äußere Auslöser. Sie zeigen sich durch eine deutlich wahrnehmbare Veränderung im Bereich Muskulatur, Herzschlag, Atmung usw. Weiter werden bestimmte Neurotransmitter wie Serotonin, Adrenalin und Oxytocin ausgeschüttet. Auf diese Weise fördern Emotionen (eigentlich) ein bestimmtes Verhalten, nämlich dasjenige, welches das brach liegende Bedürfnis befriedigt (bei unangenehmen Emotionen) oder einen mehr von dem tun lässt, was guttut (bei angenehmen Emotionen). Emotionen sind eher kurz und wechselhaft, während Stimmungen länger andauern und stabiler sind.

Emotionen sind wie Warnleuchten im Auto. Sie leuchten auf und weisen auf etwas hin. Ist das hinter der Emotion zugrundeliegende Bedürfnis gestillt, braucht es die wie ein Warnhinweis aufleuchtende Emotion nicht mehr und die Emotion ist gelöst. Das ist erfolgreiche Emotionsregulation. Wird das zugrundeliegende Bedürfnis nicht gestillt, wird der Warnhinweis immer wieder auf- oder permanent leuchten.

Das ist auch vergleichbar mit der Snooze-Taste des Weckers. Wenn Sie eine Emotion lösen, ist der Wecker abgeschaltet. Lösen Sie die Emotion nicht oder auf ungünstige Weise, ist der Wecker gar nicht erst deaktiviert oder ist lediglich im Snooze-Modus und ertönt in Kürze erneut.

Weil jede Emotion nichts anderes als eine Information darüber ist, was gebraucht wird, hat auch jede Emotion Daseinsberechtigung. Was ist falsch an einer Information darüber, was Sie brauchen? Deswegen spreche ich nie von positiven oder negativen Emotionen, sondern von angenehmen und unangenehmen. Denn in den Worten »positiv« wie »negativ« steckt eine Wertung, welche keinen Sinn ergibt.

Wer seine Gefühle bei sich und anderen gut wahrnehmen, die damit einhergehenden Informationen gut nutzen und die damit verbundenen Bedürfnisse stillen kann, verfügt also über eine hohe emotionale Intelligenz. Doch wie lässt sich diese aufbauen?

Die Abwendung von den eigenen Emotionen ist ein Schritt in die falsche Richtung. Vermiedene oder unterdrückte Emotionen lösen sich nicht in Luft auf. Sie vergehen in der Regel nicht von selbst – viel eher lagern sie sich irgendwo ab. Kurzfristig mag das funktionieren, langfristig jedoch finden diese Emotionen ein Ventil. Je nachdem, wo die individuelle Schwachstelle ist oder wo eine Prägung besteht (▶ Kap. 4.3), entwickelt der Eine Kopfschmerzen, der Andere Bauchschmerzen, ein Dritter beginnt zu zittern. Verdrängen und vermeiden ist keine gute Strategie.

Es ist ebenfalls keine gute Strategie, zwar zuzulassen, aber nicht zu lösen. Personen, die regelmäßig unangenehme Emotionen erleben, ohne rauszukommen und sich zu stabilisieren, berichten in erhöhtem Ausmaß von körperlichen Symptomen und haben eine tiefere Schwelle für die Wahrnehmung von körperlichen Veränderungen.

Die Zuwendung zu den eigenen Emotionen ist der erste und einzig vernünftige Schritt in Richtung emotionales Wohlbefinden und hohe emotionale Intelligenz. Emotionen, die zugelassen und reguliert werden, lösen sich für gewöhnlich.

Grundlegend für den Umgang mit Emotionen ist, zu wissen, welche Emotionen es überhaupt gibt und sie bei sich und den Mitmenschen zu erkennen. Im Folgenden ist eine Reihe von Emotionen aufgeführt. Kennen Sie diese Emotionen?

Abneigung, Abscheu, Angst, Ärger, Aufregung, Ausgeglichenheit, Begeisterung, Beklemmung, Dankbarkeit, Eifersucht, Einsamkeit, Ekel, Empörung, Entrüstung, Entsetzen, Enttäuschung, Entzücken, Erleichterung, Erstaunen, Fassungslosigkeit, Feindschaft, Freude, Fröhlichkeit, Furcht, Geborgenheit, Geduld, Gelassenheit, Glaube, Glück, Hass, Heiterkeit, Hilflosigkeit, Hoffnung, Interesse, Kummer, Langeweile, Leid, Liebe, Lust, Missgunst, Misstrauen, Nachdenklichkeit, Neid, Nervosität, Neugierde, Panik, Ratlosigkeit, Reue, Schadenfreude, Scham, Schuld, Schwäche, Sicherheit, Sorge, Spaß, Stärke, Stolz, Trauer/Traurigkeit, Überraschung, Ungeduld, Unglück, Unsicherheit, Verbitterung, Verblüffung, Vergnügen, Vertrauen, Vorsicht, Wut, Zorn, Zuneigung, Zurückhaltung, Zuversicht.

Dies ist eine Auswahl, es gibt weitere Emotionen.

Übung: Emotionen spielen

Bitten Sie Ihre Familie oder Freunde um ein Spiel. Schreiben Sie die oben aufgeführten Emotionen auf Zettel. Reihum wird verdeckt ein Zettel gezogen und die darauf benannte Emotion wird mittels Gesichts- und Körperausdruck gespielt. Die Mitspielenden haben zu erraten, um welche Emotion es sich handelt. Alternativ stellen Sie sich vor einen Spiegel und spielen die oben aufgeführten Emotionen nach. So üben Sie, in den Gesichtern der anderen oder im eigenen Emotionen zu erkennen.

> **Übung: Beobachtung der Emotionen**
>
> Stecken Sie sich ein kleines Notizbuch mit Stift in die Gesäßtasche und notieren Sie eine Woche lang jede Emotion, die Sie bei sich selbst wahrnehmen. Auf diese Weise richten Sie Ihren Fokus auf das eigene emotionale Erleben und fördern die emotionale Wahrnehmung. Drehen Sie nach einer Woche den Spieß um und beobachten Sie die Emotionen Ihrer Mitmenschen. Führen Sie auch hier Buch. So fördern Sie die Erkennung der Emotionen der anderen. Beides – die Wahrnehmung der eigenen und die Wahrnehmung der Gefühle der anderen – ist grundlegnd für emotionale Intelligenz.

Jede Emotion liefert eine Information. Welche Bedürfnisse liegen den Emotionen zugrunde? Schauen wir uns einige zentrale Emotionen an:

- *Angst:* Das der Angst zugrundeliegende Bedürfnis ist das nach Schutz oder Sicherheit. Angst hat die überlebensnotwendige Aufgabe, auf mögliche Gefahren oder Bedrohungen hinzuweisen. Sie ist vergleichbar mit den oben schon erwähnten Warnlämpchen im Auto, die auf einen drohenden Schaden hinweisen. Wie gut, dass es diese Warnlämpchen gibt, die auf Probleme aufmerksam machen. Dank der Warnlämpchen ist der Schaden möglicherweise abwendbar, ehe er eintritt. Bringen Sie Ihr Auto in die Werkstatt, wenn die Warnlämpchen aufleuchten und wenden Sie sich dem Problem zu. Denn: Ängste werden gelöst, in dem ihnen begegnet wird. Die Vermeidung von Ängsten ist eine Einladung an diese, zu bleiben und sich allenfalls auszuweiten. Aufgepasst: Manchmal gehen die Warnlämpchen an, ohne dass ein Schaden droht. Damit will ich sagen, dass rationale Angst (es droht tatsächliche Gefahr) von irrationaler Angst (es droht keine tatsächliche Gefahr) zu unterscheiden ist.
- *Wut:* Die Wut signalisiert eine Grenzverletzung. Sie gibt uns die Energie, die wir benötigen, um die Grenzen zu reparieren. Intensive Wut sollte konstruktiv genutzt werden, nicht destruktiv. Ansonsten droht Gefahr, Geschirr zu zerschlagen, das nicht mehr repariert werden kann. Es gilt, die Wut so zu kanalisieren, dass die Energie, die in

ihr steckt, genutzt werden kann, ohne dass Schaden entsteht. Der Dalai Lama sagt: »In der Wut verliert der Mensch seine Intelligenz.« Nutzen Sie die Information und die Kraft der Wut, aber handeln Sie stets aus dem Kopf heraus. Handeln Sie nicht blind vor Wut.

- *Ärger:* Dieser entsteht dann, wenn sich uns etwas in den Weg stellt, wenn wir an etwas gehindert werden, wenn wir etwas als ungerecht oder unfair erleben und uns machtlos ausgeliefert fühlen. Bei genauer Betrachtung ärgern wir uns häufig über uns selbst. Ähnlich wie bei der Wut ist es wichtig, die durch den Ärger freigesetzten Kräfte konstruktiv zu nutzen.
- *Traurigkeit:* Welches Bedürfnis steckt in der Traurigkeit? Traurigkeit signalisiert einen Verlust. Etwas ist verloren oder zu Ende gegangen. Etwas Wichtiges zu verlieren, macht traurig. In der Trauer steckt das Bedürfnis nach Trost, Zuwendung, Kontakt, Nähe und ähnliches. Die Traurigkeit ist ein Gefühl, das entschleunigt und verlangsamt. Sie nimmt den Fokus weg von anderem und richtet ihn auf uns selbst im Zusammenhang mit dem Verlust. Das Herz wird schwer, die Schultern hängen, der Puls geht langsam. Und das ist gut so, es ist wichtig. Der Trauerprozess fördert die Verarbeitung. Als ob die Zeit langsamer verrinnt, sodass wir genügend Zeit bekommen, uns um unseren Verlust zu kümmern und im neuen Leben ohne das, was verlorengegangen ist, anzukommen.
- *Einsamkeit:* Wer einsam ist, fühlt einen Mangel an Kontakt und Nähe zu anderen. Die Forschung hat gezeigt, dass allzu intensive und zu lange dauernde Einsamkeit krank macht, sowohl körperlich wie psychisch. Die gute Nachricht: Menschen gibt es viele und überall. Warten Sie nicht, bis sich das Problem von allein löst, sondern werden Sie aktiv. Schließen Sie sich einem Verein an, beginnen Sie Brieffreundschaften, sprechen Sie Ihre Arbeitskolleginnen an. Lesen Sie das Buch von Dale Carnegie mit dem Titel »Wie man Freunde gewinnt« und zudem das ▶ Kap. 15 in diesem Ratgeber.
- *Schuldgefühle:* Dabei handelt es sich um soziale Gefühle, die nach als ungerecht oder pflichtverletzend wahrgenommenem Verhalten auftreten können. Dahinter steckt das Prinzip der Gegenseitigkeit: Als soziale Wesen wollen wir, dass das, was wir geben, mit dem im Gleichgewicht ist, was wir bekommen. Wer sich schuldig fühlt,

glaubt vielleicht, jemandem etwas genommen zu haben. Das Gleichgewicht ist aus den Fugen geraten und das fühlen wir als Schuldgefühle.

- *Scham:* Scham ist ein soziales Gefühl insofern, als dass es Publikum braucht. Würden Sie sich schämen, wären Sie der einzige Mensch auf Erden? Egal, ob real anwesendes oder bloß insgeheim vorgestelltes Publikum: Ohne Andere schämen wir uns in der Regel nicht. Es braucht ein Vis à Vis. Warum hat uns die Natur das wenig angenehme Gefühl der Scham in die Wiege gelegt? Manche sehen darin einen im gesellschaftlichen Kontext verankerten Grund: Indem wir uns schämen, erkennen Andere, dass wir uns eines Fehltritts bewusst sind. Studien zeigen, dass die Scham bei Anderen Mitgefühl auslöst und so hilft, Streitereien zu beseitigen. So betrachtet dient Scham dem sozialen Frieden.

> **Übung: Bedürfnisse in den Emotionen lesen**
>
> Nehmen Sie sich die beiden Listen hervor, die Sie in der letzten Übung namens »Beobachtung der Emotionen« erstellt haben. In der einen sind die eigenen Gefühle im Laufe einer Woche aufgelistet, in der anderen diejenigen Ihrer Mitmenschen. Sehen Sie sich alle notierten Emotionen an und finden Sie heraus, welche Bedürfnisse bei Ihnen und Ihren Mitmenschen im Laufe einer Woche festzustellen waren. Überlegen Sie sich zudem, inwiefern Sie dazu beigetragen haben, diese Bedürfnisse zu befriedigen. Zudem, was Sie eventuell anders hätten tun können.

Nicht immer ist diejenige Emotion, die sich offenbart, diejenige, um die es geht. Manchmal werden primäre Emotionen von sekundären Emotionen überlagert. Das passiert in der Regel dann, wenn die primäre Emotion schlecht aushaltbar ist und/oder gelernt wurde, dass die primäre Emotion nicht sein dürfe. Die sekundäre Emotion mag ebenfalls nicht angenehm sein, aber sie ist leichter auszuhalten. Das funktioniert wie beim Zwiebelsystem: Die äußere Schicht schützt die innere Schicht. Es handelt sich um einen Schutzmechanismus. Ein Beispiel: Wut (im

Sinne einer sekundären Emotion) überlagert Traurigkeit (im Sinne einer primären Emotion) relativ häufig. Warum ist das problematisch, wenn die Wut scheinbar handhabbarer ist? Das Problem ist, dass die Wut das Gegenteil davon bewirkt, was die Traurigkeit braucht. Die Traurigkeit braucht Kontakt, Nähe, Zuwendung. Die Wut schafft Distanz, weil sie Grenzen wieder aufstellen will. Wer sich also wütend zeigt, obwohl er eigentlich traurig ist, bekommt das eigentliche Bedürfnis, nämlich Nähe, nicht gestillt, er bekommt sogar das Gegenteil, da die Wut Distanz schafft. Natürlich gibt es weitere Gefühls-Kombinationen. So werden Schamgefühle auch häufig durch Wut geschützt. Das klassische Beispiel ist ein aggressiver Teenager, der wütend auf andere ist, obwohl er ein geringes Selbstwertgefühl hat und sich eigentlich für sich und seine vermeintlichen Makel schämt. Die Unterscheidung in primär und sekundär ist nicht immer einfach. Ich schlage zwei Wege vor: Entweder kann man im Nachhinein darüber nachdenken. Die Analyse der Gefühle im Anschluss an eine emotionsgeladene Situation ist sehr wichtig, was weiter unten noch thematisiert wird. Oder die Unterscheidung kann via »Bauch« erfolgen. Denn sekundäre Emotionen fühlen sich irgendwie falsch an. Achtet man darauf, fühlt man, dass etwas nicht stimmt.

Ist es Ihnen schon einmal passiert, dass Sie in einer Situation emotional völlig überreagiert haben? Oder haben Sie dies bei jemand anderem miterlebt? Die emotionale Reaktion war zu intensiv und unpassend für den vorliegenden Auslöser. Vielleicht handelte es sich um eine so genannte Emotionsbrücke. Manchmal werden aktuelle emotionale Reaktionen durch frühere Erlebnisse eingefärbt. Insbesondere unangenehme Ereignisse in der Kindheit können so ihren Weg in die Gegenwart finden. Dies oft ohne, dass der Einfluss von früher bemerkt wird. So kommt es, dass manchmal zu stark oder unpassend reagiert wird. Eigene Emotionsbrücken zu kennen, ermöglicht eine Gegensteuerung in der Gegenwart. Doch wie gelingt eine Gegensteuerung alias Emotionsregulation? Das sehen wir uns als nächstes an.

12.2.2 Emotionen beeinflussen

Emotionen bei sich und anderen beeinflussen zu können, ist eine Fähigkeit aus dem Bereich der emotionalen Intelligenz. Die Fachwelt spricht von Emotionsregulation. Dabei sind Emotionen an sich meistens nicht das Problem: Der Umgang mit ihnen kann ein Problem sein. Er kann auf zwei Weisen ungünstig sein:

- Entweder sind die Emotionen zu intensiv und bedürfen einer Herunterregulierung. Betroffene zeigen eine mangelnde Herunterregulierung.
- Oder die Emotionen werden unterdrückt, unangemessen heruntergeguliert oder auch zu wenig wahrgenommen, was eine Heraufregulierung notwendig macht. Man kann sagen, Betroffene zeigen eine übermäßige oder schädliche Herunterregulierung.

Wem es nicht genügend gelingt, die eigenen Emotionen herunter zu regulieren, wird von ihnen übermannt. Das bringt drei wesentliche Probleme mit sich: Erstens schadet man sich dabei selbst. Zweitens schadet man dadurch anderen. Beziehungen geraten in Gefahr und intensive, kurze Beziehungen sind häufig. Drittens werden die zugrundeliegenden Bedürfnisse eventuell nicht befriedigt.

Wenn Emotionen allzu intensiv sind, sollten sie zunächst auf ein bestimmtes Maß heruntergeguliert werden, damit eine gute Beschäftigung damit überhaupt stattfinden kann. Denn sind die Gefühle zu stark, ist der Verstand, der erkennen soll, was los ist und besonnenes Handeln initiieren soll, wie ausgeschaltet. Eine gelungene Emotionsregulation erfordert die Anwesenheit des Verstandes, der sich bei allzu intensiven Emotionen ausklinkt. In einem zu emotionsgeladenen Zustand verlieren die Gefühlswelt und der Verstand das Gleichgewicht. Gut gemeinte Ratschläge wie »Reiß dich zusammen!« oder »Denk doch mal nach« ergeben keinen Sinn mehr, denn der Kopf ist deaktiviert.

Für die Herunterregulierung intensiver Emotionen eigenen sich so genannte Skills. Hinter dem Begriff verstecken sich einfache Techniken, die das Stressniveau rasch senken und wieder eine Verbindung zum Verstand herstellen. Es gibt verschiedene Arten von Skills – ich zeige Ihnen hier die Sinn-Skills, mit denen die eigenen Sinne »geschockt« werden. Dadurch tritt die intensive Emotion für einen Moment in den Hintergrund, was dem Verstand ermöglicht, zurückzukehren.

Beispiele für Sinn-Skills sind:

- *Schärfe*: Chilischote, Pfefferkörner, scharfes Bonbon, Tabasco, scharfer Senf, Wasabi
- *Aroma*: Nelke, Kümmel, Zitrone
- *Duft*: Gewürze, Parfüm, Duftöle
- *Leichter Schmerz*: Gummiband am Handgelenk, Stein im Schuh, Coolpack im Nacken, Kneifen
- *Berührung*: Kitzeln mit Feder, Massageroller, Igelball, Barfußlaufen

Testen Sie die hier genannten Skills und finden Sie heraus, was Ihnen zusagt. Beißen Sie bspw. auf ein Pfefferkorn und fragen sich: Was macht es mit Ihnen? Können Sie sich auf etwas anderes konzentrieren als auf den Schärfe-Reiz in Ihrem Mund? Vielleicht sind Pfefferkörner das Falsche für Sie – Sinn-Skills sind individuell, was dem einen zusagt, widerstrebt dem anderen. Hanspeter funktioniert anders als Peterhans. Ist in der obigen Aufzählung kein für Sie passendes Sinn-Skill dabei, dann durchforsten Sie das Internet. Suchen Sie etwas, das Ihren Fokus für einen Moment vom unangenehmen Gefühl abzieht. Achten Sie darauf, Ihre Sinne zwar zu schocken, sich dabei aber niemals zu verletzen. Schock: ja. Verletzung: nein.

Nach der Verwendung eines Sinn-Skills folgen Entspannungsübungen. Einige davon haben Sie im vorangegangenen ▶ Kap. 11 kennengelernt. Bauen Sie Entspannungsstrategien in den Alltag ein, vielleicht sogar mehrmals täglich. Zum einen trainieren Sie so Ihre Fähigkeit, sich zu entspannen, zum anderen bewegen Sie sich entspannter durch den Tag, was der Entwicklung intensiver Emotionen entgegenwirkt. Zudem können Sie sie dann Ihre Entspannungsmethode, wenn Sie sie brauchen, wie während der Herunterregulierung einer starken Emotion, einfacher abrufen.

Bei wiederkehrenden starken Emotionen und Schwierigkeiten in derer Herunterregulierung ist das Erstellen einer »Notfallbox« empfehlenswert. Dafür besorgen Sie sich eine hübsche, kleine Schachtel. Füllen Sie diese mit Utensilien für die Sinn-Skills, bspw. Pfefferkörner, sowie für die Entspannungsstrategien, bspw. Massageöl. Gerne können Sie weitere Gegenstände in die Box legen, bspw. Fotos vom letzten Urlaub (sofern er ausschließlich wunderschön war) oder einen MP3-Player mit beruhigender Musik (kein Rammstein oder dergleichen) oder DVDs mit schönen Filmen, die eine harmonisierende Wirkung auf Sie ausüben. Egal, worum es sich handelt, die Hauptsache ist, dass dadurch nur angenehme Gefühle ausgelöst werden. Platzieren Sie die Notfallbox da, wo Sie am häufigsten intensive Emotionen erleben. Eine meiner Patientinnen platzierte sie unter dem Sofa, eine andere unter dem Bett. Jemand anders erstellte statt einer Notfallbox eine Notfallliste, die auf dem Handy abgespeichert wurde und lauter Dinge auflistete, die in Notfallmomenten guttun. Der Trick ist: Bei Eintreten intensiver Emotionen ziehen Sie die Box hervor (oder öffnen die Liste) und arbeiten sich durch lauter Dinge hindurch, die eine positive, angenehme Wirkung auf Sie haben.

Führen Sie Skills und dann wohltuende Entspannungsstrategien solange durch, bis Sie fühlen, dass Ihr Verstand wieder da ist. Ist er wieder da, nutzen Sie ihn. Würden Sie nur Skills und Entspannungsstrategien ausüben, wäre es nichts als Vermeidung, wenn auch eine, die Ihnen nicht schadet. Dies im Gegensatz zu der Herunterregulierung von Emotionen mittels Alkohol, Medikamenten, Drogen, übermäßigem Essen, Selbstverletzungen und weiterem. Diese tragen zwar tatsächlich ähnlich wie Skills dazu bei, unangenehme emotionale Zustände zu beenden, sind aber selbstverständlich hochgradig schädlich.

Jede Emotionsregulation ist erst erfolgreich, wenn Sie nach der eigentlichen Herunterregulierung zum einen akzeptieren, dass es gerade so ist, wie es ist, und zum anderen die Situation analysieren. Fragen Sie sich:

- Was ist gerade los?
- Auf was weist mich meine (primäre) Emotion hin?
- Welches Bedürfnis habe ich?
- Was brauche ich?
- Was sollte ich nun tun?
- Braucht es ein Umdenken?

Zusammenfassend veranschaulicht ▶ Abb. 8 den Ablauf der idealen Emotionsregulation. Diese umfasst im Wesentlichen die folgenden vier

Schritte: Skills, Entspannung, Akzeptanz, Analyse. Um sich daran zu erinnern, könnten Sie sich die Anfangsbuchstaben merken: »SEAA«.

Abb. 8: Ablauf der idealen Emotionsregulation

Emotionen treten oft in Clustern, also Grüppchen, auf und lösen dadurch ein Gefühlschaos aus. In diesen Momenten bringen Sie als Erstes Ordnung ins Chaos und machen am besten eine emotionale Auslegeordnung, das heißt: Sie beschreiben und benennen als erstes sämtliche Emotionen, die Sie wahrnehmen. Am besten schreiben Sie sie kurz auf. Entscheiden Sie als Nächstes, welche der Emotionen derzeit vorne steht und am intensivsten ist. Das ist diejenige, der Sie sich primär zuwenden. Nach der Bearbeitung dieser Emotion kehren Sie zurück zu Ihrer Auslegeordnung und widmen sich derjenigen Emotion, die nun am intensivsten ist.

Selbstverständlich ist es manchmal angebracht, nicht jede Emotion direkt auszuleben. Stellenweise ist es notwendig, die dunkle Wolke vorbeiziehen zu lassen, auszuhalten und ein abwehrendes Vermeidungs-Lächeln oder Poker-Face aufzusetzen. Gleichzeitig ist diesen Emotionen dann, wenn es möglich ist, doch noch Raum zu geben. Vielleicht ist das erst nachts möglich, wenn die Kinder schlafen. Oder erst nach Feierabend, wenn der Arbeitsplatz verlassen ist. Denn die übermäßige Herunterregulierung der eigenen Emotionen, sprich deren Vermeidung und Unterdrückung, ist potenziell schädlich. Vermeidungsstrategien beinhalten »Runterschlucken«, Alkohol, Drogen, Medikamente, übermäßiges Essen, exzessiver Sport, Shopping und weitere Ausweichmanöver. Da gibt es Personen, die keine Liebesbeziehung mehr eingehen aus Angst davor, dass diese scheitert und in Liebeskummer mündet. Da gibt es Personen, die ihre künstlerische Ader nicht ausleben, aus Angst, dass andere negativ darüber urteilen. Da gibt es Personen, die sich allabendlich betrinken, um der Einsamkeit zu entgehen. Bei der Vermeidung von Emotionen geht es mitunter darum, dass Emotionen als »unnötig« interpretiert oder als persönliche Schwäche missdeutet werden, oder früh gelernt wurde, dass Emotionen nicht sein dürfen, ferner, dass man glaubt, mit Emotionen nicht klarzukommen, ließe man sie zu und sowieso nicht zu bekommen, was man bräuchte. All das sind Ängste. Hier gibt es am Ende des Tages nur eins: ins kalte Wasser springen und schwimmen lernen.

> **Übung: Mehr Freude**
>
> Küren Sie den nächsten Tag zum »Tag der Freude«. Schreiben Sie ein großes »F« auf Ihren linken Handrücken und programmieren Sie einen Alarm in Ihr Smartphone, der Sie alle 30 Minuten daran erinnert. Sie haben zwei Möglichkeiten, Freude zu provozieren:
>
> - Entweder achten Sie auf alles in Ihrem Umfeld, das Freude auslösen könnte. Gehen Sie mit dem Mindset durch den Tag, Quellen der Freude zu sehen.
> - Oder Sie lösen Freude gezielt aus: Gehen Sie dazu bewusst in einen Blumenladen, wenn Ihnen Blumen gefallen, besuchen Sie eine tolle Freundin, rufen Sie Ihre geliebte Großmutter an, gehen Sie joggen, wenn es das ist, was Freude auslöst. Oder Sie erinnern sich immer wieder an Dinge, Situationen oder Personen, die Ihnen Freude bereiten. Denken Sie intensiv an Ihren Neffen, sehen Sie sich die Fotos vom letzten Karibikurlaub an oder stellen Sie sich den Moment erneut vor, in dem Sie Ihr Zertifikat für den Lehrabschluss überreicht bekommen haben.
>
> Egal wie, egal was, die Hauptsache ist, Sie erleben Freude. Und sei es ein klein wenig, denn wenig ist mehr als nichts.
> Diese Übung ist wandelbar: Küren Sie den nächsten Tag zum Tag einer anderen angenehmen Emotion, die Sie gerne erleben möchten. Entscheiden Sie, was Sie brauchen und was Ihnen guttut.
> Die Übung funktioniert nicht gut bei und ist nicht ratsam für Personen, die in einer Depression sind. In diesem Fall bitte ich Sie, sich an eine Fachperson zu wenden.

12.2.3 Emotionen umsetzen

Bis jetzt ging es um die emotionale Regulierung und die Analyse der Emotionen. Nun geht es darum, sich das, was gebraucht wird, zu geben. Entweder es bedarf einer Handlung, bspw. die Aktivierung des Freundeskreises bei Einsamkeit, sich trösten lassen bei Traurigkeit, ein klärendes Gespräch suchen bei einer Grenzüberschreitung. Brainstormen Sie, was Ihre Möglichkeiten auf der Verhaltensebene sind und setzen Sie dann das, was für Sie am meisten Sinn ergibt, um. Oder es bedarf einer Anpassung der Einstellung. Vielleicht gibt es überzogene Erwartungen an Ihr Umfeld? Vielleicht gibt es Denkfehler, wie Sie sie in ▶ Kap. 13 kennenlernen werden? Schaden Sie sich nicht selbst mit einer ungünstigen Einstellung, sondern ändern Sie eine solche bei Bedarf.

Und manchmal bedeutet es, anzuerkennen, dass nichts möglich ist. Hilft nichts, hilft radikale Akzeptanz. Radikale Akzeptanz bedeutet: »Jetzt ist es so. Jetzt ist es schlecht. Jetzt ist es miserabel. Ich will das nicht. Ich halte es kaum aus. Aber so ist es. Ich kann nichts dagegen tun. Sich in einen aussichtslosen Kampf zu begeben, bringt nichts. Ich muss radikal akzeptieren, dass es ist, wie es ist.« Manchmal gilt es, auszuhalten. Oder loszulassen, wenn das geht. Hierzu die nachfolgenden zwei Übungen.

Übung: Papierflieger

In einer Situation, in der es weder vor noch zurück geht, in der nur radikale Akzeptanz möglich ist, können Sie das Folgende ausprobieren: Nehmen Sie ein leeres Blatt Papier und viele Buntstifte. Schreiben Sie immer wieder folgenden Satz auf: »Ich akzeptiere radikal, dass …« Ergänzen Sie, was Sie radikal akzeptieren wollen. Wenn das Blatt über und über beschriftet ist, falten Sie einen Papierflieger daraus und lassen ihn bspw. von einem Aussichtsturm herab fliegen (oder wenigstens vom Balkon oder aus dem Fenster). Schauen Sie ihm nach, bis er verschwunden ist. Sie können das immer wieder durchführen, bis Sie es nicht mehr für nötig halten. In dem Sie den Satz immer wieder aufschreiben, beschäftigt sich Ihr Gehirn kontinuierlich damit und es formt sich eine Gedächtnisspur. In dem Sie den Flieger dem Wind übergeben, lassen Sie symbolisch los.

Übung: See

Setzen Sie sich bequem hin. Schließen Sie die Augen und stellen Sie sich vor, Sie befinden sich in einem wunderschönen Haus direkt an einem See. In Ihrer Vorstellung setzen Sie sich in einen Sessel direkt an einem großen Panoramafenster. Sie fühlen sich geborgen und geschützt. Sie schauen nach draußen, Ihr Blick schweift über den See. Über dem See strahlt die Sonne, der Himmel ist blau. Einige wenige weiße Schäfchenwolken schauen müde herab. Genießen Sie es, die sonnigen Zeiten des Lebens zu betrachten. Allmählich schlägt das Wetter um. Dunkle Wolken ziehen auf und der Himmel verfinstert sich. Nachtschwarze Wolken kündigen ein schweres Gewitter an. Schon schnellt der erste Blitz herab, direkt über dem See, ein tiefer Donner folgt. Währenddessen sitzen Sie warm und wohl am Fenster. Eine Wolldecke auf Ihren Beinen. Sie schauen dem Naturspektakel gelassen zu. Das Gewitter hält sich eine Weile. Mehrere Millionen Regentropfen stürzen sich auf den See. Wahrscheinlich mehr. Betrachten Sie die dunklen Zeiten des Lebens. Allmählich lässt das Gewitter nach. Die dunklen Wolken weichen mehr und mehr. Der Himmel klart auf. Die Sonne bricht durch und strahlt wieder auf den See herab. Die Regentropfen trocknen. Die Schäfchenwolken kehren zurück. Das Gewitter ist vorbei. Die sonnigen Zeiten des Lebens kehren zurück. Die Welt da draußen ist nicht dieselbe wie diejenige vor dem Gewitter, aber genauso schön. Es ist ein immerwährender Wechsel zwischen sonnigen und dunklen Zeiten.

12.2.4 Empathie und Umgang mit Beziehungen

Ein guter Umgang mit eigenen und fremden Emotionen mündet in Selbstempathie und Empathie für andere. Und beide zusammen sind der Boden zwischenmenschlicher Beziehungen. Die eigenen Emotionen und die der Anderen zu erkennen und zu verstehen bedeutet, sich und anderen geben zu können, was gebraucht wird. Das fördert ein reibungsloses, harmonisches Zusammenspiel mit anderen.

Ich möchte an dieser Stelle betonen, dass es darum geht sich *und* anderen zu geben, was gebraucht wird, und nicht nur darum, anderen zu geben, was diese brauchen. Selbstaufgabe darf kurzfristig sein und gehört zum Leben dazu, doch niemals langfristig. Andauernde Selbstaufgabe bedeutet Selbstvernachlässigung und das widerspricht einer hohen emotionalen Kompetenz, da man sich selbst aus der Gleichung herausgelöst hat.

Wem Selbstempathie und Empathie mit anderen gut gelingt, der kommt eher nicht zu mir oder zu einem anderen Psychotherapeuten in die Praxis. Denn weder werden die eigenen Emotionen ignoriert und vermieden oder mangelhaft, unangemessen oder übertrieben herunterreguliert, sodass Leiden entsteht, unter anderem psychosomatischer Natur. Noch wird Leiden in den Mitmenschen übersehen oder erzeugt, sodass Konflikte entstehen und Trennungen vollzogen werden, wegen derer das Selbst wiederum leidet.

Literaturempfehlungen zur Vertiefung

Carnegie D (2011) Wie man Freunde gewinnt: Die Kunst beliebt und einflussreich zu werden. Fischer: Frankfurt am Main.
Dehner-Rau C & Reddemann L (2019) Gefühle besser verstehen. Wie sie entstehen. Was sie uns sagen. Wie sie uns stärken. Goldmann: München.
Goleman D (2009) Emotionale Intelligenz. Dtv: München.

13 Wie denken Sie?

Nun geht es um die Art zu denken und um mögliche Denkmuster sowie -fehler. Den größten Dramen des Alltags lässt sich ein beachtlicher Teil ihrer Macht nehmen, gelingt es, die damit einhergehenden Bewertungsprozesse förderlich zu gestalten. Ganz im Sinne des Philosophen Ralph Waldo Emerson: »Ein Mensch ist das, was er den ganzen Tag lang denkt.«

13.1 Denken lenkt

Denken ist allgegenwärtig, es findet ständig statt. Denken kann das Verhalten, den Körper und die Emotionen steuern. Manchmal ist es offensichtlich, zum Beispiel sagen wir auf der Jagd nach dem abtrünnigen Hausschlüssel vor uns her: »Wo ist mein Schlüssel?« Manchmal ist es weniger offensichtlich, zum Beispiel beim Gangschalten während des Autofahrens. Dabei wirkt es, wie wenn die Hand die Gangschaltung (vermeintlich) automatisch bediene. In Wahrheit führt keine Hand ein Eigenleben, sondern sie nimmt Befehle entgegen und übt diese aus. Diese Instruktionen sind nach vielen Jahren des Autofahrens mit Gangschaltung hochautomatisiert und blitzschnell, sodass wir sie kaum noch wahrnehmen. Sie sind aber da, denn ohne Instruktion vom Kopf macht die Hand nicht viel.

So finden ständig Denkprozesse statt. Manche Denkprozesse sind für unser Wohlbefinden förderlich, andere sind ihm abträglich. Leider aber besteht für wenig förderliche, schädliche Denkprozesse oftmals ein blinder Fleck. Die im Hintergrund ablaufenden, wenig funktionalen Denkprozesse sind häufig nicht bewusst. Durch ihre Bewusstmachung können sie einer kritischen Hinterfragung unterzogen und allenfalls förderlicher gestaltet werden. Das ist das erklärte Ziel des nun folgenden ABC-Modells.

13.2 Kennen Sie das ABC?

Die meisten glauben folgendes: Es passiert ein Ereignis, und auf das Ereignis wird reagiert. Das ist falsch. Richtig ist: Es passiert ein Ereignis, das Ereignis wird interpretiert und auf die Interpretation wird reagiert.

Beispiel 1

Ein junger Mann geht durch die Zürcher Altstadt. Es ist Freitagabend und viel los. Er geht an einer Gruppe junger Männer vorbei. Als er auf ihrer Höhe ist, sehen die ihn und lachen laut drauf los. Der junge Mann lässt die Schultern hängen, das Herz wird schwer, die Gesichtszüge entgleiten ihm, er geht niedergeschlagen nach Hause und verkriecht sich im Bett.

Beispiel 2

Ein anderer junger Mann geht durch die Zürcher Altstadt. Es ist Freitagabend und viel los. Er geht an einer Gruppe junger Männer vorbei. Als er auf ihrer Höhe ist, sehen die ihn und lachen laut drauf los. Der junge Mann geht auf die Gruppe zu. Mit einem Lächeln auf den Lippen fragt er, worüber gelacht wird und die Gruppe erzählt ihm denselben Witz, über den sie vorhin schon gelacht hatte. Er verbringt den Rest des Abends mit der Gruppe und fällt erst spät und zufrieden ins Bett.

Dieselbe Situation – andere Reaktion. Wie kommt's? Dazwischen findet eine andere Interpretation oder Bewertung der Situation statt. Reagiert wird nicht auf das Ereignis, denn dann müsste die Reaktion identisch ausfallen, sondern auf die individuelle Interpretation. Darum fällt die Reaktion unterschiedlich aus.

Diese Überlegungen entstammen dem ABC-Modell. Dieses wurde auf Basis jahrzehntelanger Berufserfahrung vom Psychotherapeuten Albert Ellis entwickelt. Das Modell ermöglicht die Bewusstmachung des eigenen Denkens in verschiedenen Situationen. Als Folge dieses Denkens bzw. dieser Bewertungen stellen sich gewisse Emotionen und gewisse Verhaltenskonsequenzen ein. Die Veränderung der Bewertung führt zur Veränderung der nachfolgenden Reaktionen.

Albert Ellis benannte sein ABC-Modell nach den drei Komponenten, die es beinhaltet:

- A für »Activating Event« (Auslöser)
- B für »Beliefs« (Denken/Bewertung/Interpretation)
- C für »Consequences« (Konsequenzen)

> **Übung: ABC-Modell**
>
> Nehmen Sie Ihr Notizbuch hervor und denken Sie an eine kürzliche Situation, in der Sie intensive Emotionen spürten. Beschreiben Sie diese Situation in Ihrem Notizbuch mit einigen Worten – das ist »A«. Schreiben Sie anschließend auf, welche Emotionen Sie spürten und benennen Sie Handlungsimpulse oder tatsächlich durchgeführte Handlungen – das ist »C«. Wenn mehrere Emotionen gleichzeitig auftraten oder mehrere Handlungen durchgeführt wurden, notieren Sie alle. Nun kommt der knifflige Teil. Fragen Sie sich: Was mussten Sie in dieser Situation denken, damit Sie sich so gefühlt und so verhalten haben? Das ist »B«. Geben Sie nicht gleich auf, sollte es schwerfallen. Das ist eine schwierige Aufgabe, da diese Bewertungsprozesse in der Regel unbewusst ablaufen – wie beim Gangschalten im Auto. Vielleicht helfen Ihnen die folgenden Strategien:

- Brainstorming: Schreiben Sie ungefiltert alle Bewertungen auf, die Ihnen einfallen. Wählen Sie diejenige aus, die dieselbe Emotion wie in der damaligen Situation weckt.
- Perspektivenwechsel: Schlüpfen Sie für einen Moment in die Schuhe einer anderen Person. Produzieren Sie aus dieser Perspektive heraus weitere Gedanken.
- Das alte Selbst: Drehen Sie das Rad der Zeit zurück und seien Sie sich selbst vor einigen Jahren. Vielleicht weiß das frühere Ich Rat?
- Das Zukunfts-Selbst: Drehen Sie das Rad der Zeit nach vorne. Seien Sie sich selbst im Alter von 90 Jahren. Befragen Sie das spätere, durch die Jahre weise gewordene Ich.
- Andere um Rat fragen: Fragen Sie andere Personen. Wie bewerten andere die Situation?

Haben Sie Ihren Bewertungssatz gefunden? Notieren Sie ihn in Ihrem Notizbuch. Bitte prüfen Sie die Bewertung auf Herz und Nieren und zwar mittels der folgenden Fragen:

- Was spricht dafür, dass die Bewertung stimmt?
- Was spricht dagegen, dass die Bewertung stimmt?
- Ist diese Bewertung wahrscheinlich?
- Ist diese Bewertung nützlich?
- Ist diese Bewertung hilfreich?
- Tut mir diese Bewertung gut?
- Würde mir jemand, der mich mag, raten, so zu bewerten?
- Würde ich jemandem, den ich mag, raten, so zu bewerten?

Wenn Sie feststellen, dass viel für Ihre Bewertung spricht, sie nützlich, hilfreich, wohltuend und so weiter ist, dann scheint es sich um eine adäquate Bewertung zu handeln, die kaum Veränderung bedarf. Die Bewertung scheint funktional zu sein. Wenn dem nicht so ist, wenn Ihre Bewertung einer Überprüfung mit den obigen Fragen nicht standhält, dann scheint es sich um eine nicht funktionale Bewertung zu handeln, die Ihnen nicht guttut und Ihrem Wohl abträglich ist.

13 Wie denken Sie?

Manchmal handelt es sich bei einer solchem Bewertung um einen Denkfehler. Gehen Sie die ▶ Tab. 1 durch: Lässt sich Ihre Bewertung einem dieser Denkfehler zuordnen?

Tab. 1: Es gibt mehrere Denkfehler

Denkfehler	Beschreibung
Perfekt	»Ich muss immer fehlerfrei sein. Ich muss immer alles perfekt machen. Ich darf keine Fehler machen.«
Schwarz oder weiß	Es gibt nur zwei extreme Bewertungen, dazwischen gibt es keine Abstufungen. Alles ist entweder schwarz oder weiß, grau gibt es nicht.
Übergeneralisierung	Ein einzelnes negatives Ereignis wird zum Modell für andere Situationen: Wenn einmal etwas Negatives vorgefallen ist, dann wird davon ausgegangen, dass vieles andere auch negativ ist. Ein einzelner Schirm wird über die ganze Welt gestülpt. Von einem Ereignis wird auf alles geschlossen.
Katastrophe	An das Schlimmste denken und vom Worst-case-Szenario ausgehen.
Auswahl des Negativen	Positive Erfahrungen zählen nicht, es werden nur die Negativen beachtet.
Schlussfolgerung	Erwartung, dass sich die Dinge sowieso negativ entwickeln. Wenn x passiert, dann trifft y ein. Ein gutes Szenario wird nicht angenommen.
emotionaler Beweis	Annahme, dass negative Gefühle bedeuten, dass das Erlebte auch negativ sein muss. Was gefühlt wird, ist die Wahrheit, »So ist es«. Meine Gefühle zeigen mir die Wahrheit an.
Personalisierung	Ereignisse auf sich beziehen, bspw.: »Negatives hat immer mit mir zu tun«.
übertriebenes Verantwortungsgefühl	Sich für alles verantwortlich fühlen, und zwar insbesondere für das, was nicht gut geraten ist.

Tab. 1: Es gibt mehrere Denkfehler – Fortsetzung

generelle negative Bewertung	Die ganze Person wird als negativ bewertet. »Ich bin eine Versagerin« oder »Er ist ein Verlierer«. Ähnlich wie die oben erwähnte Dichotomie, aber auf Personen bezogen.
niedrige Frustrationstoleranz	Unangenehme Zustände werden nicht ausgehalten. Es ist schnell zu viel.

Egal, ob Sie Ihre Bewertung einem dieser Denkfehler zuordnen können oder nicht, wenn sie nicht funktional ist, sollten Sie über eine neue Bewertung nachdenken. Dabei geht es darum, eine Bewertung zu finden, die bei den obigen Fragen vorteilhafter abschneidet. Vorteilhafter bzw. funktionaler ist es, wenn Sie durch eine bestimmte Bewertung weniger unangenehme Emotionen spüren, Sie dadurch weniger belastet sind und sich günstiger verhalten. Greifen Sie nicht nach den Sternen, setzen Sie keine rosarote Brille auf, belügen Sie sich nicht. Nur ein neuer Bewertungssatz, der für Sie wahr ist, stellt eine echte Alternative dar. Das ist Ihr neues »B'« – diesmal mit einem Apostroph: Ihre neue, funktionale Bewertung in dieser Situation.

Wenn Sie B' gefunden haben, dann heißt es, die neue Bewertung einzuüben. Wandlungsfähig wie die Schauspielerin Meryl Streep nehmen Sie diese neue Rolle an: Sie sind nun jemand, der auf diese Weise bewertet. Führen Sie sich vor Augen, in welchen Situationen Sie diese Bewertung zukünftig verwenden möchten und tun Sie es. Zu Beginn ist dies wie Schauspiel. Es fühlt sich fremd an. Doch wagen Sie das Experiment. Umso häufiger Sie einen Trampelpfad begehen, umso mehr weitet er sich aus und wird zu einer Autobahn. Die ursprüngliche Autobahn dagegen wird »verlottern«.

Im Rahmen der Konsequenzen innerhalb dieses Modells bin ich nur auf nachfolgende Emotionen und Verhaltenskonsequenzen eingegangen. Das greift zu kurz. Nebst der Auswirkung von Bewertungen (B bzw. B') auf Emotionen und Verhalten (C), kann sich das Bewertungsmuster auch auf den Körper auswirken. So wirken sich nicht funktionale Bewertungen letzten Endes auf den ganzen menschlichen Organismus nachteilig aus und spielen eine wesentliche Rolle in psychosomatischen Prozessen. Ich gebe Ihnen hierzu ein Beispiel:

> Frau Engel schilderte einmal, wie sie im Warteraum ihres Arztes ängstlich und nervös (C – Emotionen) geworden sei. Sie sei wegen ihrer ewigen Erkältung dahin gegangen (A). Dabei habe sie geschwitzt, ihr Puls sei gerast und sie habe zu wenig Luft bekommen (C – Körper). Gerade als sie die Praxis verlassen wollte (C – Verhalten), sei sie aufgerufen worden. Durch die empathische Art des Arztes habe die Symptomatik rasch nachgelassen. Ich fragte nach der Bewertung (B) und sie meinte: »Ich fürchtete, irgendeine schlimme Erkrankung zu haben. Wieso sonst war ich schon so lange krank? Und was, wenn ich sterbe? Wer kümmert sich dann um mein Baby?« Die Bewertung lautete: »Ich habe Angst, schwer krank zu sein und zu sterben.« Diese Bewertung provozierte die emotionalen und körperlichen Symptome sowie die Verhaltenstendenz »Flucht aus Angst«. Sie entspricht dem Denkfehler »Katastrophendenken«. Wir erarbeiteten die alternative Bewertung: »Ich habe eine Erkältung und zeige Sie jetzt meinem Arzt. Dann sehen wir, um was es sich handelt« (B'). Dadurch fühlte sie sich nicht himmelhochjauchzend, doch die dadurch entstehenden Emotionen waren leichter auszuhalten als zuvor und die Verhaltenskonsequenz war, dass sie nicht flüchten, sondern geduldig auf ihren Termin warten würde.

Die Anwendung des ABC-Modells ist psychotherapeutische Kunst. Verzagen Sie nicht, sollte es nicht oder nicht gleich gelingen. Haben Sie Geduld mit sich selbst. Eventuell ist es zum Erlernen sinnvoll, einige Stunden bei einem kognitiv-verhaltenstherapeutischen Psychotherapeuten zu absolvieren, der Ihnen das Modell in Ruhe und individuell für Sie zugeschnitten erklärt.

13.3 Fahren Sie gedankliches Karussell?

Fahren Ihre Gedanken Karussell? Drehen Sie sich im Kreis, bspw. dann, wenn Sie schlafen möchten? Lassen Sie Ihren Körper Karussell fahren, das bereitet Spaß, aber nicht Ihre Gedanken, denn das ist Zeitverschwendung und unnötiges Leid. Doch wie stoppen?

Gedankenkreisen ist anstrengend, zieht Energie ab und führt in der Regel zu nichts. Anders als konstruktives Denken findet sich beim Gedankenkreisen und Grübeln meist keine Lösung. Man tritt auf der Stelle. Denken Sie wiederholt an Ihre psychosomatischen Symptome und was diese möglicherweise bedeuten? Oder sind es andere Kreise, die Ihr Kopf zulässt? Grübeln Sie über aktuelle oder frühere Konflikte? Über Dinge, die Sie erledigen müssen? Egal an was Sie denken: Stoppen Sie es. Schließlich ist es Ihr Kopf und Sie entscheiden, was dieser tut.

Zum Stoppen von Gedanken gibt es verschiedene Techniken. Im Folgenden lernen Sie zwei davon kennen: »54321« und »Nein-Sagen«.

> **Übung: 54321**
>
> Diese einfache Übung bringt Sie zurück ins Hier und Jetzt. Sie entspannen und beruhigen sich. Wir konzentrieren uns hierbei auf Ihre Sinne. Benennen Sie zunächst fünf Dinge, die Sie sehen und sagen dazu zwei Sätze. Zum Beispiel: »Ich sehe meinen Laptop vor mir. Es ist goldfarben und ich liebe es.« Benennen Sie als Nächstes vier Dinge, die Sie hören. Beispiel: »Ich höre ein Lied von Sheryl Crow. Sie singt gerade über ihren Lieblingsfehler.« Zählen Sie anschließend drei Dinge auf, die Sie spüren. Beispiel: »Ich spüre die harten Kanten meines Holzstuhls unter meinen Beinen. Mein bequemes Stuhlkissen wirbelt gerade in der Waschmaschine herum.« Dann zwei Dinge, die Sie riechen. Vielleicht ein Deo, eine Blume, ein Parfüm. Schließlich etwas, das Sie schmecken. Bei mir: Kaffee. Diese Übung eignet sich auch für stressreiche Situationen. Sie können Sie immer dann anwenden, wenn Sie sich emotional belastet fühlen.

> **Übung: Nein-Sagen**
>
> Bedenken Sie, wer denkt: Sie denken. Also sind es auch Sie, die oder der es beenden kann. Wenn Sie registrieren, dass Ihr Kopf ein gedankliches Eigenleben führt, stehen Sie auf, klatschen laut in die Hände und rufen (zumindest innerlich):»Nein!« Trainieren Sie sich das unerwünschte Verhalten ab, als ob Ihr Kopf ein Welpe sei, dem man beibringen muss, dass er die Schuhe nicht zerkauen darf. So anders als ein Welpe funktionieren wir nicht. Seien Sie konsequent.
>
> Darüber hinaus sind die in ▶ Kap. 11.2 dargestellten Achtsamkeitsübungen ebenfalls wirksam. Gerade Yoga (▶ Kap. 11.3) eignet sich wunderbar, ist die»Stilllegung« des Geistes doch ein Ziel von Yoga. Wie Sie das gedankliche Karussell beenden, ist irrelevant. Relevant ist, dass Sie es beenden.

13.4 Sie sind nicht das Problem

Immer wieder lerne ich Personen kennen, die zutiefst der Ansicht sind, dass Sie selbst das Problem seien. Vielleicht wurde es ihnen in der Kindheit eingeredet, vielleicht resümierten sie dies als Folge von Rückschlägen im Laufe des Lebens. Wie ist das bei Ihnen: Erachten Sie sich als das Problem? Lassen Sie mich Ihnen versichern (auch wenn ich Sie nicht persönlich kenne): Mit an Sicherheit grenzender Wahrscheinlichkeit *sind* Sie nicht das Problem – eventuell *haben* Sie eins.

Sagen Sie laut die folgenden zwei Sätze, zuerst den einen, dann den anderen:

- »Ich bin das Problem.«
- »Ich habe ein Problem.«

Welchen Unterschied macht's? Es fühlt sich anders an, richtig? Ein Problem zu sein ist nicht dasselbe wie ein Problem zu haben. Eines zu haben ist wesentlich selbstwertschonender als eines zu sein. Vielleicht denken Sie nun, ich lege Worte auf eine Goldwaage. Ja, das tue ich. Denn: Wir denken in Worten. Verwenden wir dabei wohltuende, dem Selbstwert dienende Worte, wirkt sich das förderlich auf die Gesundheit aus. Verwenden wir hingegen herabwürdigende, den Selbstwert schädigende Worte, wirkt sich das entsprechend negativ auf die psychische Gesundheit aus. Ihre Art des Denkens beeinflusst, wie es Ihnen geht.

Ihr Problem im Außen anstatt im Inneren zu erkennen, verändert die Perspektive gegenüber dem Problem. Die psychologische Fachwelt nennt dies »Externalisierung«. Wie ein Brückenschlag von der inneren zur äußeren Welt. Gerade bei Kindern, aber längst nicht nur, ist diese Technik Gold wert. Ein Kind nicht als »unerzogen« (im Inneren des Kinds) zu beschreiben, sondern als Kind, das von einem Schlingel heimgesucht wird, der es einlädt, Blödsinn zu machen (im Außen des Kinds), ist selbstwertschonend. Das Kind ist nicht das Problem, sondern der heimsuchende Schlingel. In der Arbeit mit Erwachsenen verwende ich oft das Bild vom ungebetenen Gast im eigenen Haus. Irgendwann muss man ihm mitteilen, dass er zu gehen hat.

Übung: Ungebetener Gast

Stellen Sie sich vor, dass Ihr Problem ein ungebetener Gast im eigenen Hause sei. Bei Frau Engel war es die chronische Erkältung. Wie heißt der Gast? Geben Sie ihm einen Namen. Seien Sie kreativ, suchen Sie einen Namen aus, der zum Problem passt. Frau Engel nannte ihren Gast »Schnuppi«. Wie sieht der ungebetene Gast aus? Geben Sie ihm eine Gestalt. Wenn Sie mögen, zeichnen Sie den ungebetenen Gast. Eventuell sieht er aus wie eine Figur aus einem Star Wars-Film. Oder der ungebetene Gast ist eher vage, abstrakt, besteht aus geometrischen Figuren – vielleicht wie ein Gemälde vom abstrakten Künstler Wassily Kandinsky. Frau Engel beschrieb eine diffuse, graue, nieselnde Wolke, die etwa faustgroß sei und direkt über ihrer Nase schwebe.

Schreiben Sie dem ungebetenen Gast nun einen Brief. In diesem bitten Sie ihn, Ihr Haus zu verlassen. Seien Sie freundlich, seien Sie anständig. Danken Sie für den Besuch. Seien Sie gleichzeitig klar in Ihren Absichten. Schreiben Sie, dass Sie wollen, dass er jetzt geht. Führen Sie auf, warum Sie möchten, dass er geht. Seien Sie ausführlich, schreiben Sie sich von der Seele, was Sie dem Problem schon lange an den Kopf werfen wollten. Schreiben Sie, was Sie zukünftig tun werden, damit es den ungebetenen Gast nicht mehr braucht.

Danach empfehle ich ein Ritual. Rituale können eine große Wirkung haben. Nicht umsonst sind Rituale fester Bestandteil bei Übergängen, bspw. Geburtstage, Silvester, Beerdigungen. Sie könnten den Brief laut vorlesen, ihn danach an einen Luftballon heften und ihn in Richtung Himmel schicken. Oder basteln Sie daraus ein Papierschiff und lassen Sie den Brief auf einem Fluss davonfahren – das ist, was Frau Engel getan hat. Wenn Sie es feierlicher mögen: Laden Sie eine Freundin oder die Familie zum Abschiedsfest ein, halten Sie eine Ansprache, bei der Sie den Brief vorlesen. Anschließend gibt es einen Farewell-Apéro. Warum nicht? Der Einbezug des sozialen Netzwerks stärkt die Verbindlichkeit des Entschlusses.

Was, wenn es nicht funktioniert? Dann wiederholen Sie das Prozedere oder wechseln auf eine andere Übung. Nicht alles hilft jedem.

Diese therapeutische Vorgehensweise soll Ihr Problem nicht verniedlichen. Das Ziel ist, Ihren Selbstwert zu schonen und durch den Perspektivenwechsel einen neuen Zugang zum Problem zu schaffen.

13.5 Neue Story

Arthur Schopenhauer schrieb: »Wir denken selten an das, was wir haben, aber immer an das, was uns fehlt.« Die »Schwarzmalerei« von sich selbst, anderen und der Welt kennzeichnet Personen, denen es psychisch nicht gut geht. Das ist verheerend, denn: Umso negativer die Weltsicht, umso weniger wird wahrgenommen, was positiv ist. Die eigenen Ressourcen werden nicht gesehen und können nicht genutzt werden, um diesen negativen Zustand zu verlassen.

Der Mensch organisiert sein Leben anhand von Geschichten, die er über sich erzählt und die über ihn erzählt werden. Durch diese Geschichten strukturiert sich jeder Mensch und jeder ist das, was er von sich denkt, auf was er sich bei sich selbst konzentriert. Die größeren und kleineren Geschichten werden zusammen gewebt, und daraus entsteht ein Teppich des jeweiligen Selbst. Bestimmte Ereignisse werden miteinander verknüpft, andere fallen durch die Maschen. Was für ein Leben ein Mensch führt, hängt mitunter davon ab, wie dieser Teppich beschaffen ist. Ist er düster, wüst und löchrig, oder hell, freundlich und einladend?

In diesem Sinne ist es relevant, welche Ereignisse wahrgenommen und in der Folge Teil des eigenen Teppichs bzw. Selbstbilds werden. Wahrgenommen kann nur werden, worauf der eigene Wahrnehmungsapparat gerichtet wird. Psychosomatik-Patientinnen und -Patienten tendieren manchmal dazu, ihn auf die eigenen körperlichen Symptome und deren Bedeutung zu richten. Die psychosomatische Symptomatik bildet in diesem Fall einen beachtlichen Teil des Teppichs, auf dem gestanden wird, bzw. mausert sich zu einem Teil des eigenen Selbstbilds.

Auf was für einem Teppich stehen Sie? Wie sprechen Sie von sich? Wie würden Sie jemandem, den Sie lange nicht gesehen haben, von sich selbst berichten? Verwenden Sie dazu eher dunkle oder eher helle Farben? Was nehmen Sie wahr? Und wie ist in der Folge Ihr Selbstbild?

Übung: Der eigene Teppich

Wir erschaffen einen Flickenteppich für Sie. Zeichnen Sie die Umrisse eines Teppichs auf ein großes Blatt Papier. Überlegen Sie, welche positiven Geschichten über Sie erzählt werden können. Vielleicht

13 Wie denken Sie?

sind Sie jemand, der immer zu allen freundlich ist: sie grüßen herzlich den Postboten, den Pizzalieferanten, die Putzfrau, den Fahrradkurier. Zeichnen Sie dafür eine Flicke auf Ihrem Teppich ein. Schreiben Sie in diese Flicke bspw.: »Ich bin eine sehr freundliche Person. Morgens grüße ich den Postboten, mittags den Pizzalieferanten. Wenn ich die Putzfrau sehe, dann grüße ich sie herzlich, erkundige mich nach ihrem Wohlergehen und dem Fahrradkurier schenke ich immer ein Lächeln. An Weihnachten überreiche ich allen stets eine Weihnachtskarte. Ich ...« und so weiter. Dann erstellen Sie die nächste Flicke. Irgendwo auf dem Teppich, wo es passt. Vielleicht fällt Ihnen eine nette Geschichte aus der Kindheit ein. Vielleicht, dass Sie früher immer auf die Katzen der Nachbarin aufgepasst haben, wenn diese längere Zeit abwesend war. Schreiben Sie diese Geschichte Ihres Lebens in die Flicke, bspw.: »Früher habe ich immer auf Grischi, Maus und Selma aufgepasst, die drei Katzen von Frau Müller. Ich verbrachte immer mehrere Stunden bei den Miezen, damit sie nicht einsam seien. Wir kuschelten und spielten. Frau Müller war immer sehr froh, dass ich das gemacht hab und nannte mich ihren kleinen Goldschatz.« Erstellen Sie so Flicke um Flicke. Bleiben Sie auf der Sonnenseite des Lebens und achten Sie gezielt auf positive Flicken. Suchen Sie nicht nur nach den großen Geschichten Ihres Lebens, achten Sie auch auf die kleinen Episoden. Manchmal sind es die ganz kleinen Dinge, die das Große ausmachen.

Ingrid Bergman sagte, dass Glück eine gute Gesundheit und ein schlechtes Gedächtnis bedeute. Ich füge hinzu: Ein schlechtes Gedächtnis für die negativen Dinge. Ignorieren Sie nicht, klammern Sie nicht aus. Kein Rosinenpicken. Sie sind alles, das Gute, das Schlechte, alles gehört zu Ihnen und soll so sein. Yin und Yang ergänzen und brauchen sich. Doch lenken Sie den eigenen Fokus immer auch wieder auf die hellen, freundlichen und einladenden Geschichten aus Ihrem Leben. Das bedeutet nicht, dass Sie ignorieren. Es bedeutet, dass Sie wählen, auf welchen Teppichfarben Sie lieber stehen.

Literaturempfehlungen zur Vertiefung

Denborough D (2017) Geschichten des Lebens neu gestalten. Grundlagen und Praxis der narrativen Therapie. Vandenhoeck & Ruprecht: Göttingen.

Einsle, F & Hummel KV (2015) Kognitive Umstrukturierung. Techniken der Verhaltenstherapie. Beltz: Weinheim.

Ellis A (2006) Training der Gefühle: Wie Sie sich hartnäckig weigern, unglücklich zu sein. MVG: München.

White M (2010) Landkarten der narrativen Therapie. Carl-Auer: Heidelberg.

14 Welchen Stellenwert hat Ihre Arbeit?

14.1 Vom Sinn und Unsinn

Welchen Sinn ergibt Arbeit? Ist sie reines Mittel zum Zweck und dient dem Broterwerb? Oder geht es um die schöpferische Aktivität und die Selbsterfüllung des Menschen? Wenn Sie arbeiten: Warum eigentlich? Und dieselbe Frage mit dem Zusatz »nicht« für den Fall, dass Sie nicht arbeitstätig sind.

Hierauf gibt es keine universelle Antwort. Jede Person misst der Arbeit eine individuelle Bedeutung zu. Arbeit ist das, wozu sie gemacht wird. In der Regel ist es vorteilhaft, einer Beschäftigung nachzugehen. Eine solche bringt eine Reihe von Vorteilen mit sich: Sie wirkt strukturierend, fördert die soziale Vernetzung, die Selbstwirksamkeit, die Selbständigkeit, die Aktivierung und weiteres. Ist die Arbeit dergestalt, dass diese gefördert werden, ergibt sie meist Sinn. Sie ergibt keinen Sinn, wenn es zu einer Über- oder Unterforderung kommt, was in der Regel dann der Fall ist, wenn die Art, Ausmaß und die Anforderungen der Arbeit nicht mit dem individuellen Leistungsvermögen und Wertesystem des Betroffenen einhergehen. Dann ist die Beschäftigung oder Arbeit Unsinn.

Der Mensch strebt nach Sinn. Ob es einen universellen Lebenssinn gibt, sei dahingestellt. Doch jeder Mensch benötigt einen individuellen Sinn für sich. Etwas, das er anstrebt, das ihm am Herzen liegt, auf das er Wert legt. Sei es, dass er sich um ein Tier oder um eine Pflanze gekümmert wird. Sich über die Arbeit zu verwirklichen, stellt eine Option dar. Der nachfolgende Abschnitt beschreibt, was passiert, wenn dabei das Gleichgewicht abhandenkommt.

14.2 Burnout

Es gibt keine wissenschaftlich anerkannte Definition von Burnout und es ist keine anerkannte psychische Diagnose. Dennoch ist der Begriff in meinen Augen nützlich für eine bestimmte Personengruppe, die eine arbeitsassoziierte Stressreaktion bei anhaltendem, negativen Gefühlszustand aufweist. Die Lage gestaltet sich wie folgt: In der Anfangsphase besteht häufig ein überhöhter Energieeinsatz. Man glaubt unentbehrlich zu sein, hat das Gefühl, nie Zeit zu haben, verrichtet freiwillig Mehrarbeit. Es stellt sich eine Erschöpfung ein, man kann nicht mehr abschalten, hat einen Energiemangel, ist unausgeschlafen. Es kommt zu einem reduzierten Engagement. Gleichzeitig stellt sich eine negative emotionale Reaktion ein, bspw. eine depressive Verstimmung oder auch aggressive Durchbrüche und Reizbarkeit. Die Leistungsfähigkeit reduziert sich, man ist unmotiviert, unkonzentriert. Man kehrt dem sozialen Leben den Rücken zu. Schließlich entwickeln sich psychosomatische Symptome, die bei manchen das Immunsystem betreffen, man denke an Frau Engel, oder Schlafstörungen, Probleme beim Atmen und ein Engegefühl in der Brust, Schmerzen, Magen-Darm-Probleme und weiteres. Hält dieser Zustand lange an oder ist er sehr intensiv, kann dies ein Nährboden für psychosomatische Störungen sein. Dazu passen die Worte von Mahatma Gandhi: »Was man mit Gewalt gewinnt, kann man nur mit Gewalt behalten.«

Dem zugrunde liegt oft ein Missverhältnis zwischen anerzogenem Perfektionismus oder Leistungsstreben und effektiv erbrachter Leistung, unabhängig vom ausgeübten Beruf. Burnout-Betroffene stammen aus allen Berufsgruppen. Der Anwalt erkrankt genauso wie die Pflegeassistentin, die Hausfrau, die Mutter und der Arbeitslose. Nahezu in jedem Beruf und auch bei Arbeitslosigkeit ist die Entwicklung eines Burnouts möglich. Interessanterweise stellt sich durch diesen Begriff eine Art Heldentum bei Betroffenen ein. Im Sinne von: Er hat so viel gegeben, selbstverständlich mag man irgendwann nicht mehr. Ganz im Gegensatz zu Personen, die eine psychische Störung wie eine Depression haben, wo es eher zur Stigmatisierung kommt. Im Sinne von: »Sie ist zu willensschwach, sie könnte, wenn sie nur wollte«.

14 Welchen Stellenwert hat Ihre Arbeit?

Übung: Wochenplan zum Zweiten

In ▶ Kap. 10.3 bat ich Sie, einen Wochenplan zu erstellen. Wenn Sie ihn erstellt haben, nehmen Sie ihn nochmals hervor (denjenigen für die Retrospektive). Wenn nicht, dann holen Sie diese Übung bitte nach. Achten Sie auf das Verhältnis zwischen den verschiedenen Bestandteilen Ihres Wochenplans. Ist es ausgewogen? Arbeiten Sie in einem Maß, das Ihnen entspricht? Fühlt es sich richtig an? Oder zu wenig bzw. zu viel? Was müssten Sie ändern, damit es Ihnen eher entspricht? Verändern Sie den Wochenplan. Probieren Sie etwas aus.

Übung: Pustekuchen

Eine Alternative oder auch Ergänzung zum Wochenplan bietet die Erstellung eines Kuchendiagramms. Ich nenne die Übung gerne Pustekuchen, da der Sinn darin liegt, nachzusehen, ob Sie mit Ihrem Programm aus der Puste kommen. Zeichnen Sie einen Kreis und unterteilen Sie ihn in so viele Stücke, wie Ihr Leben Bereiche aufweist. Es gibt so viele mögliche Bereiche wie Sand am Meer. Beispiele sind: Arbeit, Kinderbetreuung, Lesen, Bergsteigen, Familie, Gartenarbeit. Wie viele Teile hat Ihr Pustekuchen? Wie viele Teile Ihres Pustekuchens sind arbeitsbezogenen Bereichen gewidmet? Besteht Ihr Kuchen aus einem Stück (Arbeit)? Oder ist Ihr Kuchen in eine Ihrer Meinung nach gute Anzahl Stücke unterteilt? Sind es zu wenig oder zu viele? Gefallen Ihnen die Stücke? Gefällt Ihnen die Größe der jeweiligen Stücke? Möchten Sie etwas ändern und wenn ja: was?

Die Schauspielerin Julia Roberts sagte im Film »Eat Pray Love«: »Zerstörung ist ein Geschenk. Zerstörung ist der Weg zum Wandel.« Zerstören Sie Ihren Wochenplan und Ihren Pustekuchen, wenn Sie feststellen, dass es Ihnen auf diesem Weg nicht gutgeht. Wandeln Sie.

14.3 Prioritäten

Was ist Ihnen wichtig im Leben? Werden Sie mit 90 Jahren auf ein Leben zurückblicken, das Ihnen genauso gefällt? Würden Sie mit 90 Jahren Ihr Leben genau gleich nochmals leben wollen? Leben Sie Ihr Leben so, dass Sie es liebend gerne immer wieder wie in einer Endlosschlaufe leben wollen würden? Oder bestehen Veränderungswünsche? Was müssten Sie ändern, damit Ihr Leben für Sie persönlich Sinn ergibt? Idealerweise leben Sie Ihr Leben möglichst so, dass Sie es problemlos in einer Endlosschlaufe immer wieder erleben könnten. Denn dann ist es gut.

Setzen Sie Prioritäten. Verändern Sie Ihr Leben gemäß Ihren Prioritäten – soweit möglich. Alles geht nicht, aber ein Bisschen was schon. Und vielleicht inspirieren Sie bei der Prioritätenfindung die Worte des Dalai Lama: »Unsere wahre Aufgabe ist es, glücklich zu sein.« Stimmen Sie dem zu? Sind Sie glücklich? Was brauchen Sie zum Glücklichsein?

Literaturempfehlungen zur Vertiefung

König R (2020) Schnelle Hilfe bei Burnout: Leicht anwendbare Methoden für Psychotherapeuten, Coaches und Betroffene. Springer: Heidelberg.

15 Wie sieht es in Ihrem sozialen Netzwerk aus?

In diesem Kapitel geht es um das soziale Wesen von Menschen, um Ihr soziales Netzwerk und um tragfähige Beziehungen. Es handelt von Liebe, dem Sonnensystem, sozialer Kompetenz inklusive des Neinsagens und schließlich vom Klagen.

15.1 Unsere soziale Natur

Vor etwa 500.000 Jahren verdoppelte sich das Gehirnfassungsvermögen von 600 Kubikzentimetern auf die noch immer vorhandenen 1200. Warum es sich derart vergrößert hatte, ist meines Wissens nicht restlos geklärt. Der Psychologe Nicholas Humphrey erklärt das nicht damit, dass es sich im Zuge der Erfindung und Herstellung immer besserer Werkzeuge und Waffen vergrößert habe, sondern im Zuge des immer besseren sozialen Problemlösens. Und diejenigen, die dies besser konnten und bessere soziale Kompetenzen aufwiesen, kamen in der Evolution weiter. Ob dies nun die Erklärung für die Vergrößerung des Gehirns vor einer halben Million Jahren – ich weiß es nicht. Aber der tief soziale Gedanke sagt mir als systemischer Psychotherapeutin zu.

Ob das mit der Vergrößerung des Gehirnfassungsvermögen nun zutrifft oder nicht: Der Mensch ist ein tief soziales Wesen. Wir brauchen einander, wir sind auf die Gemeinschaft angewiesen. Von der Wiege bis ins Grab sind wir in ein soziales System eingebettet. Das sind wir sogar auf einer kleinen, einsamen Insel. Auf einer solchen nördlich von Sardinien lebte Mauro Morandi über 30 Jahre lang ganz allein. Nun könnte man sagen, dass er kein Teil eines Systems mehr war. Doch bei genauer Betrachtung wurden ihm regelmäßig Lebensmittel gebracht. Touristen besuchten ihn. Mittels eines Handys habe er in Kontakt mit seinen Kindern gestanden. Selbst er in seiner Einöde war in ein soziales Netz eingebunden. Wir alle sind es immer.

Sich bei jemandem aufgehoben fühlen, füreinander da sein, Unterstützung durch andere erhalten, anderen Personen helfen – solche und weitere sozialen Bedürfnisse und Interaktionen sind zutiefst menschlich. Studien zeigen, dass die wohltuende Wirkung davon, sich anderen gegenüber freundlich zu verhalten, länger anhält, als wenn wir im Sinne des eigenen Wohls agieren.

> **Übung: Freundliche Taten**
>
> Jeden Tag eine gute Tat. Versuchen Sie, jeden Tag irgendjemandem irgendetwas Gutes zu tun. Halten Sie jemandem die Tür auf, lassen Sie jemanden an der Kasse vor, putzen Sie daheim die Küche, obwohl Sie nicht dran waren. Was altruistisch anmutet, ist eigentlich egoistisch, denn: Eigentlich geht es um Sie. Durch freundliche Taten geht es Ihnen gut. Eine Win-Win-Situation.

15.2 Soziales Netzwerk und Gesundheit

Es steht außer Frage, dass qualitative, soziale Beziehungen die Gesundheit fördern und das Fehlen ebensolcher die Gesundheit gefährdet. Sie stellen einen Puffer gegen Stress dar. Wer sozial gut eingebunden ist, nimmt weniger Stress wahr und kann ihn besser bewältigen. Soziale Ressourcen sind hervorragende Schutzmerkmale. Weiter kann ein soziales Netzwerk dann konkrete Unterstützung bieten, wenn eine solche gebraucht wird. Vielleicht gibt es in Ihrem Freundeskreis diesen einen IT-

Crack, der das Internet zum Laufen bringen, diesen einen starken Kerl, der Kisten beim Umzug tragen und diese eine Handwerkerin, die Lampen aufhängen kann. Oder diese eine Person, die bei Problemen immer Rat weiß, oder diese andere Person, die richtig gut zuhören kann, wenn man Ohren braucht.

Apropos Ohren: Bei Stress hilft es vielen, zu reden. Oft wird eine geteilte Erfahrung erst richtig real. Und indem etwas erzählt wird, wird es ein Stück weit in die eigene Biografie integriert und gleichzeitig losgelassen. Mitunter in diesen Momenten spüren wir, wie sehr wir einander brauchen. Oder in den wundervollen Worten Astrid Lindgrens: »Es ist gefährlich, zu lange zu schweigen. Die Zunge verwelkt, wenn man sie nicht gebraucht.«

Weil wir durch und durch soziale Wesen sind, machen uns der Verlust von sozialem Austausch und Kontakten sowie Isolation regelrecht krank. Einsamkeit oder sozialer Ausschluss erhöhen das Risiko für körperliche Probleme wie Herzinfarkt, Schlaganfall, Krebs und weiteres. Ebenso erhöht sich das Risiko für psychische Probleme wie Depression und Angststörungen. Wenn Sie jemanden in Ihrem Leben haben, den Sie jederzeit anrufen und Ihr Leid klagen können, leben Sie besser und länger.

Dabei ist es weniger die Quantität, sondern vielmehr die Qualität unserer Kontakte, also die emotionale Färbung unserer Beziehungen, die eine Rolle spielt. Konfliktreichen Beziehungen liegt ein ähnlich großes Gesundheitsrisiko inne wie Rauchen, hoher Blutdruck oder körperliche Inaktivität. Bei unüberbrückbaren Differenzen kann eine Trennung auch aus Gründen der Gesundheit Sinn ergeben.

15.3 Liebe

An den paralympischen Spielen 2021 nahm die Sportlerin Oksana Masters teil. Über sie gibt es auf Youtube eine Dokumentation, in der sie aus ihrem Leben erzählt. In Zeiten des Reaktorunfalls von Tschernobyl geboren, kam sie mit Missbildungen zur Welt; unter anderem an ihren Beinen, die später unterhalb der Knie amputiert wurden. Sie wuchs in einem Kinderheim auf und war regelmäßigen Übergriffen ausgeliefert. Eines Tages sah eine in den USA lebende, alleinstehende Frau Oksanas Foto in einer Zeitung. Die Frau schloss das Mädchen sofort in ihr Herz, doch dauerte es zwei weitere Jahre, bis sie sie aus dem Kinderheim holen durfte. Oksana hat Schreckliches erleben müssen. Aber es schien, dass die immense Liebe dieser Frau das kleine Mädchen zum Erblühen brachte. Oksana trägt ihre Narben ihr Leben lang, doch durfte sie ihre Kindheit ein Stück weit nachholen und verstand, dass sie es wert war, geliebt zu werden. Sie entwickelte sich zu einer namhaften Sportlerin.

Was ist Liebe? Der Psychoanalytiker Erich Fromm meinte, sie sei nichts Geringeres als die Lösung des Grundproblems des menschlichen Seins. Sie erlöse uns von unserer Einsamkeit, einem Gefühl, an dem alle Menschen leiden würden. In einer Liebesbeziehung verschmelzen zwei Biografien zu einer einzigen, so der Philosoph Robert Nozick. Für Oksana Masters war sie die Rettung. Ihre neue Mutter gab ihr Liebe oder in anderen Worten: Sie akzeptierte sie, wie sie war, war für sie da, förderte ihre Entwicklung, stärkte ihr den Rücken, gab ihr Wurzeln und Flügel zugleich.

In Anlehnung an den Buddhismus ist Liebe für mich, dass eine Person auf eine ihr wohltuende Weise geliebt wird, denn wahre Liebe soll sich gut anfühlen. Der Liebende ist bemüht, den anderen zu verstehen und mit ihm mitzufühlen. Er begleitet den Geliebten auf den Wegen, die dieser gehen will und fördert und unterstützt, wo er kann. Das Wohlbefinden und die Entwicklung der geliebten Person sind für den Liebenden wichtig. Die Liebenden sind gerne miteinander zusammen, haben Freude miteinander. Und die Liebenden fühlen sich frei trotz des Zusammenseins. Sie sind gemeinsam frei.

Lieben Sie eine andere Person (oder mehrere) gemäß dieser oder Ihrer eigenen Definition? Werden Sie geliebt? Gibt es Liebe in Ihrem Leben? Wenn es zu wenig gibt, ließe sich daran etwas ändern? Und lieben Sie sich selbst?

Liebe spielt sich nicht nur in Liebesbeziehungen ab, sie ist überall da, wo Herzen schlagen. Doch sind manche Herzen ihr gegenüber verschlossen, oftmals resultierend aus vorangegangenen Herzschmerzen, die für den Rest des Lebens vermieden werden sollen. Das ist bedauerlich, denn in ihr steckt die Kraft, auch ein zunächst schwer vernachlässigtes Mädchen wie Oksana fliegen zu lassen.

15.4 Sonnensystem

In Anbetracht der Vorteile, die eine soziale Einbettung und tiefe Bindungen mit sich bringen, lohnt es sich, bei sich selbst einen kritischen Blick darauf zu werfen. Wie steht es um Ihr soziales System? Sind Sie gut eingebettet? Verfügen Sie über gute Freunde?

Das eigene soziale System verändert sich über das ganze Leben hinweg. Nie ist in Stein gemeißelt, mit wem wir reisen. Manche Reisegefährten sind gekommen, um zu bleiben, andere, um zu gehen. Insbesondere im Rahmen von Entwicklungsschritten wie Schulabschluss, Berufseinstieg, Heirat, Gründung einer Familie oder Pensionierung verändert sich das eigene soziale System oftmals. Sind Sie daran interessiert, sich die Veränderungen Ihres sozialen Netzwerks über die Zeit einmal anzusehen?

> **Übung: Sonnensystem**
>
> Nehmen Sie einen Stift und mehrere Blätter zur Hand. Alternativ verwenden Sie Ihr Notizbuch. Zeichnen Sie auf das erste Blatt in der Mitte einen Punkt. Das sind Sie. Beschriften Sie den Punkt mit »Ich«. Als ob Sie die Sonne in einem Sonnensystem sind, zeichnen Sie nun die Sie umgebenden Planeten bzw. Personen als Punkte ein. Beschriften Sie jeden Punkt mit dem Namen der jeweiligen Person. Achten Sie auf die Nähe bzw. die Distanz zwischen Ihrem Punkt und den Punkten der anderen Personen. Diejenigen Personen, die Ihnen nahestehen, mit denen Sie sich verbunden fühlen, tragen Sie nahe bei sich selbst ein. Personen, die zwar Teil Ihres Lebens sind, doch gefühlt

> eher entfernt, tragen Sie weiter weg von sich ein. Verbinden Sie die Punkte der anderen Personen mit dem eigenen Punkt.
> Stellen Sie verschiedene Sonnensysteme her für unterschiedliche Zeitpunkte Ihres Lebens. Zeichnen Sie zum Beispiel ein System für die Zeit Ihrer Geburt, eines für Ihre Schulzeit, eines für die Zeit, in der es Ihnen in Ihrem Leben am besten ging und eines für jetzt. Es ist eindrücklich diese Systeme nebeneinanderzulegen und den Verlauf der eigenen sozialen Einbettung zu betrachten. Wenn Sie sich den Wandel des eigenen sozialen Systems ansehen, gefällt Ihnen, was Sie sehen? Ist es gut so? Möchten Sie etwas verändern? Was könnten Sie verändern? Beobachten Sie zu viele Sterne am Rand des Blattes und zu wenige in Ihrer Nähe? Könnten Sie einen Stern näher holen oder müsste einer weiter weg? Gibt es genügend Sterne an Ihrem sozialen Himmel? Zu viele? Keimt in Ihnen ein Wunsch auf? Wie ließe sich dieser Wunsch umsetzen?

Haben Sie genügend Gleichgesinnte in Ihrem Leben? Personen, die am selben Punkt wie Sie stehen, quasi den »gleichen Sinn« wie Sie haben? Möchten Sie Ihr soziales Leben ankurbeln? Probieren Sie doch die folgenden Strategien:

- persönlicher Kontakt: Suchen Sie Orte auf, an denen sich Gleichgesinnte aufhalten könnten. Bspw. an einem kleinen See, in einem Park, in einem Museum, in einem Kaffeehaus. Sprechen Sie Personen an, die sympathisch auf Sie wirken. Entwickelt sich kein Kontakt, haben Sie nichts verloren. Entwickelt sich einer – wie schön!
- Telefon: Klingeln Sie Ihr ganzes Telefonbuch durch. Erkundigen Sie sich bei allen möglichen Personen, die einst Teil Ihres Lebens waren oder es noch sind, nach deren Wohlergehen. Vielleicht lebt so die eine oder andere Bekanntschaft wieder auf.
- Vereine: Schließen Sie sich einem Verein an. Egal, ob es sich dabei um Wandervögel, Briefmarkenfanatiker oder Pferdenarren handelt.
- Internet: Im Internet gibt es viele Foren, auf denen sich Leute tummeln. Werden Sie aktiv, schreiben Sie andere Personen an und verab-

reden Sie sich. Tipp: Chatten Sie nicht nur online, sondern treffen Sie diese Personen offline.
- Brieffreundschaften: Schalten Sie eine Annonce und bitten Sie um Zuschrift zwecks Freundschaft. Oder schreiben Sie einer früheren Freundin, einem alten Bekannten, der weit weg wohnt. Was spricht dagegen?
- professionelle Unterstützung: Klappt es nicht, dann hilft eventuell eine Fachperson bei der sozialen Vernetzung. Das ist dann immerhin schon ein sozialer Kontakt.

Pu der Bär bringt es auf den Punkt: »Du kannst nicht immer in der Ecke des Waldes bleiben und darauf warten, dass andere zu dir kommen. Du musst auch manchmal zu ihnen gehen.« Verlassen Sie Pus Ecke des Waldes auch dann, wenn Sie jemandem grollen, der Ihnen eigentlich wichtig wäre. Kennen Sie Stanislaw Petrow? Jeder sollte ihn kennen. Am 26. September 1983 verhinderte er durch eine weise Entscheidung den atomaren Untergang unserer Welt. Die Thematik wurde in einer Dokumentation mit dem Titel »Der Mann, der die Welt rettete« aufgearbeitet. Was die Sendung ebenfalls zeigt, ist ein langer Zorn, den Herr Petrow seiner Mutter gegenüber hegte und die sichtliche Lösung seiner Anspannung, als er diese nach vielen Jahren der Kontaktsperre besuchte, wobei es zur Versöhnung kam. Langjährige Konflikte, Grolle, Streitereien sind pure Belastung und Gift für Ihr Nervenkleid. Wie ist das bei Ihnen: Gibt es solche Konflikte in Ihrem Leben? Möchten Sie sich ein Beispiel an Herrn Petrow oder Herrn Moll aus
▶ Kap. 5.1.2 nehmen und den Konflikt lösen? Möglicherweise helfen die folgenden Fragen bei der Entscheidung:

- Wie sähe Ihr Leben ohne diesen Konflikt aus?
- Wie ginge es Ihnen ohne diesen Konflikt gesundheitlich?
- Was könnte im schlimmsten Fall passieren, wenn Sie versuchten, den Konflikt zu klären und den ersten Schritt machten?

Mark Twain sagte: »Das Leben ist kurz. Brich die Regeln, verzeihe schnell, küsse langsam, liebe wahrhaftig, lache hemmungslos und bedaure niemals etwas, das dich zum Lächeln gebracht hat.« Klären Sie, was zu klären ist. Durch die Nichtlösung eines Konflikts belasten Sie primär sich selbst. Die damit verbundenen Gefühle tragen Sie in sich, nicht die andere Person. Nehmen Sie sich Ihrer selbst an, in dem Sie Konflikte klären. Nicht (nur) für die andere Person, sondern dem eigenen Wohlbefinden zuliebe.

15.5 Soziale Kompetenz

Soziale Kompetenz ist eine Fähigkeit, mittels derer soziale Interaktionen im Einklang mit den Bedürfnissen aller Beteiligten gelingt. Diese Fähigkeit umfasst mehrere Teilbereiche, wozu Dialogfähigkeit, Höflichkeit und Kontaktfähigkeit gehören. Wer sozial kompetent ist, dem gelingt es, mit anderen zusammenzuarbeiten. Empathie ist ein wesentlicher Baustein.

Es gibt bestimmte soziale Situationen, in denen es besonders schwerfällt, sich sozial kompetent zu verhalten. Dazu gehört das Nein sagen, Kritik annehmen, sich entschuldigen, um Unterstützung bitten, unerwünschte Kontakte beenden, Gefühle und Bedürfnisse kommunizieren, eigene Schwächen zeigen. Halten zwischenmenschliche Schwierigkeiten lange an oder sind sie intensiv, können psychosomatische Symptome entstehen. Diese sind in diesem Fall das Ventil für etwas Anderes, nämlich zwischenmenschlich aufgetretene Probleme.

Soziale Kompetenz ist nicht angeboren, wir erlernen sie durch Erziehung, Kindergarten, Schule und so weiter. Ergo ist soziale Kompetenz etwas, das auch später noch gelernt werden kann. Zum Lernen ist man nie zu alt. Die Vorteile für soziale Kompetenz dürften auf der Hand liegen; unter anderem fördert eine solche die soziale Einbettung, das Weiterkommen im Beruf, ein zufriedenstellendes Familienleben oder ein gutes Konflikt-Management.

Apropos Konflikte. Die Formulierung »in den Mokassins eines anderen gehen« geht zurück auf die Kultur der Indianer. Indem die Schuhe eines anderen übergestreift werden, macht man sich den Erfahrungsbereich des anderen zugänglich. So kann das Verständnis für das Verhalten eines Mitmenschen gefördert werden. Ursprünglich lief der Schamane hinter der Person, deren Beschwerden oder Probleme verstanden werden sollen, her und ahmte deren Schritte und Bewegungen nach. Auf diese Weise nahm der Schamane mehr und mehr die Umwelt so wahr, wie es der Nachgegangene tat. Da das Prozedere im Grundsatz sehr hilfreich ist bei Konflikten, zeige ich Ihnen dazu eine Übung, ohne dass Sie tatsächlich hinter der Person, mit der Sie in Konflikt stehen, hergehen müssen, denn das wiederum würde auf einige Personen wohl wenig sozial kompetent wirken. Es würde sonderbar aussehen und den Konflikt möglicherweise noch vertiefen. Die Übung umgeht dies und bewirkt dennoch dasselbe.

Übung: Stühle tauschen

Setzen Sie sich auf einen von zwei Stühlen, die sich im Abstand von etwa zwei Metern gegenüberstehen. Stellen Sie sich intensiv die Person vor, mit der ein Konflikt besteht. Setzen Sie diese Person vor Ihrem inneren Auge auf den leeren Stuhl. Sehen Sie sie eine Weile an. Stellen Sie sich vor, was die andere Person anhat, wohin sie schaut, wie sie sitzt, welche Mimik und Körperhaltung sie hat. Lassen Sie das Bild einen Moment auf sich wirken. Fühlen Sie, was es mit Ihnen macht, welche Gefühle und Gedanken in Ihnen aufkommen. Und nun tauschen Sie den Sitzplatz, setzen Sie sich auf den anderen Stuhl. Nehmen Sie die Position der anderen Person ein. Das kann sehr schwierig sein und es ehrt Sie, wenn Sie es dennoch zumindest probieren. Setzen Sie sich genauso hin, wie Sie sich die andere Person zuvor vorgestellt hatten. Fragen Sie sich: Was geht in mir (der anderen Person) vor? Wie geht es mir? Was spüre ich gegenüber der Person auf dem anderen Stuhl (Ihr Ich)? Wie fühle ich mich? Was brauche ich? Warum gibt es den Konflikt? Möchte ich den Konflikt? Was brauche ich, damit ich den Konflikt beenden kann? Wechseln Sie anschließend zurück auf den eigenen Stuhl. Beobachten Sie, welche Gefühle und Gedanken nun in Ihnen aufkommen. Hat sich etwas verändert? Wenn ja, was bedeutet das für Sie? Wechseln Sie gerne mehrere Male hin und her.

Der ehemalige deutsche Bundespräsident Richard von Weizsäcker sagte: »Ich habe immer mehr vom Brückenbauen als vom Grabenziehen gehalten.« Mittlerweile gibt es ein breites Angebot an Trainings für soziale Kompetenz. Ich empfehle, bei Bedarf ein solches in Anspruch zu nehmen. Lieber eines zu viel als eines zu wenig.

15.6 Im richtigen Moment Ja oder Nein sagen

Vergessen Sie sich selbst manchmal und tun gerne alles für andere? Könnte man sagen, Sie tendieren ein wenig dazu, sich für andere zu opfern? Dann sind Sie eine überaus freundliche Person. Das ist eine wunderbare Eigenschaft, die Sie nicht verlieren sollten. Freundlichkeit ist Teil der oben genannten sozialen Kompetenz. Aber: Lassen Sie diese Freundlichkeit auch sich selbst zukommen, sparen Sie sich selbst nicht aus. Seien auch Sie Nutznießer der eigenen Wärme.

Der Erfinder und Automobilpionier Henry Ford sagte: »Wenn alles gegen dich ist, dann erinnere dich: Ein Flugzeug hebt ab, weil es gegen den Wind fliegt, nicht mit dem Wind.«

Wenn Sie nicht »Nein« zu jemandem sagen, obwohl sie das eigentlich möchten, sagen Sie »Nein« zu sich selbst. Und lassen sich damit ein Stück weit selbst im Stich. Beobachten Sie, in welchen Situationen dies der Fall ist. Oftmals ist der Bauch ein guter Auskunftgeber und hilft bei solchen Beobachtungen. Verkrampft sich der Bauch ein klein wenig, könnte das ein Indikator dafür sein, dass es für Sie gerade nicht stimmt. Achten Sie auf Ihre Körpersignale. Mitunter weiß der Körper mehr als der Kopf. Sobald Sie wissen, in welchen Situationen Sie in die Falle des »Ja«-Sagens tappen, planen Sie diese Situationen für die Zukunft. Fassen Sie eine Absicht. Wer weiß, was er will, erreicht es eher. Wenn Sie mögen: üben Sie vor dem Spiegel. Sagen Sie immer wieder »Nein«. Sagen Sie es bestimmt, sagen Sie es klar, sagen Sie es in passender Lautstärke. So setzt sich Ihr Gehirn damit auseinander und schafft entsprechende Bahnen. Übung macht den Meister.

Jemandem eine Bitte abzuschlagen, ist ein Stück weit egoistisch. Doch Egoismus ist nichts Schlechtes. Im Maße ist er gesund. Peilen Sie die goldene Mitte an. Seien Sie im passenden Moment egoistisch, im passenden Moment altruistisch.

15.7 Klagen

Wer andauernd an körperlichen Symptomen leidet, der darf das selbstverständlich auch zum Ausdruck bringen. Gleichzeitig sei Vorsicht geboten, da Klagen das soziale Umfeld belasten kann. Als Folge können sich Beziehungen verändern, manche enden. Insofern ist es ratsam, darauf zu achten, zu wem was wie gesagt wird. Es gibt eine Reihe von Verhaltensmerkmalen, die als klagsam wahrgenommen werden können:

- eine weinerliche Stimme
- häufige Forderungen oder Vorwürfe
- keine oder kaum andere Themen als die eigene Gesundheit, viel Sprechzeit hierfür
- negative Stimmung
- traurige Gestik

Übung: Klagen im Spiegel

Stellen Sie sich vor einen Spiegel, in dem Sie sich möglichst ganz sehen. Sprechen Sie mit sich selbst, als ob Sie gerade einer Bekannten begegnen oder als ob gerade die Lebenspartnerin nach Hause gekommen ist. Was beobachten Sie? Nehmen Sie die oben aufgelisteten Punkte oder andere bei sich wahr? Wenn ja: Wie wirkt dies auf Sie? Hätten Sie Lust, sich mit selbst zu unterhalten?

Alternativ denken Sie im Anschluss an ein Treffen mit einem Bekannten über diese Punkte nach.

In Anbetracht dessen, wie wichtig das soziale Netzwerk ist, sollte es wenn möglich bewahrt werden. Die oben aufgeführten Verhaltensweisen können es jedoch beeinträchtigen. Wenn Sie solche bei sich selbst bemerkt haben, überlegen Sie sich, wie Sie sie ändern können. Kommunizieren Sie über Ihre Schwierigkeiten, klagen Sie auch mal, das ist absolut okay! Aber achten Sie auf genügend Platz für andere Themen.

Literaturempfehlungen zur Vertiefung

De Botton A (2013) Versuch über die Liebe. Fischer: Frankfurt am Main.
Hinsch R & Wittman S (2010) Soziale Kompetenz kann man lernen. Beltz: Weinheim.
Humphrey N (1999) A history of the mind. Evolution and the Birth of consciousness. Coperanicus: Göttingen.
Seligman M (2015) Wie wir aufblühen. Die fünf Säulen des persönlichen Wohlbefindens. Goldmann: München.

16 Wie geht es Ihrem Körper?

Selbstverständlich widmet sich ein Kapitel auch dem Körper. Der »Feuermelder« erhält einen Randplatz kurz vor Ende des Ratgebers. Zunächst geht es um Zitronen und um Selbstfürsorge, danach um Grenzen, Körperfeindlichkeit, schließlich um Schlaf und Müdigkeit.

16.1 Zitronen

Wenn Sie diesen Ratgeber bis hierher aufmerksam gelesen haben, haben Sie wahrscheinlich ein Verständnis für die Beeinflussung des Körpers durch die Psyche erhalten. Oder nicht? Bestehen daran noch Zweifel? Mit der folgenden Übung sollen die letzten Zweifel ausgeräumt werden.

> **Übung: Zitronen**
>
> Schließen Sie die Augen (nach Lektüre dieses Textes). Stellen Sie sich eine Zitrone vor. Sie ist perfekt reif und hat eine frische, gelbe Farbe. Stellen Sie sich vor, wie Sie sie mit einem Messer in vier Stücke schneiden. Der Saft spritzt heraus. Dann führen Sie einen der Schnitze zu Ihrem Mund und beißen herzhaft hinein. Schmecken Sie die Säure?

Was passiert während dieser Übung in Ihrem Mund? Wahrscheinlich wurde Ihr Speichelfluss angeregt. Wenn dem so ist: Warum eigentlich? Warum wird Ihr Speichelfluss angeregt, obwohl weit und breit kein Zitronenschnitz ist?

Sich etwas intensiv vorzustellen, ist eine Leistung Ihrer Psyche. Ihre Psyche hat gerade im Rahmen der Zitronen-Übung eine körperliche Reaktion ausgelöst. Was Sie denken, hat Einfluss auf Ihren Körper.

16.2 Selbstfürsorge

Die meisten kümmern sich liebevoll um andere. Zum Beispiel wird Gästen, die einen Besuch abstatten, der Mantel abgenommen, eine Erfrischung angeboten, nach dem Wohlergehen erkundigt. Nicht umsonst gibt es das Wort Gastfreundschaft. Gehen Sie mit sich selbst auch so fürsorglich um? Achten Sie darauf, dass es Ihnen an nichts fehlt, dass Sie haben, was Sie brauchen, dass Ihnen warm und wohl und bequem ist? Oder neigen Sie dazu, sich selbst zu vernachlässigen? Selbstfürsorge ist ein zentraler Baustein der eigenen Gesundheit. Keine ausreichende Selbstfürsorge zu betreiben, bedeutet ein Risiko für das Wohlbefinden.

Übung: Selbstfürsorge-Linie

Ziehen Sie eine gerade Linie über ein Blatt Papier. Die Endpunkte markieren 0 % Selbstfürsorge bzw. 100 % Selbstfürsorge. Setzen Sie ein Kreuz da, wo Ihre Fürsorge für sich selbst im Allgemeinen liegt. Wo ist das Kreuz? Wie fühlt sich das Kreuz an? Ist es für Sie persönlich am richtigen Platz? Bekommen Sie von sich, was Sie brauchen? Möchten Sie etwas ändern? Setzen Sie ein zweites Kreuz da, wo Sie

> Ihre Selbstfürsorge gerne hätten. Überlegen Sie, was Sie tun können, um die Distanz zu verringern.

Was bieten Sie Ihrem Körper? In was für einem Haus wohnt Ihre Seele? Was tut Ihrem Körper gut? Selbstfürsorge hat viele Gesichter. Schaumbäder, Kaffees mit extra Milchschaum, Pfefferminztee mit Honig, Spaziergänge in der Abendsonne, lustige Abende mit Freunden, Joggen im Wald, entspannendes Yoga, ein bequemes Bett, lockernde Massagen, Kuschelsocken, Duftkerzen – die Möglichkeiten sind unendlich bzw. sind das, was Ihnen guttut. Warum nicht eine Liste erstellen mit Dingen, die Ihnen guttun und darauf achten, dass Sie sich jeden Tag »Ich-Momente« gönnen. Beachten Sie den Plural: nicht einen »Ich-Moment«, sondern mehrere »Ich-Momente«.

16.3 Grenzen des Körpers

In Ihrem Körper geht es ausschließlich um Sie. Sie allein fühlen, was Ihr Körper möchte, was er braucht. Nur Sie spüren, wann etwas gut ist und wann nicht. Und wenn alle Menschen auf diesem Planeten körperlich mehr leisten als Sie, ist es dennoch absolut irrelevant. Vergleiche sind sinnlos. Sie sind Sie und Ihre Grenzen liegen da, wo sie liegen. Haben Sie Ihre individuellen Grenzen lieb und respektieren Sie sie, wahren Sie sie.

Kennen Sie Ihre Grenzen? Spüren Sie Ihre Grenzen? Bevor Sie sie berühren oder erst, wenn Sie sie überschritten haben?

Kurzfristig über die eigenen Grenzen hinauszugehen, ist in Ordnung. Ein kurz währender Overload fördert den Muskelaufbau. Doch wer zu viel und zu lange die eigenen Grenzen strapaziert, betreibt Raubbau am eigenen Körper und erhöht das Risiko für unangenehme Konsequenzen. Und dem Sportler droht ein Muskelriss.

> **Übung: Klopfen**
>
> Setzen Sie sich aufrecht und bequem hin. Nehmen Sie drei tiefe Atemzüge, sodass Sie in der Übung ankommen. Klopfen Sie mit Ihren Handflächen einmal über Ihren ganzen Körper. Von den Füßen zu den Knöcheln zu den Waden, dann zu den Knien, den Oberschenkeln, zu Po, Hüfte, Taille, Brustkorb, Schultern, Hals, Kinn, Wange, Schläfe, Stirn und Scheitel. Nehmen Sie sich Zeit. Wählen Sie ein langsames Tempo. Seien Sie sanft, klopfen Sie nur sachte. Nehmen Sie wahr, wo die Grenzen Ihres Körpers sind. Die Grenze verläuft da, wo Sie klopfen und das Klopfen fühlen. Hier verläuft die körperliche Grenze zwischen Ihnen und der Welt.

Grenzen sind zu akzeptieren, wo sie sind, gleichzeitig sind sie nicht fixiert. Die eigene Komfortzone erweitert sich insbesondere durch Training oder auch durch gute Stimmung. Oder sie verringert sich, vielleicht durch eigene Vernachlässigung oder durch schwierige Situationen. Bleiben Sie flexibel, registrieren Sie fortlaufend, wo Ihre Grenzen sind.

16.4 Körperunfreundliche Welt

Wir leben in einer nicht immer körperfreundlichen Welt. Viele Männer würgen sich mit Krawatten und haben auch im Hochsommer Anzug zu tragen, Frauen quälen sich mit hohen Absätzen und hautengen Jeans. Das ist ein übertriebenes und klischeehaftes Bild, aber in dieser oder anderer Weise sind Sie der Körperunfreundlichkeit dieser Welt wohl auch schon begegnet.

16 Wie geht es Ihrem Körper?

> **Übung: Körperfreundlichkeit**
>
> Stellen Sie sich bitte vor einen Spiegel und lassen Sie Ihren Blick über Ihren Körper gleiten. Was sehen Sie? Wie geht es Ihrem Körper? Sind die Kleidungsstücke passend oder einengend? Fühlen sich die Kleider gut an oder kratzen sie ein wenig? Hat der BH die richtige Größe oder kneift er? Schneidet der oberste Hemdknopf in den Hals ein? Haben Sie bequeme Schuhe an oder drücken sie? Wie geht es Ihnen in dem Licht, in dem der Raum beleuchtet ist? Ist es angenehm, zu grell oder zu dunkel? Stimmt die Zimmertemperatur für Sie? Ist Ihnen warm oder kalt? Stimmt der Bodenbelag für Sie? Wie ist es mit Lärm: Gibt es welchen? Surrt die Klimaanlage oder quieken die Küken vom Nachbarn? Wie ist es mit Gerüchen? Riecht der Müll aus der Küche unappetitlich oder duftet es nach frischgewaschener Wäsche? Wie behaglich ist Ihr Zuhause? Wie wohl fühlen Sie sich in diesem Teil der Stadt oder wo auch immer Sie wohnen? Wie geht es der Person im Spiegel? Wenn Sie Unannehmlichkeiten feststellen: Was lässt sich verändern? Und auch, wenn es nur etwas Kleines sein sollte wie bequemere BHs oder weiter geschnittene Hemden: Verändern Sie es. Sie kennen den Schmetterlingseffekt? Selbst Kleines kann eine große Wirkung haben.
>
> »Der Körper ist der Übersetzer der Seele ins Sichtbare« sagte Christian Morgenstern. Was übersetzt Ihr Körper? Gefällt Ihnen das, was Ihr Körper sichtbar macht?

Kennen Sie das Ampelsystem? Grün heißt alles gut, gelb weist zur Vorsicht, rot bedeutet, dass nichts mehr geht. Welche Farbe leuchtet jetzt gerade für Ihren Körper? Wenn nicht grün: Was können Sie tun, damit sich die Farbe Ihres Körpers eine Nuance verbessert? Tun Sie es. Vielleicht bedeutet es nichts anderes, als sich bequemer hinzusetzen. Ein Kissen unter die Knie zu schieben. Oder sich einen Tee zu kochen. Es braucht nicht immer Zauberei. Etwas ist immer mehr als nichts.

16.5 Schlaf und Müdigkeit

Kennen Sie die Geschichte von Achilles und seiner Achillessehne? Sie entstammt der griechischen Mythologie. Achilles war als Sohn einer Göttin und eines Menschen ein Sterblicher. Seine Mutter Thetis strebte danach, ihn unverwundbar zu machen und tauchte ihn in den Fluss Styx. Dieser trennte die Unterwelt von der Oberwelt. Doch die Stelle, an der Thetis ihren Sohn hielt, nämlich bei der Ferse, blieb trocken und blieb als einzige Stelle verwundbar.

Schlafstörungen und Müdigkeit sind vielfach die Achillessehnen meiner Patienten. Für so manchen ist vieles ertragbar, doch nicht, wenn man chronisch unausgeschlafen und völlig übermüdet ist. Ist es auch Ihre Achillessehne? Sie wären damit nicht allein: Sehr viele Personen leiden an Schlafstörungen.

Wir benötigen Schlaf, damit sich Körper und Psyche regenerieren können. Der Schlaf gewährleistet eine Erholung vom Wachsein. Während des Schlafs findet eine Reihe von Verarbeitungsprozessen statt. Dabei verarbeitet das Gehirn unter anderem die Ereignisse des Tages und speichert diese in das Langzeitgedächtnis. Ein gestörter Schlaf verhindert diese und weitere wichtige Prozesse. So werden durch Schlafentzug auch Beeinträchtigungen des Immunsystems, des Herz-Kreislauf-Systems, Magen-Darm-Systems und weiteres beobachtet.

Es werden drei Arten von Schlafstörungen unterschieden:

- Einschlafstörungen,
- Durchschlafstörungen
- und verfrühtes Erwachen.

Je nachdem, in welcher Schlafphase der Schlaf gestört ist, werden unterschiedliche Verarbeitungsprozesse beeinträchtigt. Gleichwohl münden Schlafstörungen, egal wann sie auftreten, immer im gleichen Meer der Müdigkeit. Denn morgens erwachen Sie nicht erholt, sondern ausgezehrt – halb am Leben, aber mehrheitlich tot. Es gibt gute Gründe, warum Schlafentzug als Foltermethode eingesetzt wird. Wer ständig müde ist, fühlt sich gereizt, nervös, ist reduziert leistungsfähig und weiteres.

Wie ist es bei Ihnen? Schätzen Sie Ihre Müdigkeit von 0 % (»überhaupt nicht müde«) bis 100 % (»sterbensmüde«) ein.

Schlafstörungen und häufige Müdigkeit sind Warnsignale. Auch hier »kommt nichts von nichts«. Zunächst ist es wichtig, herauszufinden, was die Schlaflosigkeit und die Müdigkeit auslöst. Es können körperliche Gründe vorliegen, wie bspw. Schilddrüsenüberfunktion, Herz- oder Lungenprobleme, Schlafapnoe – bitte wenden Sie sich zur Abklärung an Ihren Hausarzt. Ist eine körperliche Komponente ausgeschlossen oder nur mitursächlich, können die folgenden Gründe in Frage kommen:

- Ihre Schlafhygiene ist suboptimal. Achten Sie darauf, stets zur selben Uhrzeit zu Bett zu gehen und wiederaufzustehen. Schlafen Sie nicht tagsüber.
- Achten Sie auf ausreichende körperliche Betätigung während des Tages. Nutzen Sie Ihren Körper, damit er abends müde ist und schlafen mag.
- Üben Sie abends keine aktivierenden, stimulierenden Tätigkeiten mehr aus, sondern gehen Sie ruhigen Beschäftigungen nach. Baden Sie, lesen Sie ein Buch, üben Sie Yin Yoga aus, meditieren Sie, machen Sie einen ruhigen Spaziergang.
- Vermeiden Sie Alkohol. Zwar hilft Alkohol bei der Entspannung, jedoch stört er den Ablauf der Schlafstadien und der Schlaf ist wenig erholsam.
- Das Schlafzimmer sollte ruhig und dunkel, das Bett und die Bettwäsche sollten bequem sein.
- Meiden Sie blaues Licht von Handy, TV oder PC, denn es verhindert die Produktion von Melatonin, das den Schlaf anregt und nur freigesetzt wird, wenn es dunkelt bzw. dunkel ist.
- Wer intensive Gefühle wie bspw. Angst hat oder wütend ist, aktiviert damit den eigenen Körper. Der Körper wird so auf »Fight or Flight« eingestellt und eher nicht auf eine erholsame Nachtruhe. Kümmern Sie sich um die emotionalen Konflikte – aber nicht abends oder nachts im Bett. Das Bett ist ein neutraler Ort, wo keine Konflikte ausgetragen werden.

Menschen sind unterschiedlich veranlagt, was den Zeitpunkt und die Dauer des idealen Schlafes anbelangt. Ein durchschnittlicher Erwachsener benötigt etwa acht Stunden Schlaf, doch gibt es große Abweichungen. Versuchen Sie nicht, Ihre eigenen Schlafbedürfnisse zu verändern. Aus Lerchen werden keine Eulen und umgekehrt. Leben Sie Ihrem eigenen Rhythmus entsprechend.

Sehen Sie – wenn das sinnvoll ist und Ihr Arzt das befürwortet – von der Einnahme von Medikamenten ab. Es besteht ein großes Risiko für Abhängigkeit. Wenn, dann höchstens für kurze Zeit und unter Anleitung Ihrer Ärztin. Alternativ könnten Sie Melatonin einnehmen, das den Schlaf anstößt, oder pflanzliche Schlafmittel wie Passionsblume und Baldrian. Besser aber dürfte die Inspruchnahme einer Fachperson sein, um andere Wege zu finden.

Nicht von ungefähr führte der Philosoph Immanuel Kant den Schlaf als einen von drei Dingen auf, die helfen, die Mühseligkeiten des Lebens zu ertragen (nebst der Hoffnung und dem Lachen). Und der Dalai Lama habe auf die Frage, was ihn glücklich mache, geantwortet: Vor allem guter Schlaf!

Literaturempfehlungen zur Vertiefung

Dalai Lama (2014) Kleines Buch der inneren Ruhe. Herder: Freiburg im Breisgau.

17   Zu guter Letzt

Das letzte Kapitel widmet sich der Akzeptanz, dem Vertrauen und dem Loslassen. Die darauffolgende Dankbarkeit hilft, den Blick auf das Gute zu richten. Sie lernen wichtige Tugenden kennen. Wir schüren Hoffnung, betrachten den Silberstreifen am Horizont, ehe ich Ihnen »Bon Voyage« wünsche.

Wie in den vorangegangenen Kapiteln gilt auch hier: wählen Sie aus. Auch dieses Kapitel bietet einen bunten Strauß an Blumen, von denen Sie sich diejenigen aussuchen, die in Ihre Vase passen. Das Kapitel bietet viel, aber nicht alles ist das Richtige für Sie. Prüfen Sie, wählen Sie.

17.1   Akzeptanz, Vertrauen und Loslassen

Das Wort der Akzeptanz stammt aus dem Lateinischen und bedeutet etwas anzunehmen, etwas anzuerkennen. Es heißt, die Fügungen des Lebens so zu nehmen, wie sie kommen. Akzeptanz ist immer ein bedeutsamer Schritt in Richtung positiver Veränderung. Die buddhistische Psychologie sagt, dass sich Leiden vermehrt, wenn es nicht akzeptiert wird.

Können Sie das Wetter beeinflussen? Wahrscheinlich nicht, denn gewisse Dinge sind, wie sie sind. Akzeptieren Sie das Wetter. Sich stets und ganz dem Schicksal zu ergeben, wäre jedoch fatal, immerhin können und sollen Sie mitbestimmen, was daraus gemacht wird. Ein starker Wind kann in Windenergie umgewandelt werden, starke Sonnenstrah-

len in Solarenergie, mit Regen aus der Regentonne lassen sich die Blumen gießen. Verändern Sie, was Sie verändern können, machen Sie etwas Gutes aus dem, was Sie nicht verändern können.
Akzeptanz hat mit Loslassen zu tun. Zu akzeptieren heißt, anzuerkennen, dass sich nicht alles kontrollieren lässt. Um loslassen zu können, wird eine gute Portion Vertrauen benötigt. Vertrauen in die Ordnung des Lebens. Dass alles gut kommt, dass alles seine Richtigkeit hat. Dass irgendwie und irgendwann immer alles gut ausgeht. Ein Urvertrauen.

> **Übung: Loslassen**
>
> Legen Sie sich auf eine Yogamatte oder eine Decke. Strecken Sie sich, räkeln Sie sich. Geben Sie Ihrem Körper Länge. Fühlen Sie den Boden unter sich, spüren Sie die Punkte, auf denen Ihr Körper aufliegt. Schenken Sie sich einige tiefe Atemzüge. Atmen Sie dann tief ein, sodass sich Ihre Bauchdecke weit nach oben hebt, und am äußersten Punkt atmen Sie nicht aus, sondern halten die Spannung in Ihrem Bauch. Bleiben Sie in dieser Spannung und zählen bis fünf. Dann lassen Sie die Spannung schlagartig los, atmen Sie die Luft mit einem Seufzer aus, Ihre Bauchdecke fällt zurück in Richtung Boden. Lassen Sie sich fallen. Lassen Sie los. Wiederholen Sie diese Übung einige Male.

Kennen Sie das Gelassenheitsgebet? Es wurde durch die Anonymen Alkoholiker bekannt: »Herr, gib mir die Gelassenheit, die Dinge hinzunehmen, die ich nicht ändern kann, den Mut, die Dinge zu ändern, die ich ändern kann, und die Weisheit, das eine vom anderen zu unterscheiden.« Wenn Sie mögen, hängen Sie es in Ihrer Wohnung an einem gut sichtbaren Ort auf und lesen Sie es immer, wenn Sie daran vorbeigehen. So schärfen Sie Ihr Bewusstsein für die Akzeptanz von alledem, was sich nicht ändern lässt.

Ein gutes Maß an Vertrauen geht mit Wohlbefinden einher, mit besserer sozialer Einbettung, mit Berufserfolg und weiterem. Insbesondere Personen, die wenig Sicherheit in ihrer Kindheit und im Laufe ihres Lebens erfahren haben, fällt es schwer, zu vertrauen. Doch Vertrauen lässt sich aufbauen. Wie eine zerbrochene und wieder zusammen geklebte Vase ist das Vertrauen nicht spurlos reparierbar, doch immerhin: Die Vase hält wieder Wasser. Achten Sie in Ihrem Alltag auf folgendes:

- *Echtheit*: Seien Sie im Umgang mit anderen echt und authentisch. Verstellen Sie sich nicht, spielen Sie nicht. Seien Sie Sie selbst.
- *Ehrlichkeit*: Machen Sie kein Geheimnis aus allem, verdrehen Sie nicht. Stehen Sie zu sich, seien Sie ehrlich.
- *Entschuldigung*: Entschuldigen Sie sich, wenn Ihnen ein Lapsus unterlaufen ist. Dies wirkt sich förderlich auf das Miteinander aus. Widersprechen Sie Sir Elton John, wenn er singt, dass »Sorry« das schwierigste Wort sei. Machen Sie es zum Einfachsten.
- *Kommunikation*: Sprechen Sie mit vertrauenswürdigen Personen über das, was Sie bewegt.
- *Zeit*: Vertrauen aufzubauen, benötigt Zeit. Erwarten Sie keine sofortigen Veränderungen. Ein guter Wein braucht Liegezeit. Nehmen Sie sich Zeit, geben Sie anderen Zeit.
- *Umgang mit Fehlern*: Fehler passieren, immer und überall. Wichtig ist, wie mit ihnen umgegangen wird. Stehen Sie zu Ihren Fehlern.

Beherzigen Sie diese Punkte im Umgang mit Anderen. Zum einen bauen Sie dadurch Vertrauen zu Ihren Mitmenschen und diese zu Ihnen auf. Zum anderen tritt häufig ein Generalisierungseffekt ein und Ihr Selbstvertrauen steigert sich.

17.2 Dankbarkeit

Zwei Jahre lang wohnte ich in einer schönen Wohnung im Parterre. Vor dem Haus eine Wiese, daneben ein Fluss, umgeben von Bergen, viel Sonnenschein und bester Alpenluft. Zuoberst im Haus wohnte ein älteres Ehepaar. Ich begegnete ihnen häufig im Treppenhaus. Ich erinnere mich an keine einzige Begegnung, bei der einer von beiden etwas Positives gesagt hätte. Stets ging es darum, was nicht gut ist – die Wiese zu wiesig, der Fluss zu flussig, die Berge zu bergig, der Sonnenschein zu sonnenscheinig und die Alpenluft zu alpenluftig. Mehr und mehr wich ich beiden aus.

Widerfahren jemandem viele und/oder schwerwiegende negative Ereignisse, werden Erwartungen noch und nöcher enttäuscht, übermannt der Strudel der Ereignisse einen, kann es passieren, dass das Gute außer Sicht gerät. Der Blick fällt ausschließlich auf das Negative. Die »graue Brille« ist festgewachsen und die düstere Weltsicht fällt dem Betroffenen nicht mehr auf. Ich spekuliere, dass dies dem älteren Ehepaar in der obersten Wohnung passiert war.

Je mehr Sie sich auf das Negative in Ihrem Leben konzentrieren, desto mehr brennen sich die Bahnen hierfür in Ihr Gehirn ein und umso schneller und einfacher werden diese Bahnen von Ihren Gedanken »befahren«. Umgekehrt ist es genauso: Je mehr Sie sich das Positive in Ihrem Leben vor Augen führen, desto mehr brennen sich diese Bahnen in Ihr Gehirn ein und umso leichter fällt es, das Gute wahrzunehmen und abzurufen.

Nicht im Entferntesten möchte ich Sie zum Schönreden animieren. Es geht in keiner Weise darum, die graue durch eine rosarote Brille zu ersetzen. Doch führen Sie sich auch immer wieder das Gute vor Augen. Verwenden Sie Klarsichtgläser mit einem dezent rosaroten Touch, die Sie das Glas halbvoll sehen lassen.

Dankbarkeit ist ein wunderbarer Weg, den Fokus auf das Positive zu richten. Dankbarkeit geht nachweislich mit Glücksgefühlen einher. Dankbare Menschen sind meist glücklicher, zufriedener, gesünder.

Übung: Dankbarkeits-Tagebuch

Sind Sie ein dankbarer Mensch? Für was sind Sie dankbar? Was in Ihrem Leben ist gut? Was möchten Sie nicht missen? Starten Sie ein Dankbarkeits-Tagebuch. Sie könnten eine kleine Agenda unter Ihr Kopfkissen stecken und allabendlich, ehe Sie sich schlafen legen, dreierlei notieren, für das Sie dankbar sind. Überlegen Sie nicht zu weit. Sie können für alles Mögliche dankbar sein. Für Ihren Partner, Ihre Kinder, Ihre Kleider, Ihre Bücher, Ihre Arbeitsstelle, ein Positives Erlebnis, für jeden Atemzug.

Sie können es wie Albert Einstein halten, der gesagt habe soll: »Ich bin all jenen dankbar, die NEIN zu mir gesagt haben. Denn sie sind der Grund, warum ich es selbst gemacht habe.«

Dem älteren Ehepaar von damals wünsche ich, für die wunderbare Wohnung zuoberst in einer schönen Wohnsiedlung an einer Wiese mit Fluss in den Bergen bei eitel Sonnenschein und bester Alpenluft dankbar zu sein.

17.3 Sechs wichtige Tugenden

Tugenden sind Kerneigenschaften des menschlichen Funktionierens. Der Psychologe Martin Seligman fand in groß angelegten Studien, dass es weltweit sechs wichtige Tugenden gibt, die in verschiedenen Kulturen und über die Zeit hinweg immer wieder in Erscheinung treten. Es handelt sich um: Weisheit, Mut, Liebe und Humanität, Gerechtigkeit, Mäßigung sowie Transzendenz. Diese können in 24 Stärken unterteilt werden.

Weisheit:

- Neugier, Interesse
- Lerneifer
- Urteilskraft, kritisches Denken, geistige Offenheit
- Erfindergeist, Originalität, praktische Intelligenz, Bauernschläue
- soziale Intelligenz, personale Intelligenz, emotionale Intelligenz
- Weitblick

Mut:

- Tapferkeit, Zivilcourage
- Durchhaltekraft, Fleiß, Gewissenhaftigkeit
- Integrität, Echtheit, Ehrlichkeit, Lauterkeit

Liebe und Humanität:

- Menschenfreundlichkeit und Großzügigkeit
- Lieben und sich lieben lassen

Gerechtigkeit:

- Staatsbürgertum, Pflicht, Teamwork, Loyalität
- Fairness
- Führungsvermögen

Mäßigung:

- Selbstkontrolle
- Klugheit, Ermessen, Vorsicht
- Demut und Bescheidenheit

Spiritualität und Transzendenz:

- Sinn für Schönheit und Vortrefflichkeit
- Dankbarkeit
- Hoffnung, Optimismus, Zukunftsbezogenheit
- Spiritualität, Gefühl für Lebenssinn, Glaube, Religiosität
- Vergeben und Gnade
- spielerische Leichtigkeit und Humor
- Elan, Leidenschaft, Enthusiasmus

Mit Signaturstärken werden diejenigen Stärken bezeichnet, die für eine Person besonders kennzeichnend sind. In der Regel handelt es sich um drei bis sieben dieser Stärken. Solche Signaturstärken sind zwar grundsätzlich stabil, es ist aber durchaus möglich, sie zu verändern.

> **Übung: Stärken und Tugenden**
>
> Gehen Sie durch die obige Auflistung der 24 Stärken von Herrn Seligman durch. Setzen Sie einen Haken hinter diejenigen, über die Sie im Alltag schon verfügen oder gerne noch mehr verfügen würden. Beschränken Sie sich auf eine Handvoll. Skalieren Sie nun jede dieser Stärke von 0 bis 10, wobei 0 bedeutet, Sie verfügen noch überhaupt nicht über diese Stärke und 10, sie ist voll ausgeprägt. Überlegen Sie sich für jede Stärke, was Sie tun müssten, um diese um einen Punkt in Richtung 10 zu verbessern. Und tun Sie es. Wenn Sie die jeweilige Stärke verbessert haben, überlegen Sie sich erneut, wie Sie sie neuerlich um einen Punkt verbessern können.

17.4 Hoffnung

Hoffnung – welch geflügeltes Wort. Lassen Sie mich dazu eine Geschichte aus der griechischen Mythologie erzählen. Sie handelt davon, wie die Hoffnung in die Welt gekommen war.

Pandora wurde auf Befehl des Zeus geschaffen. Sie war eine Strafe für die Menschen, weil Prometheus zuvor das Feuer gestohlen hatte. Zeus wies Pandora an, den Menschen eine Büchse zu schenken. Gleichzeitig auch, dass sie diese nicht öffnen dürften. Pandoras Neugier war groß und sie öffnete die Büchse selbst. Sogleich entwichen ihr alle Laster und Übel. Das Schlechte verbreitete sich auf der Welt. Als einzig Positives enthielt die Büchse auch die Hoffnung, doch ehe diese entweichen konnte, schloss Pandora die Büchse wieder. Die Welt ward ein trostloser Ort. Manche sagen, dass die Büchse später ein zweites Mal geöffnet worden sei. So entwich dann auch die Hoffnung. »Hoffentlich« war dem so, denn wir brauchen die Hoffnung.

Die Hoffnung ist ein starkes Gefühl. Sie ist der Silberstreifen am Horizont, der die Dunkelheit ertragen lässt. Sie ist das Wissen, dass nach jeder Nacht ein neuer Tag erwacht. Sie lässt uns weitermachen, komme was wolle. Hoffnung ist so wichtig, dass Psychotherapeuten im Erstgespräch immer danach trachten, sie zu fördern. Sie ist notwendig für den Veränderungsprozess. Lassen Sie uns darum ein wenig hoffen bzw. träumen und machen eine letzte kleine Übung.

> **Übung: Träumen**
>
> Machen Sie es sich bequem. Schließen Sie die Augen. Atmen Sie einige Male tief ein und aus. Nutzen Sie Ihre Vorstellungskraft und stellen Sie sich eine wunderbare Zukunft vor. Malen Sie sich in den schönsten Farben aus, wie es in Ihrem Leben in 5 oder 10 Jahren aussehen könnte. Oder in 20 Jahren. Träumen Sie, lassen Sie Ihr Herz galoppieren. Träumen Sie keinen Alptraum, sondern träumen Sie vom Schönstmöglichen. Die Gedanken sind frei. Erschaffen Sie sich in den Momenten, in denen Sie hoffnungslos sind (und auch gerne in jedem anderen Moment), wieder etwas, auf das Sie sich freuen können. Egal, ob sich Ihr Leben tatsächlich in diese Richtung entwickelt oder nicht – wenn die Träumerei im Moment guttut, darf sie sein.

17.5 Bon Voyage

Der Ratgeber alias Reiseführer durch die Welt der Psychosomatik neigt sich seinem Ende entgegen. Am Schluss einer Psychotherapiestunde frage ich meine Patientinnen und Patienten in der Regel, was sie aus der heutigen Stunde mitnehmen. Ich frage auch Sie: Was nehmen Sie mit aus diesem Ratgeber? Welche Ideen wollen Sie zukünftig umsetzen, was wollen Sie anwenden, was hat Sie einen Schritt nach vorne gebracht?

Was wollen Sie auf Ihre Reise in ein neues Land mitnehmen? Notieren Sie in Ihrem Notizbuch, welche neuen Dinge Sie in Ihren Koffer getan haben.

Wir enden mit den Worten von Albert Einstein: »Genieße deine Zeit, denn du lebst nur jetzt und heute. Morgen kannst du gestern nicht nachholen und später kommt früher als du denkst.«

Literaturempfehlungen zur Vertiefung

Denborough D (2017) Geschichten des Lebens neu gestalten. Grundlagen und Praxis der narrativen Therapie. Vandenhoeck & Ruprecht: Göttingen.
Reddemann L (2020) Eine Reise von 1000 Meilen beginnt mit dem ersten Schritt: Seelische Kräfte entwickeln und fördern. Herder: Freiburg im Breisgau.
Seligman M (2015) Wie wir aufblühen. Die fünf Säulen des persönlichen Wohlbefindens. Goldmann: München.

Nachwort

Soeben habe ich Ihnen im ▶ Kap. 17.2 eine Dankbarkeitsübung gezeigt. Haben Sie diese schon durchgeführt? Eine wunderbare Weise, um den Blick auf das Gute im eigenen Leben zu richten. Nun führe ich die Übung selbst im Rahmen dieses Nachworts durch, denn: Ich habe allen Grund, sehr dankbar zu sein.

Zunächst bedanke ich mich herzlich bei meinen Patientinnen und Patienten. Obwohl zwischen uns stets eine professionelle Beziehung besteht, die sich durch Einseitigkeit auszeichnet, kann ich nicht behaupten, dass ich nicht auch von jeder Begegnung profitiert und sich somit kein zweiseitiges Element eingeschlichen hätte. Mit jeder Stunde wurde mein klinisches Auge geschliffen und meine Perspektive erweiterte sich mehr und mehr. Tag für Tag lernte ich dazu. Meine Patientinnen und Patienten erschlossen mir die wahre Welt der Psychosomatik. Ich danke Ihnen allen!

Ich bin Dr. med. Thomas Spindler zu Dank verpflichtet, der das Werk aus medizinischer Sicht auf Herz und Nieren getestet hat. Lic. phil. Roland Augstburger danke ich für die kritische Durchsicht des Werks in psychotherapeutischer Hinsicht. Doch mehr als das: Ich danke beiden für die gemeinsamen Jahre, während denen wir Schulter an Schulter kleine und große Patientinnen und Patienten aus dem Bereich der Psychosomatik behandelt haben.

Ich bedanke mich bei Dr. med. Matthias Holeiter für sein tiefes Einfühlungsvermögen und seinen weiten Blickwinkel. Weiter bei Dr. med. Ivana Fabian für viele Stunden wertvollste Supervision.

Ein großes Dankeschön gilt dem Kohlhammer Verlag und spezifisch Dr. Ruprecht Poensgen, Dr. Julia Fiedler, Dr. Carmen Rapp, Veronika Pfeffer und Anita Brutler aus dem Lektorat für die Möglichkeit zur Umsetzung dieses Werks, für die kompetente Begleitung und das in mich gesetzte Vertrauen.

Ich danke meiner Familie, die mich ermuntert, meinen Weg zu gehen, mich auffängt, wenn ich stolpere und mich verankert, wenn es um mich herum stürmt. Ein großer Dank gilt meinem Sohn Aiden und meinem Förderer wie Kritiker Daniel Patsch.

Und ich danke Ihnen – denn Sie sind die Person, um die es geht. Ich danke Ihnen für Ihren Mut, sich auf die Reise in die Welt der Psychosomatik zu begeben.